GUANDAN

JIQIAO YU WENHUA

掼蛋技巧与文化

周高 著

苏州大学出版社
Soochow University Press

图书在版编目(CIP)数据

掼蛋技巧与文化 / 周高著.—苏州：苏州大学出版社,2018.7(2022.8重印)
ISBN 978-7-5672-2488-9

Ⅰ.①掼… Ⅱ.①周… Ⅲ.①扑克－基本知识 Ⅳ.①G892.1

中国版本图书馆 CIP 数据核字(2018)第 133314 号

书　　名	掼蛋技巧与文化
著　　者	周　高
责任编辑	周建国
出版发行	苏州大学出版社
	(地址：苏州市十梓街1号　215006)
印　　刷	苏州市深广印刷有限公司
开　　本	700 mm×1 000 mm　1/16
字　　数	251 千
印　　张	17.75
版　　次	2018 年 7 月第 1 版
印　　次	2022 年 8 月第 8 次印刷
书　　号	ISBN 978-7-5672-2488-9
定　　价	50.00 元

苏州大学版图书若有印装错误，本社负责调换
苏州大学出版社营销部　电话：0512-67481020
苏州大学出版社网址　http://www.sudapress.com

自序之一
从掼蛋中感受文化的力量

习近平总书记在党的十九大报告中指出:"文化是一个国家、一个民族的灵魂。文化兴国运兴,文化强民族强。没有高度的文化自信,没有文化的繁荣兴盛,就没有中华民族伟大复兴。要坚持中国特色社会主义文化发展道路,激发全民族文化创新创造活力,建设社会主义文化强国。""深入挖掘中华优秀传统文化蕴含的思想观念、人文精神、道德规范,结合时代要求继承创新,让中华文化展现出永久魅力和时代风采。"这两段话,向世界发出了传承和创新优秀传统文化的"中国声音",引起了广泛共鸣。那么,文化是什么?在中国的古籍中,"文"既指文字、文章、文采,又指礼乐制度、法律条文等。"化"是"教化""教行"的意思。汉代刘向在《说苑》中说:"凡武之兴,为不服也,文化不改,然后加诛。"近代给文化一词下明确定义的,首推英国人类学家泰勒,他在1871年出版的《原始文化》一书中指出:"文化或文明是一个复杂的整体,它包括知识、信仰、艺术、伦理道德、法律、风俗和作为一个社会成员的人通过学习而获得的任何其他能力和习惯。"文化一词的中西两个来源殊途同归,今人都用来指称人类社会的精神现象,抑或泛指人类创造的一切物质产品和精神产品的总和。不管是何种定义,文化都存在一个共通现象,那就是:一个人以及由个人组成的群体,或学派、团体、企业、政党等,都有其文化,该文化越符合人民的利益、符合时代的需要,其活力也就越强,生命力也就越持久。掼蛋符合这一特性。《正常偏》卷七载:"大其心,容天下之物;虚其心,受天下之善;平其心,论天下之事;潜其心,观天下之理;定其心,应天下之变。"放宽心胸,容纳天下牌手;谦虚谨慎,接受天下仁善;平心静气,分析天下牌道;潜心钻研,纵观天下牌坛;坚定信念,因应天下牌势。

掼蛋作为一种文化,具有至善的力量。老子说:"上善若水。""天下莫柔弱于水,而攻坚强者莫之能先。"世界上最柔软的事物是水,但水一旦汇聚成大水、洪水,那种力量是无坚不摧的。掼蛋作为一种文化,本身就是一种善良的力量——柔软而坚韧,掼蛋文化一旦弘扬开来,也会产生摧枯拉朽、推陈出新的强大力量。英国作家萧伯纳说:"人们会为了人类的至善而死,为了这种至善,人们乐意牺牲他们的一切自由。"英国诗人雪莱说:"诗是至上的幸福,至善的精神,至佳而且至高的瞬间幸福的记录。"诺贝尔奖获得者居里夫人说:"如果能追随理想而生活,本着正直自由的精神,勇往直前的毅力,诚实而不自欺的思想而行,则定能臻于至善至美的境地。"古希腊哲学家柏拉图说:"至善方能至美。"在掼蛋的过程中,能够逐步悟出"善"的深刻内涵,则是掼蛋文化的不朽功勋了。老子提出"无为而治"的核心是一个"善"字,包括清静之治、自然之治、柔弱之治和爱民之治,"圣人无常心,以百姓心为心。善者,吾善之;不善者,吾亦善之"。老子认为:我无为而民自化,我好静而民自正,我无事而民自富,我无欲而民自朴。掼蛋爱好者应当记取老子所告诫的"善":上善若水、知足常乐、安居乐业、功成身退、自知之明、大器晚成、出生入死、根深蒂固、哀兵必胜、天网恢恢疏而不漏,合抱之木生于毫末,九层之台起于垒土,千里之行始于足下。

掼蛋作为一种文化,具有思想的力量。拿破仑说:世界上有两种力量——利剑和思想,从长而论,利剑总是败在思想之下。掼蛋文化所依托的辩证思维、战略思想、创新理念,支撑着这项新兴体育运动方兴未艾、如火如荼、蓬勃发展。英国首相丘吉尔强调:"我宁愿失去一个印度,也不肯失去一个莎士比亚。"戏剧家莎士比亚的作品提升了英国的人文精神,科学家牛顿的力学定律开启了工业革命的大门,经济学家亚当·斯密的《国富论》为英国提供了新经济秩序。他们揭示了英国在成为大国的过程中，重视思想文化带来的巨大力量。掼蛋文化中蕴含了强大的思想力量，掼蛋文化既洋溢着哲学思想，又充满着人文精神，还散发着科学理性。思想体现在史、诗、伦理学、博弈论等诸多方面，学史可以看成败、鉴得失、知兴替；学诗可以情飞扬、志高昂、人灵秀；学伦理可以知廉耻、懂荣辱、辨是非；学博弈可以识大体、顾大局、明大势。走进掼蛋，就是走进文化、走进智慧、走进思想，我们想问题、办事情、干工作，就会更有底气、更有信心、更有境界。思想有多远，实践就能走多远。"利民之事，丝发必兴；厉民之事，毫末必去"的古训启迪我们：但凡于民有利的事情，一丝一发也要推行；但凡于民有害的事情，一毫一末也须革除。引申到掼蛋中，但凡于同伴于大局有利的牌，要果断决策、当仁不让、勇于担当；但凡于同伴于大局不利的牌，要审慎思考、恪守纪律、严禁乱出。

掼蛋作为一种文化，具有文明的力量。《周易》说："见龙在田，天下文明。"唐代孔颖达注疏《尚书》时将"文明"解释为："经纬天地曰文，照临四方曰明。""经纬天地"意为改造自然，属物质文明；"照临四方"意为驱走愚昧，属精神文明。从内容上看，文化是人类征服自然和社会及人类自身的活动、过程、成果等多方面内容的总和，而文明则主要是指文化成果中的精华部分。一部人类发展史表明，文化是社会发展的重要内容，是人类进步的显著标志。一个民族的兴盛，必定是从文化的繁荣开始的；一个民族的发展，离不开文化的支撑。国民之魂，文以化之；国家之神，文以铸之。文化是国家发展、民族振兴的重要支撑，是社会进步的动力。文化对于陶冶人的情操、提高人的素质、实现人的全面发展，具有不可替代的重要作用。掼蛋文化是一种先进的文明，掼蛋文化具有文明的力量，它深深熔铸在社会大众的生命力、创造力和凝聚力之中，成为国家灵魂、民族品格的一部分，在越来越广泛的范围内影响着人们的思维方式、生活习惯、业余生活。"先天下之忧而忧，后天下之乐而乐"的人生抱负，"苟利国家生死以，岂因祸福避趋之"的家国情怀，"富贵不能淫，贫贱不能移，威武不能屈"的浩然正气，"鞠躬尽瘁，死而后已"的献身精神等，都在掼蛋文化中得到广泛传承和大力弘扬，这就是文明的力量。

孔子说："知之者不如好之者，好之者不如乐之者。"对于掼蛋游戏、掼蛋竞技而言，懂得它不如喜爱它，喜爱它不如推广它。本书是中国第一部全面论述掼蛋文化内涵、文化价值、文化启迪的专著，透过掼蛋娱乐、掼蛋游戏、掼蛋竞技的过程，系统概括了实战技巧、配合要领、协作路径，深刻揭示了掼蛋所蕴含的辩证思维、达观态度、进取精神、担当情怀、协作意识、大局观念，融知识性与趣味性于一体，集娱乐性与竞技性之大成，由浅入深，循循善诱，由表及里，丝丝入扣，高屋建瓴，登高望远，力求使广大掼蛋爱好者阅此书如拨云见日、茅塞顿开、豁然开朗。

自序之二
掼蛋解析

研究掼蛋规律、总结掼蛋技巧、分析掼蛋起源、探寻掼蛋文化、提炼掼蛋精神，是一件非常有意义的事情。理论是实践的先导，思想是行动的指南。没有探索就没有成功，不去钻研就不能提升。微软创始人比尔·盖茨说过："我宁肯做荒坡上的橡树，也不愿做绿野中的小草——小草千人一面、毫无个性；橡树伟岸挺拔、昂首苍穹。"比尔·盖茨的成功正是源于他打破常规、勇于创新。俄国作家契诃夫说过："路是人的脚走出来的，为了多开辟几条路，必须多向没有人的地方走去。"我们总结掼蛋竞技规律、研究掼蛋实战技巧、探究掼蛋文化内涵，正是一次创新之旅、文明之旅。掼蛋作为一项益智类棋牌竞技项目，它有三层含义：一是集体项目，而非个人项目；二是团队利益高于一切，同伴利益大于一切；三是同伴是亲人，同伴是恩人，要以同伴为中心，随时准备为同伴做出牺牲，任何时候不埋怨同伴。在掼蛋实践中，牌手应当记住这样的理念：甘做下游、甘做人梯、甘做牺牲是掼蛋的崇高境界，掩护同伴、不封同伴、策应同伴是掼蛋的崇高境界，低调示弱、韬光养晦、深藏不露是掼蛋的崇高境界。如果你和同伴都有一颗为了对方勇于牺牲、甘当下游的心，那么胜利一定会属于你们。严谨谋牌，认真出牌，出好每一张牌、每一手牌，打好每一副牌、每一局牌，是你的权利；胡乱出牌、出随手牌、打赌气牌，不是你的权利。掼蛋如人生，赛场亦战场。牌场小世界，世界大牌场。掼蛋虽属游戏，但透过游戏本身传导的积极向善、勇于进取的精神，与做人做事的普世价值是一致的。

一、掼蛋之要

掼蛋之要，一在沟通。每个人对掼蛋都有自己的认识，都有不同的理解，因而谋篇布局、篇章结构都是不同的，组牌技术、出牌思路也是仁者见仁、智者见智。掼蛋取胜的法宝在于沟通，即如何建立己方的联系和如何破坏对方的联系。桥牌是在叫牌中建立联系的，而掼蛋则是在行动中建立联系的。沟通是对整体态势的共同理解、主攻助攻的关系确定、攻防转换的战机把握、双方战术的无缝对接。沟通是掼蛋的灵魂，好的沟通能集中兵力、以劣胜优，不懂沟通往往各自为战、唇亡齿寒。沟通贯穿掼蛋的始终，从出第一手牌到最后一手牌，沟通始终是双方思考的首要问题。

掼蛋之要，二在谋势。很多领导者都是掼蛋高手，因为说到底，掼蛋也是牌力资源的合理配置和有效整合，领导者往往也是在配置人力资源、激发属下活力。即使一个牌手胜率很高、成绩突出，也不会令人信服地称赞他是大师或常胜将军。谋势，即运用战略思维、辩证思维、创新思维，登高望远，高屋建瓴，洞察全局，掌握主动。谋势，即要读懂《孙子兵法》，要能理解"兵者，国之大事也。死生之地，存亡之道，不可不察也"和"夫兵形象水，水之形，避高而趋下；兵之形，避实而击虚。水因地而制流，兵因敌而制胜。故兵无常势，水无常形；能因敌变化而取胜者，谓之神"的深刻内涵。

掼蛋之要，三在牌感。作为一个竞赛项目，掼蛋的精髓就是6个字：牌感、牌气、牌技。牌感占30%，牌气占30%，牌技占40%。掼蛋就是30%的牌感＋30%的牌气＋40%的牌技，掼蛋就是先天形成的牌感＋现场产生的牌气＋后天练就的牌技。要想在掼蛋比赛中取得好的成绩，三者缺一不可。有的人牌气很好，但牌感缺乏，牌技更差，这样的牌手不会走得更远。牌感就是对比赛的阅读能力、对形势的判断能力、对牌型的组合能力、对掼蛋性质的理解能力。夸张地讲，就是几个瞬间：瞬间战略定位的能力，瞬间合理组牌的能力，瞬间预判形势的能力，瞬间权宜应变的能力，瞬间策应同伴的能力，瞬间阻击对手的能力。

二、掼蛋境界

什么是掼蛋的境界？

掼蛋的境界就是"天下为公"，《礼记》所言："大道之行也，天下为公。""天下为公"的基本含义是：天下是天下人所共有的。同理，掼蛋是天下人所共有的，不是某个地区、某个群体所独有的。

掼蛋的境界就是国学大师王国维阐述的人生三境界："昨夜西风凋碧树。独上高楼，望尽天涯路。此第一境也。衣带渐宽终不悔，为伊消得人憔悴。此第二境也。众里寻他千百度，蓦然回首，那人却在，灯火阑珊处。此第三境也。"

掼蛋的境界就是海子的"面朝大海，春暖花开"；就是顾城的"黑夜给了我黑色的眼睛，我却用它来寻找光明"；就是北岛的"高尚是高尚者的墓志铭，卑鄙是卑鄙者的通行证"；就是韩瀚的"她把带血的头颅放在生命的天平上，让所有的苟活者都失去了重量"；就是舒婷的"我是你簇新的理想，刚从神话的蛛网里挣脱；我是你雪被下古莲的胚芽；我是你挂着眼泪的笑窝；我是新刷出的雪白的起跑线；是绯红的黎明正在喷薄"；就是徐志摩的"最是那一低头的温柔，像一朵水莲花不胜凉风的娇羞，道一声珍重，道一声珍重，那一声珍重里有蜜甜的忧愁，沙扬娜拉"；就是"孤帆远影碧空尽，惟见长江天际流"；就是"沉舟侧畔千帆过，病树前头万木春"；就是"长风破浪会有时，直挂云帆济沧海"；就是"大漠孤烟直，长河落日圆"；就是"会当凌绝顶，一览众山小"。

掼蛋的境界就是柳永的《雨霖铃》：寒蝉凄切，对长亭晚，骤雨初歇。都门帐饮无绪，留恋处，兰舟催发。执手相看泪眼，竟无语凝噎。念去去，千里烟波，暮霭沉沉楚天阔。多情自古伤离别，更哪堪，冷落清秋节！今宵酒醒何处？杨柳岸，晓风残月。此去经年，应是良辰好景虚设。便纵有千种风情，更与何人说？

掼蛋的境界就是天下第一长联描绘的意境：五百里滇池，奔来眼底，披襟岸帻，喜茫茫，空阔无边！看：东骧神骏，西翥灵仪，北走蜿蜒，南翔缟素，高人韵士，何妨选胜登临，趁蟹屿螺洲，梳裹就风鬟雾鬓，更苹天苇地，点缀些翠羽丹霞，莫辜负，四围香稻，万顷晴沙，九夏芙蓉，三春杨柳。数千年往事，注到心头，把酒凌虚，叹滚滚，英雄谁在！想：汉习楼船，唐标铁柱，宋挥玉斧，元跨革囊，伟烈丰功，费尽移山心力，尽珠帘画栋，卷不及暮雨朝云，便断碣残碑，都付与苍烟落照，只赢得，几杵疏钟，半江渔火，两行秋雁，一枕清霜。

读书有境界，掼蛋亦有境界。明代学者吴从先在《赏心乐事》中提醒读书人："读史宜映雪，以莹玄鉴；读子宜伴月，以寄远神；读佛书宜对美人，以挽堕空；读《山海经》《水经》、丛书、小史，宜倚疏花瘦竹、冷石寒苔，以收无垠之游而约缥缈之论；读忠烈传宜吹笙鼓瑟以扬芳；读奸佞论宜击剑捉酒以销愤；读《骚》宜空山悲号，可以惊壑；读赋宜纵水狂呼，可以旋风；读诗词宜歌童按拍；读神鬼杂灵宜烧烛破幽。"掼蛋与读书一样，徜徉其间也能收获大智慧、达到高境界。天青色等烟雨，而我在掼蛋；月色被打捞起，谁赢了这局？

三、掼蛋哲学

宋代宰相赵普以半部《论语》治天下。笔者认为，可以半部《论语》打掼蛋。掼蛋当中蕴含了丰富的哲学思想和文化元素。先秦诸子中，孔子、孟子、老子、庄子、荀子的哲学天分与文学天分都很高，前三位是春秋时期的思想家、教育家，后两位是战国时期的思想家、教育家。他们的许多论述对打好掼蛋很有启示作用。

第一，打掼蛋可守"仁"。"仁"是中国古代一种含义极广的道德范畴。本指人与人之间相亲互爱。孔子把"仁"作为最高的道德原则、道德标准和道德境界。他第一个把整体的道德规范集于一体，形成了以"仁"为核心的伦理思想体系，包括孝、悌、忠、信、礼、义、廉、耻、仁、爱、和、平等内容。其中孝悌是仁的基础，是仁学思想体系的基本支柱之一。他提出要为"仁"的实现而献身，即"杀身以成仁"的观点，对后世产生很大的影响。孔子认为，"己立立人，己达达人"，"己所不欲，勿施于人"。孔子还认为，"志士仁人，无求生以害仁，有杀身以成仁"。为了崇高的"仁"的境界，绝不做违背最高道德准则的事，必要的时候要"舍身成仁"，奋不顾身地为国家、为民族奉献一切。一名优秀的牌手也是一样，必要的时候要"舍身成仁"，奋不顾身地为同伴倾其所有、为胜利奉献一切。掼蛋选手既要做到孔子所说的学而不厌，诲人不倦，不耻下问，温故知新，循循善诱，见贤思齐，言而有信，尽善尽美，见义勇为，举一反三，成人之美，以德报怨，当仁不让；也要牢记孔子强调的己所不欲、勿施于人，人无远虑、必有近忧，小不忍则乱大谋，是可忍孰不可忍等行为准则。

第二，打掼蛋可重"义"。 义，是中华民族一种含义极广的道德准则。义谓天下合宜之理，道谓天下通行之路。管子最早提出了"义"："四维不张，国乃灭亡。""何谓四维？一曰礼，二曰义，三曰廉，四曰耻。"孟子则进一步阐述了"义"。他认为"信"和"果"都必须以"义"为基础。《孟子·离娄下》载："大人者，言不必信，行不必果，惟义所在。"又曰："君子喻于义，小人喻于利。""君子之于天下也，无适也，无莫也，义之与比。"孔门有弟子三千，有贤人七十二位，但是在思想上，他们与孔子的关系，都不能与孟子相比。孟子晚于孔子大约一百年，他继承与发扬了孔子思想，对儒家思想的发展贡献巨大。所以，虽然他不是孔子的弟子，却被后人尊为"亚圣"。孔子说："志士仁人，无求生以害仁，有杀身以成仁。"同样的问题，孟子由义来处理，说得更加清楚一些："鱼，我所欲也；熊掌，亦我所欲也。二者不可得兼，舍鱼而取熊掌者也。生，亦我所欲也；义，亦我所欲也。二者不可得兼，舍生而取义者也。"掼蛋选手要像孟子所说的那样："富贵不能淫，贫贱不能移，威武不能屈。"要牢记孟子的教诲：舍生取义，明察秋毫，尽力而为，出类拔萃，以德服人，专心致志，当务之急，左右逢源，事半功倍；鱼与熊掌不可兼得；得道多助，失道寡助；生于忧患，死于安乐。

第三，打掼蛋可行"善"。"善"具有深刻的伦理学、哲学和佛学内涵。中国传统伦理有丰富的劝善内容，如《太上感应篇》等。《吾思·圣神贤》诗曰："深思熟思，必有奇思。信师行师，自可名师。圣学博学，方成绝学。知善致善，是为上善。性勿恶，形勿舍。省勿止，神勿折。"善有其哲学定义：善是具体事物完好、圆满的组成，是具体事物的运动、行为与存在对社会和绝大多数人完好圆满的生存发展，具有正面意义和正向价值，是具体事物完好圆满有利于社会和绝大多数人生存发展的特殊性质与能力，是人们在与具体事物密切接触、受到具体事物影响和作用的过程中，判明具体事物的运动、行为与存在符合自己的意愿和意向，满足（完全达到）了自己的生理和心理需要，产生了称心如意（满意）的美好感觉后，从具体事物中分解和抽取出来的有别于"恶（残缺不完好）"的相对抽象事物或元实体。老子提出的"无为而治"就是依照道所体现的自然无为的原则和无为的行为方式治国平天下。它是一种高超的政治智慧。"无为而治"主要包括清静之治、自然之治、柔弱之治和爱民之治，其核心是一个"善"字。"圣人无常心，以百姓之心为心。善者，吾善之；不善者，吾亦善之。"掼蛋选手既要记取老子所告诫的"善"：上善若水，知足常乐，自知之明，出生入死，哀兵必胜；也要明白老子所讲的天网恢恢、疏而不漏，合抱之木生于毫末，九层之台起于垒土，千里之行始于足下的道理。

第四，打掼蛋可知"礼"。礼在中国古代是社会的典章制度和道德规范。作为典章制度，它是社会政治制度的体现，是维护上层建筑以及与之相适应的人和人交往中的礼节仪式。作为道德规范，它是国家领导者和贵族等一切行为的标准与要求。在孔子以前已有夏礼、殷礼、周礼。夏、殷、周三代之礼，因革相沿，到周公时代的周礼，已比较完善。作为观念形态的礼，在孔子的思想体系中是同"仁"分不开的。孔子说："人而不仁，如礼何？"他主张"道之以德，齐之以礼"的德治，打破了"礼不下庶人"的限制。到了战国时期，孟子把仁、义、礼、智作为基本的道德规范，礼为"辞让之心"，成为人的德行之一。荀子比孟子更为重视礼，他著有《礼论》，论证了"礼"的起源和社会作用。他认为礼使社会上的每个人在贵贱、长幼、贫富等等级制中都有恰当的地位。在长期的历史发展中，礼作为中国社会的道德规范和生活准则，对中华民族精神素质的形成起了重要作用。同时，随着社会的变革和发展，礼不断被赋予新的内容，不断发生着改变和调整。荀子是战国末期最后一位儒学大师，生于公元前313年，卒于公元前235年，与芈月是同时代的人。荀子继承并发展了早期儒学的"礼乐"思想，并吸纳了法家的法治思想，主张礼法并重、王霸兼行。荀子的这一思想对当今牌手的影响是深远的，比如，后发制人、坚强不屈、安如磐石、开源节流、前车之鉴、始终如一、积善成德、兵不血刃、博闻强记、约定俗成、移风易俗、提纲挈领、青出于蓝、流言止于智者、万变不离其宗；再比如，不登高山，不知天之高也；不临深渊，不知地之厚也。是故，不积跬步，无以至千里；不涓细流，无以成江海。骐骥一跃，不能十步；驽马十驾，功在不舍。锲而舍之，朽木不折；锲而不舍，金石可镂。

第五，打掼蛋可增"智"。 在儒家的道德规范体系中，"智"是最基本最重要的素质之一，也是儒家理想人格的重要品质之一，被视为"三达德""四德"及"五常"之一。首先把"智"视为道德规范、道德品质或道德情操来使用的，是伟大的思想家孔子。他把"智"与"仁""勇"等道德规范并举，定位为君子之道，即所谓"知（智）者不惑，仁者不忧，勇者不惧"。在儒家思想史上，孟子第一次以"仁义礼智"四德并提。他从行为的节制和形式的修饰、道德的认知和意志的保障等意义上确立了礼与智在道德体系中不可或缺的地位。最终，仁义礼智四位一体，相依互补，形成一套完整的范畴系统，构建为道德的全部蕴涵。到了汉代，儒家"五常"（仁义礼智信）确立，"智"位列其中。庄子是战国时期著名思想家、教育家，生于公元前369年，卒于公元前286年，与芈月也是同时代的人。庄子是和老子一个学派的，都是道家，崇尚无为，取法自然。庄子的核心思想是"道",其思想精髓是主张"道德"。庄子继承和发展了老子思想,指出客观事物都是变化的,客观事物的变化,则是由于矛盾双方相互作用而引起的:"安危相易,祸福相生,缓急相摩,聚散以成。"庄子的智慧对芈月产生了很大的影响。庄子主张:言传身教、吐故纳新、善始善终、夜以继日、视死如生、游刃有余、得心应手、分庭抗礼、权衡轻重、鹏程万里、踌躇满志、迫在眉睫、能者多劳、大同小异、投其所好、化腐朽为神奇、初生牛犊不怕虎、君子之交淡如水、螳螂捕蝉黄雀在后、顺我者昌逆我者亡。庄子还告诫世人切勿做这样的人:朝三暮四、井蛙之见、邯郸学步、东施效颦、亦步亦趋、贻笑大方、呆若木鸡、捉襟见肘、摇唇鼓舌、害群之马、每况愈下、有名无实、令人发指、文过饰非、螳臂当车。

天变不足畏,祖宗不足法,人言不足恤。敢为人先,就要拿出攀高比强的勇气,与时俱进不停步;就要弘扬锲而不舍的精神,咬定目标不放松;就要焕发干事创业的豪气,不达目的不罢休。会当击水三千里,不用扬鞭自奋蹄,只要我们立足江苏、走向全国,冲出亚洲、放眼全球,掼蛋项目就一定能印证以下这副对联:

有志者事竟成,破釜沉舟,百二秦关终属楚;

苦心人天不负,卧薪尝胆,三千越甲可吞吴。

目　录

第 一 章　掼蛋的内涵 /1
第 二 章　掼蛋的本质 /4
第 三 章　掼蛋的精髓 /9
第 四 章　掼蛋的境界 /12
第 五 章　掼蛋的哲学 /15
第 六 章　掼蛋的能力 /20
第 七 章　牌手的素质 /22
第 八 章　牌手的意识 /25
第 九 章　制胜的法宝 /29
第 十 章　精神与担当 /34
第十一章　雷锋精神与掼蛋理念 /40
第十二章　精神文明与掼蛋普及 /43
第十三章　人才与活力 /46
第十四章　创新与争先 /50
第十五章　自重、自省、自警 /56
第十六章　慎初、慎微、慎独 /59
第十七章　豁达与包容 /62
第十八章　有容和无欲 /65
第十九章　筑梦和圆梦 /68
第二十章　正气和戾气 /71
第二十一章　孙子兵法与掼蛋思维 /76

第二十二章　掼蛋的定律 /86

第二十三章　普及与推广 /98

第二十四章　古训与掼蛋 /104

第二十五章　芈月与掼蛋 /112

第二十六章　风起于青苹之末 /120

第二十七章　掼蛋中的六大关系 /123

第二十八章　勇于担当　砥砺前行 /129

第二十九章　掼蛋五大要素 /132

第 三 十 章　掼蛋的格局 /138

第三十一章　掼蛋的气概 /141

第三十二章　大度与固执 /145

第三十三章　掼蛋与人文精神 /148

第三十四章　简单与复杂 /155

第三十五章　"十商"与掼蛋 /158

第三十六章　过程比结果更重要 /166

第三十七章　掼蛋的战略与战术 /169

第三十八章　三十六计与掼蛋 /178

第三十九章　站位·方位·定位·进位 /199

第 四 十 章　战机·先机·胜机 /203

第四十一章　掼蛋决胜岂止在牌桌 /211

第四十二章　搭档是永远的财富 /214

第四十三章　掼蛋不应迷茫 /217

第四十四章　良好的心态是成功的一半 /220

第四十五章　士与掼蛋 /224

第四十六章　掼蛋俗语和楹联 /231

第四十七章　掼蛋组诗 /240

跋 /264

第一章　掼蛋的内涵

掼蛋作为一项草根体育项目，来自民间，体现了基层民众的智慧。掼蛋本身具有变化多、趣味性强、偶然性大等特性，作为体育项目则具有喜好者广、参与者众、影响力大的特点。掼蛋有大众、无大师，掼蛋有技术、无模式，掼蛋有规矩、无教条，掼蛋有远景、无止境，这些已经越来越成为掼蛋爱好者的共识，越来越成为掼蛋项目发展壮大的内在动力，花落时饮酒，冷雨夜读书，自是中国古人的风流蕴藉；花落时掼蛋，冷雨夜品茗，是当代许多人的精神寄托。

掼蛋是两个人以上从事的益智类棋牌竞技项目。它有三层含义：一是集体项目，而非个人项目；二是团队利益高于一切，同伴利益大于一切；三是同伴是亲人，同伴是恩人，要以同伴为中心，随时准备为同伴获得上游而做出牺牲，任何时候不埋怨同伴。善于协作的牌手牢记这样两句话：甘做下游是掼蛋的最高境界，力争上游是掼蛋的第二境界。如果你和同伴都有一颗勇于为对方获得上游而牺牲、甘当下游的心，那么胜利一定会属于你们。掼蛋如人生，赛场亦战场。牌场小世界，世界大牌场。掼蛋虽属益智类游戏，但透过游戏本身传导的积极向善、勇于进取的精神，却与做人做事的普世价值是一致的。衡量掼蛋高手的因素很多，以下四个因素都很重要：根植于内心的由修养衬托的牌感、无须提醒的靠自觉支撑的牌理、以约束为前提的自由奠定的牌路、为别人着想的善良造就的沟通。

掼蛋无套路，关键在沟通。每个人对掼蛋都有自己的认识，都有不同的理解，因而每个人的谋篇布局、组牌结构都是不同的，组牌技

术、出牌思路也是仁者见仁、智者见智。从这个角度讲，我对掼蛋的论述完全是一家之言、一孔之见，有些观点甚至有争议，不必太在意，不要太当真。掼蛋取胜的法宝在于沟通，即如何建立己方的联系和如何破坏对方的联系。桥牌是在叫牌中建立联系的，而掼蛋则是在行动中建立联系的。沟通是对整体态势的共同理解、主攻助攻的关系确定、攻防转换的战机把握、双方战术的无缝对接。沟通是掼蛋的灵魂，好的沟通能集中兵力、以劣胜优，不懂沟通的牌手往往各自为战、唇亡齿寒。沟通贯穿掼蛋的始终，从出第一手牌到出完最后一手牌，沟通始终是双方思考的首要问题。概括起来：没有整体，必败无疑。古希腊哲学家亚里士多德断言："整体大于部分之和。"刘邦在登上皇位时，曾总结过自己战胜强大的项羽的原因，他说："夫运筹帷幄之中，决胜千里之外，吾不如子房；镇国家，抚百姓，给饷馈，不绝粮道，吾不如萧何；连百万之众，战必胜，攻必取，吾不如韩信。三人皆人杰，吾能用之，此吾所以取天下者也。"刘邦善于用人，是赢得楚汉之争、实现以汉代秦的重要因素。刘邦夺取天下的原因是：人为我用，无往不胜。我们掼蛋获胜的法宝是：牌为我用，积极主动。

掼蛋无大师，关键看涵养。抓到一手好牌，人人都是高手；抓到一手烂牌，个个无精打采。很多领导都是掼蛋高手，因为说到底，掼蛋也是牌力资源的合理配置和有效整合，做领导的往往也是在配置人力资源、激发属下活力。即使一个牌手胜率很高、成绩突出，人们也不一定会信服地称赞其为大师或常胜将军。但中国第一太后芈月就是大师，她与窦漪房、卫子夫、武则天、孝庄、慈禧并称中国古代六大太后。据笔者考证，芈月可能是中国历史上第一个打牌高手，其特点就是利用压迫式打法掌握主动权。之所以"汉"能够成为中国最大的民族，与汉朝取代秦朝，以及文景之治的盛世不无关系。如果秦宣太后芈月的子孙牢记她的嘱托，轻徭薄赋、休养生息的话，大秦王朝未必会亡于刘邦项羽。

掼蛋无绝招，关键看境界。牌中有境界，掼蛋亦有境界。清代国学大师王国维有一段话讲的是人生三层境界："古今之成大事业者、大学问者，必经过三种境界：昨夜西风凋碧树。独上高楼，望尽天涯路。此第一境也。衣带渐宽终不悔，为伊消得人憔悴。此第二境也。众里寻他千百度，蓦然回首，那人却在，灯火阑珊处。此第三境也。"笔者将其改编为掼蛋三境界论：昨夜西风凋碧树，独上高楼掼蛋，望尽天涯路。此第一境也。衣带渐宽终不悔，掼蛋消得人憔悴。此第二境也。众里寻他千百度，蓦然回首，那人却在，茶馆里掼蛋。此最高境界也。亦如《青花瓷》：天青色等烟雨，而我在掼蛋（而我在等你）；月色被打捞起，谁赢了这局（云开了结局）？掼蛋与读书一样，徜徉其间也有大智慧、大境界。108张牌、4个人、1张牌桌，构成了掼蛋游戏的常见表现形式。有许多俗语，比如：饭前不掼蛋，等于不吃饭；饭后不掼蛋，等于白吃饭。掼蛋打得好，牌手有头脑；掼蛋算得精，牌手思路清；掼蛋不吱声，牌手城府深；掼蛋不怕炸，牌手胆子大。

剑术有五重境界：手中有剑，心中无剑，是第一重境界，也就是最低的境界；手中有剑，心中亦有剑，是第二重境界；手中无剑，心中有剑，是第三重境界；剑就是我，我就是剑，剑我合一，是第四重境界；手中无剑，心中亦无剑，剑我两忘，是第五重境界，即剑术的最高境界。掼蛋与亮剑一样，也有五重境界：手中有牌，心中无牌，这是第一重境界，也是最低境界；手中有牌，心中亦有牌，这是第二重境界，也是众多牌手的境界；手中无牌，心中有牌，这是第三重境界，也是少数高手才能达到的境界；牌就是我，我就是牌，牌我合一，这是第四重境界，也是无数牌手梦寐以求的崇高境界；既没有牌，也没有我，牌我两忘，这是第五重境界，也是掼蛋的最高境界。掼蛋爱好者尤其是掼蛋高手应当牢记老子的名言："道生一、一生二、二生三，三生万物；人法地、地法天、天法道，道法自然。"这样就能通过潜心的修炼，逐步达到比较崇高的境界。

第二章 掼蛋的本质

什么是掼蛋的本质？对于这一问题，仁者见仁，智者见智，见解各异，殊途同归，众说纷纭，九九归一。我认为，掼蛋的本质可以概括为6个字：概率、牌型、配合。

1. 概率。 据分析，在掼蛋游戏中，平均一副牌的总手数为40手左右，某一方双下的那一副牌最少的25手左右，某一方单下的那一副牌甚至会达到55手左右。总手数少于30手的牌局和多于50手的牌局各占5%左右，总手数30至40手的牌局约占55%，总手数40至50手的牌局约占35%。手数越少，牌力越失衡；手数越多，竞争越激烈。顶尖掼蛋高手为了追求团队利益的最大化，往往人为地增加手数，将对子甚至三同张拆单后沟通与过渡，从而打出许多超过50手的经典牌例。出手最少的一家未必是上游，下游的手数往往最少，因为牌力较弱，出牌的机会很少。从游戏网站大数据分析，上游的平均手数9.5手。掼蛋的上游、二游、三游出牌手数是递增的，上游为9.5手，二游10.5手，三游11.5手，而下游则为最少的8手。一副牌6手出完、4至5个炸弹，获上游的概率为100%；一副牌7至8手出完，3至5个炸弹，获上游的概率为60%至80%；一副牌9至10手出完，2至4个炸弹，获上游的概率为30%至60%；一副牌11手以上，1至2个炸弹，获上游的概率为10%至20%；一副牌12手以上，无炸弹，获上游的概率最多为5%。特殊情况下，比如牌虽然整齐、手数很少（7～9手），但炸弹太少（0～1个），获上游的概率就会大打折扣；反之，牌虽然不整齐、手数较多（11～13

手），但炸弹多（3～5个）、大小王多（2个以上），上游的概率也会大大提高。获上游并非一帆风顺，最少的要打出6手牌，最多的要打出18手牌。

表2-1 掼蛋总手数、炸弹数与获上游的概率之间的关系

手数（手）	炸弹数/个	上游概率/%
6	4～5	100
7～8	3～5	60～80
9～10	2～4	30～60
11～12	1～2	10～20
12手以上	0	0～5

2. 牌型。掼蛋共有8种主要牌型，即单张、对子、三连对（俗称"木板"）、三同张（俗称"三个头""裸奔"）、二连三（亦称"钢板"）、三带二（俗称"夯""俘房"）、顺子（简称"顺"）、炸弹（亦称"枪"，简称"炸"）。其中，炸弹又有3种主要牌型，即4个王组合的通天炸（亦称"王炸""天王炸"），10个头至4个头不等的同点数炸弹，同花顺（俗称"火箭"）。8种常见的掼蛋牌型在27张的一手牌中能够产生15—20种不同的组合，按照上游是硬道理、升级是硬道理的原则，牌型组合的第一要务是减少手数；第二要务是增加炸弹，至少不轻易减少炸弹；第三要务是服从同伴的套路。

（1）单牌。任意一张牌。单牌是掼蛋游戏中最为常见、最易出现的牌型，平均占每副牌总手数的40%，单牌是表明牌力强弱的重要因子，是与同伴沟通的基本载体。单牌控者得天下，单牌大者占先机，单牌赢者有胜机。在掼蛋过程中，一副牌中单牌最多的可以打到30手以上，最少的也接近10手，平均有15手左右。越是水平高者，单牌沟通得越多。顶尖高手甚至将三同张拆成三张单牌进行沟通，通过压迫式打法使对手窒息，体现出非凡的战略素养。有人认为，单牌简易明了，容易判断和驾驭。其实，单牌是掼蛋所有牌型中比较难以把握和驾驭的。掼蛋高手善于运用单牌传递合理、准确、有效的信

息,低水平者却往往不知道如何打单牌。

(2) 对子。两张牌点相同的牌,包括两张大王或两张小王。对子是掼蛋游戏中使用频率仅次于单牌的牌型,平均占每副牌总手数的18.5%。每副牌中四位牌手平均打出共计约8个对子,最多的打到20个对子以上,最少的只有4个对子。对子既是沟通牌力强弱的重要手段,也是侦察对手火力的有效工具。对子是判断牌势优劣的风向标,是控制牌势变化的变压器,是高手制定战略战术的定海神针。在掼蛋时,有人说"情况不明,对子先行",其实这仅仅是低水平牌手针对对子的侦察性而言的,高手并不认同这个理念。对于掼蛋高手来说,对子不是"情况不明"时的探路器,而是情况明了时的传声筒,告诉同伴牌力是强是弱、强弱程度。也有人说"逢五出对",即对手形成5张冲刺牌型时,出对子可以控牌。但掼蛋高手基本断定其所剩5张是什么牌的情况下,是否出对子已不重要。例如打8时,对手剩余的5张牌分别是88AAA,那么,出对子岂不是自投罗网吗?

(3) 三连对。三个牌点相邻的对子。三连对是6张长牌。相比较其他牌型,由于三连对需要三个相邻的对子组合而成,因而原始三连对(不用强拆三同张)出现的概率是相当低的。从大数据分析可以看出,原始三连对在一副牌中出现的概率只有3%左右,约40%的牌局不会出现三连对,一副牌中打出三连对最多的也没有超过6手。

(4) 三同张。三张牌点相同的牌。在掼蛋游戏中,三同张是一种比较特殊的牌型,出三同张,有个俗称叫"裸奔"。三同张在牌局中没有三带二常见,是因为三带二可以一次性出5张牌,三同张只有3张牌。从大数据分析来看,三同张的占比只有3%。在掼蛋高手竞技的过程中,三同张比较常见,它与对子一样,成为沟通牌力强弱的重要因子。当然,与其他牌型相比,三同张在一副牌中最多只有5~6手,其出现概率和三连对基本持平。由于配牌的存在,手握配牌的一方不会轻易首引三同张,也不会随便跟进三同张,除非储备了足够数量的三同张。毕竟,以放弃与配牌组成炸弹为代价,随随便便出掉三同张,一般是不太明智的选择。

（5）二连三（钢板）。两个牌点相邻的三同张牌。钢板也是 6 张长牌。它是两个相邻的三同张组合而成的牌型。手握配牌的选手很少出钢板，上游概率低的选手很少出钢板。钢板是掼蛋游戏各类牌型中出现最少的牌型，仅占一副牌总手数的 1%，一副牌最多可以打出 4 手钢板。

（6）三带二。一个三同张和一个对子的组合。三带二是 5 张长牌。相比较三同张，三带二的特点是带了一个对子，牌型加长至 5 张，从跑得快的角度看，有一定的优势，出得越多、跑得越快。在一副牌中，三带二的使用率比三同张"裸奔"高出近两倍，达到 8% 左右，仅在 5% 左右的牌局中不会出现三带二的牌型。在少数牌局中，三带二的使用频率高达 10 多手。近年来，随着竞技掼蛋的发展、掼蛋经验的总结、先进理念的普及，越来越多的掼蛋高手降低了三带二的出牌频率。掼蛋高手不轻易出三带二，已经成为共识。

（7）顺子。五张牌点相邻的单张。顺子也是 5 张长牌。顺子在一副牌中的出牌频率约为 8%，与三带二的出牌频率基本持平。大数据分析表明，平均一副牌中出现顺子 4 个，最多 12 个，几乎很少见到没有顺子的牌局。顺子的特点是将 5 张单牌连成一条线，提高了杂牌的出牌效率。出顺子的目的是破坏对手一传，打乱对手部署，同时提高自身冲击上游的可能性。出顺子也有风险，那就是出了小顺子的同时，有可能帮对手过掉小顺子，使对手减少了出牌的轮次，使对手在争夺上游的过程中把握了先机。实战中，低手往往热衷于组顺子，掼蛋高手却往往不轻易组顺子、不轻易出顺子。只有经过充分沟通知晓同伴牌力、确立上游优势时，才会出顺子。

（8）炸弹。炸弹有三种：一是普通炸弹，即四张或四张以上牌点相同的单张；二是同花顺（火箭），即花色相同的顺子；三是四大天王（天王炸），即大王、小王各两张组成的炸弹，其威力至高无上。炸弹是比较特殊的牌型，是威力最大的牌型，也是牌手人见人爱的牌型。在衡量牌力强弱、判断上游概率时，炸弹是重要的指标。在掼蛋实战中，炸弹出现的频率与对子一样高，都达到 18.5%。平均每副

牌4个牌手组合的炸弹总数为8个，最多达到15个，实战中几乎见不到没有炸弹的牌局，只是在极端情况下出现过4个人一共只有2～3个炸弹的情形。

3. 配合。 既然我们强调掼蛋是集体项目，俗称"双人赛"，就必须照顾同伴的情绪、考虑同伴的感受、发挥同伴的作用。要根据同伴的需要出牌，比如同伴想出单张，或者是对子，或者是顺子，等等，这样有利于双赢。看看同伴发过什么牌，要吃什么牌，估计还剩什么牌，方便放他。林则徐说过："海纳百川，有容乃大；壁立千仞，无欲则刚。"掼蛋最忌讳的是埋怨同伴、责怪对手、迁怒观众，而必须把注意力全部集中于牌局，把心思全部专注于牌的组合、技术套路方面，这就需要掼蛋牌手有宽容的雅量、包容的心态。配合之要，存乎一心；配合之妙，在于隐忍。配合有赖于明确的战略、娴熟的技术、合理的方法和畅通的桥路，配合依托于成熟的心智、稳定的状态、超然的胸襟和沉着的发挥。配合是一门学问，配合靠最强大脑，配合有运气成分，配合是理论与实践的有机结合。

第三章　掼蛋的精髓

掼蛋既然是一项竞技比赛项目，就一定有其独特的内在规律、独特的技术特点、独特的配合要领和独特的竞赛规程。从表面上看，在掼蛋过程中，偶然因素很大，好像主要看牌本身的好坏，但实际上掼蛋技巧性很强，六分牌、四分技术，或者五分牌、五分技术。在四个人牌力均衡的情况下，技术是掼蛋取胜的主要因素。相比较"中国好声音"，掼蛋是"中国好智慧"。水无常形，牌无常势，能因人而变、因牌制宜者，是高手。在掼蛋过程中打到最后几张牌时，有两种人仍然在搭来搭去、调整配置，一是高手，二是低手。高手是因势、因时、因牌进行变化，低手是不知道该出什么牌。

作为一个竞赛项目，掼蛋的精髓也是6个字：牌感、牌气、牌技。单式制情况下，牌感约占30%，牌气约占30%，牌技约占40%（这一比例纯属笔者个人判断，不必过分当真）。牌感是先天形成的，牌气是现场产生的，牌技是后天练就的。要想在掼蛋比赛中取得好的成绩，三者缺一不可。有的人牌气很好，但牌感缺乏，牌技更差，这样的牌手不会走得很远。

1. 牌感。所谓牌感，就是对比赛的阅读能力，对形势的判断能力，对牌型的组合能力，对掼蛋性质的理解能力。夸张地讲，所谓牌感，就是几个瞬间：瞬间战略定位的能力，瞬间合理组牌的能力，瞬间预判形势的能力，瞬间权宜应变的能力。牌手用炸弹上手后，不知道出什么牌，也不知道同伴需要什么牌，常常出到下家手中，那就等于白炸了；还有的牌手打到最后几张牌的时候还在搭牌，搭来搭去，对手早已上游了。牌感好的人一眼看去就能知晓 27 张牌的强弱、特点、组合方法，从而打开胜利通道。

2. 牌气。俗称手气，即拿到手的一副牌的好坏、强弱、优劣。俗话说，你辜负了一次好牌，好牌将会辜负你十次。人狠不如牌狠，牌狠人才狠。人强不如命强，命强不如运强，运强不如势强。腹有诗书气自华，手有强牌人自狠。在单式制掼蛋背景下，一局牌（按 60 分钟计）8～12 副，一次比赛常见的轮次为 6～9 轮，每个人的手气应当是大致平衡的，多数情况是 4 个人牌力均衡，少数情况是一边倒的局面，特别是双下以后的牌气。在复式制背景下，一个代表队 4 名选手与另一个代表队 4 名选手交叉打同样的牌，手气基本等于零。一个牌手有没有抓住运气的能力，直接关系到这个牌手能否成功。牌手既不能把运气当作掼蛋能力看待，也不能对运气习以为常，更不能把运气当作制胜法宝。我们既不要把运气当作能力来用，也不能把能力当作运气来使——运气终究是靠不住的，能力才是第一位的。

3. 牌技。掼蛋牌技博大精深，这里着重讲一下进攻与防守、控制与反控制两个问题。一是进攻与防守。进攻就是主动出牌、有的放矢、扼制对手、力争主动，直至让对方不能跟跑、不能控制，让对方被迫用炸、改变牌路。防守就是跟着对方套牌，少让对方套牌，中止对方牌路。掼蛋之要，无非攻防。所以在掼蛋过程中要特别重视判断攻防的重点对象，特别要注重提高攻防的效率与效果。在攻防两端，要把居于优势地位的牌型运用到极致，把处于劣势地位的牌型限制于手中，不能轻易放出。要时刻警惕对手借力打力、乘机逃跑。攻防转换的技术含量很高，时机把握要准，牌型判断要细。围绕攻防转换，要善于调动对手、消耗对手、诱骗对手、"激怒"对手；善于将对手引入难以应付的局面，导入不知所措的形势，拖入进退无路的泥潭，甚至让对方陷入"不炸不行、炸了更不行"的困境。围绕攻防转换的战略意图，放牌、让牌、顶牌、封牌、开炸、垫炸、逼炸、诱炸，都要精益求精、果断出击。二是控制与反控制。这是掼蛋中最具有技术含量的一环。掼蛋实战中，没有一成不变的战略与战术，没有一路到底的进攻与防守，只有一以贯之的控制与反控制。从控制的角度看，掼蛋牌手既要高屋建瓴、控制大局，也要未雨绸缪、控制牌势，还要自我约束、控制情绪。从反控制的角度看，掼蛋牌手要讲究敌变我变、敌进我退、敌驻我扰、敌疲我打、敌退我追，这套游击战争策略同样适用于掼蛋实战。

第四章　掼蛋的境界

牌中有境界，掼蛋亦有境界。明代学者吴从先在《赏心乐事》中提醒读书人："读史宜映雪，以莹玄鉴；读子宜伴月，以寄远神；读佛书宜对美人，以挽堕空；读《山海经》《水经》、丛书、小史，宜倚疏花瘦竹、冷石寒苔，以收无垠之游而约缥缈之论；读忠烈传宜吹笙鼓瑟以扬芳；读奸佞论宜击剑捉酒以销愤；读《骚》宜空山悲号，可以惊蛰；读赋宜纵水狂呼，可以旋风；读诗词宜歌童按拍；读神鬼杂灵宜烧烛破幽。"掼蛋与读书一样，徜徉其间也能收获智慧，达到高大境界。透过吴从先的指引，结合掼蛋实际，我们不难体会读破万卷书、行遍万里路、切磋万局牌的壮怀激烈；不难领悟笔底有惊雷、书中藏日月、牌里有乾坤的海阔天空；不难收获四围香稻、万顷晴沙、九夏芙蓉、三春杨柳的磅礴娟秀；不难流连几杵疏钟、半江渔火、两行秋雁、一枕清霜的沧桑隽永。这种壮怀激烈与海阔天空，这种磅礴娟秀与沧桑隽永，不正是游戏掼蛋、竞技掼蛋带给人们的审美享受和闲情雅趣吗？

掼蛋要有情感。只有带着感情掼蛋，那才有情调。正如吴从先所说："短册恨其易竭；累牍苦于难竟；读贬激则发欲上冲，读轩快则唾壶尽碎；读滂沛而襟拨，读幽愤而心悲。""故每读一册，必配以他部，用以节其枯偏之情，调悲喜愤快而各归于适，不致辍卷而叹，掩袂而泣。"掼蛋与读书一样，若以慈悲心、平常心、包容心切磋牌艺，交流牌技，就不会抓到差牌懊恼、拿到好牌窃笑、出了错牌叹息、打出经典忘形了。宋人叶采《暮春即事》诗云："双双瓦雀行书案，点点杨花入砚池。闲坐小窗读周易，不知春去几多时。"小窗闲坐，四人博弈，品茗论牌，悠然自得，既有出世的清明之心，亦有入世的人文情怀；超然于世俗的纷争喧嚣，回眸于生活的嬉笑怒骂。涤尽尘埃，历尽磨砺，就能在掼蛋中体会"最是那一低头的温柔，像一朵水莲花不胜凉风的娇羞"的意境了。

掼蛋要有恒心。 荀况在《劝学》中告诫我们："骐骥一跃，不能十步；驽马十驾，功在不舍。""不积跬步，无以至千里；不涓细流，无以成江海。"无限风光，尽在险峰。在牌局的世界里孜孜不倦，人世间最美的风景便会飘然而至：江山、风雨、情。王安石感叹："世之奇伟、瑰怪、非常之观，常在于险远，而人之所罕至焉，故非有志者不能至也。"在掼蛋过程中，只要具备了恒心，就能学到朴素的人生哲理、掌握科学的记忆方法、融合经典的出牌技巧、贯通不同的掼蛋流派；在掼蛋过程中只要具备了恒心，就能达到理想中的境界，体验无限风光在险峰的豪情。到了掼蛋黄金屋，登上人生摩天楼，面对无限风光、无限江山，你就会情不自禁地说：我是一个纯粹的人、一个有境界的人。掼蛋的美、掼蛋的妙，正是体现在你的恒心中，体现在你的毅力里。

掼蛋要有寄托。 掼蛋中，牌桌上，有很多转瞬即逝，很多杏花春雨，像在站台上的道别，刚刚还相互拥抱，转眼已各自天涯。很多掼蛋高手出牌，很多战略战术，很多掼蛋技巧，我们不一定真懂，也可能不想真懂，掼着掼着就远了，打着打着就倦了，看着看着就慢了，想着想着就淡了。然而，转念一想，你掼，或者不掼，情就在牌里，不来不去；你打，或者不打，爱就在牌里，不增不减；你信，或者不信，我就在牌里，不离不弃。扑克牌会告诉你：因为掼过，所以富有；因为掼过，所以慈悲；因为掼过，所以宽容。扑克牌还会告诉你：人一简单就快乐，一世故就变老。简单，其实也是一种大智慧。

掼蛋要有境界。 有了情感、恒心、寄托，掼蛋便有了境界。王国维论人生的三境界——"昨夜西风凋碧树，独上高楼，望尽天涯路""衣带渐宽终不悔，为伊消得人憔悴""众里寻他千百度，蓦然回首，那人却在，灯火阑珊处"，其实这也分别是掼蛋的三重境界。掼蛋的境界，还可以用一段禅语分别来说明：看山是山，看水是水；看山不是山，看水不是水；看山还是山，看水还是水。只有掼蛋具备了境界，才能做到踏破铁鞋无觅处，得来全不费功夫；才能厚积薄发，豁然开朗，天高地阔，云淡风轻。让我们高雅地掼蛋吧，让我们智慧地掼蛋吧，让我们健康地掼蛋吧，让我们快乐地掼蛋吧！

第五章　掼蛋的哲学

"哲"一词在中国起源很早，历史久远。如"孔门十哲""古圣先哲"等词，"哲"或"哲人"，专指那些善于思辨、学问精深者，即"哲学家""思想家"之谓。一般认为中国哲学起源于东周时期，以孔子的儒家、老子的道家、墨子的墨家及韩非子的法家为代表。而实际上在之前的《易经》当中，已经蕴含并开始讨论哲学问题。哲学是建立在物质基础上的社会科学，是人类研究世界的基本学科和手段。哲学是一种方法，而不是一套主张、命题或理论。哲学的研究是基于理性的思考，寻求能做出经过审视的假设且不跳脱信念或者只是纯粹的类推。胡适在《中国哲学史大纲》中称："凡研究人生切要的问题，从根本上着想，要寻一个根本的解决，这种学问叫作哲学。"李泽厚先生说："哲学终结，思想开始。"还说："海德格尔之后，该是中国哲学登场出手的时候了。让哲学主题回到世间人际的情感中来吧。让哲学形式回到日常生活中来吧。"掼蛋当中蕴含了丰富的哲学思想和文化元素。先秦诸子中，孔子、孟子、老子、庄子、荀子的哲学天分与文学天分都很高，前三位是春秋时期的思想家、教育家，后两位是战国时期（与芈月同时代）的思想家、教育家。他们的许多论述对打好掼蛋很有启示作用。

第一，打掼蛋可守"仁"。"仁"是中国古代一种含义极广的道德范畴，它本指人与人之间相亲互爱。孔子把"仁"作为最高的道德原则、道德标准和道德境界。他第一个把整体的道德规范集于一体，形成了以"仁"为核心的伦理思想体系，该思想体系包括孝、悌、忠、信、礼、义、廉、耻、仁、爱、和、平等内容。其中孝悌是仁的基础，是仁学思想体系的基本支柱之一。他提出要为"仁"的实现而献身，即"杀身以成仁"的观点，对后世产生很大的影响。孔子认为"己立立人，己达达人"，"己所不欲，勿施于人"。孔子还认为"志士仁人，无求生以害仁，有杀身以成仁"。为了崇高的"仁"的境界，绝不做违背最高道德准则的事，必要的时候要"舍身成仁"，奋不顾身地为国家、为民族奉献一切。一名优秀的掼蛋牌手也一样，必要的时候要"舍身成仁"，奋不顾身地为同伴倾其所有、为胜利奉献一切。掼蛋选手既要做到孔子所说的学而不厌，诲人不倦，不耻下问，温故知新，循循善诱，见贤思齐，言而有信，尽善尽美，见义勇为，举一反三，成人之美，以德报怨，当仁不让；也要牢记孔子强调的己所不欲、勿施于人，人无远虑、必有近忧，小不忍则乱大谋，是可忍孰不可忍等行为准则。

第二，打掼蛋可重"义"。 义，是中华民族一种含义极广的道德范畴。义谓天下合宜之理，道谓天下通行之路。管子最早提出了"义"："四维不张，国乃灭亡。""何谓四维？一曰礼，二曰义，三曰廉，四曰耻。"孟子则进一步阐述了"义"。他认为"信"和"果"都必须以"义"为基础。《孟子·离娄下》载："大人者，言不必信，行不必果，惟义所在。"又曰："君子喻于义，小人喻于利。""君子之于天下也，无适也，无莫也，义之与比。"孔门有弟子三千，有贤人七十二位，但是在思想上，他们与孔子的关系，都不能与孟子相比。孟子晚于孔子大约一百年，他继承与发扬了孔子思想，对儒家思想的发展贡献巨大。所以，虽然他不是孔子的弟子，却被后人尊为"亚圣"。孔子说："志士仁人，无求生以害仁，有杀身以成仁。"同样的问题，孟子由义来处理，说得更加清楚一些："鱼，我所欲也；熊掌，亦我所欲也。二者不可得兼，舍鱼而取熊掌者也。生，亦我所欲也；义，亦我所欲也。二者不可得兼，舍生而取义者也。"掼蛋选手要像孟子所说的那样："富贵不能淫，贫贱不能移，威武不能屈。"要牢记孟子的教诲：舍生取义，明察秋毫，尽力而为，出类拔萃，以德服人，专心致志，当务之急，左右逢源，事半功倍；鱼与熊掌不可兼得；得道多助，失道寡助；生于忧患，死于安乐。

第三，打掼蛋可行"善"。"善"具有深刻的伦理学、哲学和佛学内涵。中国传统伦理有丰富的劝善内容，如《太上感应篇》等。《吾思·圣神贤》诗曰："深思熟思，必有奇思。信师行师，自可名师。圣学博学，方成绝学。知善致善，是为上善。性勿恶，形勿舍。省勿止，神勿折。"善的哲学定义为：善是事物完好、圆满的组成，是事物的运动、行为与存在对社会和绝大多数人的完好圆满的生存发展，具有正面意义和正向价值，是事物完好圆满有利于社会与绝大多数人生存发展的特殊性质和能力，是人们在与事物密切接触、受到事物影响和作用的过程中，判明事物的运动、行为与存在符合自己的意愿和意向，满足（完全达到）了自己的生理和心理需要，产生了称心如意（满意）的美好感觉后，从事物中分解和抽取出来的有别于"恶（残缺不完好）"的相对抽象的事物或元实体。老子提出的"无为而治"就是依照道所体现的自然无为的原则和无为的行为方式治国平天下。它是一种高超的政治智慧。"无为而治"主要包括清静之治、自然之治、柔弱之治和爱民之治，其核心是一个"善"字。"圣人常无心，以百姓之心为心。善者，吾善之；不善者，吾亦善之。"掼蛋选手既要记取老子所告诫的"善"：上善若水，知足常乐，自知之明，出生入死，哀兵必胜；也要明白老子所讲的天网恢恢、疏而不漏，合抱之木生于毫末，九层之土起于垒土，千里之行始于足下的道理。

第四，打掼蛋可知"礼"。礼在中国古代是社会的典章制度和道德规范。作为典章制度，它是社会政治制度的体现，是维护上层建筑以及与之相适应的人和人交往中的礼节仪式。作为道德规范，它应该是人们一切行为的标准和要求。在孔子以前已有夏礼、殷礼、周礼。夏、殷、周三代之礼，因革相沿，到周公时代的周礼，已比较完善。作为观念形态的"礼"，在孔子的思想体系中是同"仁"分不开的。孔子说："人而不仁，如礼何？"他主张"道之以德，齐之以礼"的德治，打破了"礼不下庶人"的限制。到了战国时期，孟子把仁、义、礼、智作为基本的道德规范,礼为"辞让之心",成为人的德行之一。荀子比孟子更为重视礼,他著有《礼论》,论证了"礼"的起源和社会作用。他认为礼使社会上每个人在贵贱、长幼、贫富等等级制度中都有恰当的地位。在长期的历史发展中,礼作为中国社会的道德规范和生活准则,对中华民族精神素质的修养起了重要作用;同时,随着社会的变革和发展,礼不断被赋予新的内容,不断地发生着改变和调整。荀子是战国末期最后一位儒学大师,他继承并发展了早期儒学的"礼乐"思想,并吸纳了法家的法治思想,主张礼法并重、王霸兼行。荀子的这一思想对牌手的影响是深远的,比如,后发制人,坚强不屈,安如磐石,开源节流,前车之鉴,始终如一,积善成德,兵不血刃,博闻强记,约定俗成,移风易俗,提纲挈领,青出于蓝,流言止于智者,万变不离其宗。再比如,不登高山,不知天之高也;不临深渊,不知地之厚也。是故,不积跬步,无以至千里;不积细流,无以成江海。骐骥一跃,不能十步;驽马十驾,功在不舍。锲而舍之,朽木不折;锲而不舍,金石可镂。这些名言都可以成为掼蛋爱好者的基本准则。

第五,打掼蛋可增"智"。在儒家的道德规范体系中,"智"是最基本和最重要的素质之一,也是儒家理想人格的重要品质之一,被视为"三达德""四德"及"五常"之一。首先把"智"视为道德规范、道德品质或道德情操来使用的,是伟大的思想家孔子。他把"智"与"仁""勇"这两个道德规范并举,并给它定位为君子之道,即所谓"仁者不忧,知(智)者不惑,勇者不惧。"在儒家思想史上,孟子第一次以"仁义礼智"四德并提。他从行为的节制和形式的修饰、道德的认知和意志的保障等意义上确立了礼与智在道德体系中的不可或缺的地位。最终,仁义礼智四位一体,相依互补,构建为人道的全部蕴涵。到了汉代,儒家"五常"(仁义礼智信)确立,"智"位列其中。庄子具有大智慧,他是战国时期著名思想家、教育家,崇尚无为,取法自然。庄子的核心思想是"道",其思想精髓是主张"道德"。庄子继承和发展了老子思想,庄子指出客观事物都是变化的，而这些变化都是由于矛盾双方相互作用而引起的："安危相易，祸福相生，缓急相摩，聚散以成。"庄子告诉世人，言传身教，吐故纳新，善始善终，夜以继日，视死如生，游刃有余，得心应手，分庭抗礼，权衡轻重，鹏程万里，踌躇满志，迫在眉睫，能者多劳，大同小异，投其所好，化腐朽为神奇，初生牛犊不怕虎，君子之交淡如水，螳螂捕蝉黄雀在后，顺我者昌逆我者亡。庄子还告诫世人切莫做这样的人：朝三暮四，井蛙之见，邯郸学步，东施效颦，亦步亦趋，贻笑大方，呆若木鸡，捉襟见肘，摇唇鼓舌，害群之马，每况愈下，有名无实，令人发指，文过饰非，螳臂当车。庄子的这些思想值得掼蛋爱好者记取、吸收。

第六章 掼蛋的能力

通过掼蛋游戏，能够悟出许多哲理。掼蛋要达到好的境界，就要循循善诱、举一反三、兼收并蓄、融会贯通。要成为优秀的掼蛋牌手，就必须在提升思维能力、学习能力、协作能力、自律能力四方面下功夫、见成效。

一要提升思维能力，夯实精心谋牌的基础。莎士比亚说过："别让你的思想变成你的囚徒。"爱默生说过："宇宙万物之中，没有一样东西像陈旧的思想那样顽固。"思考出真知，思维出办法。对于善于动脑、勤于思考的牌手而言，没有不可能，没有想不到。正如拿破仑所说："在我的字典中没有'不可能'的字眼。"要想打好掼蛋，就必须切实提升战略思维能力、创新思维能力、辩证思维能力。思维能力的提升是打好掼蛋的前提，思维方法的科学是成为掼蛋高手的关键。正确的思维方法体现在善于从全局高度观察牌势、研判敌情、组合资源、权宜应变，做到战略决策不马虎，攻防转换不含糊，目标定位不动摇；体现在善于运用定律、把握牌力、突出重点，做到谋篇布局高屋建瓴，能攻善守事半功倍，进退腾挪游刃有余；体现在勇于精准发力、善于借势发力、工于持续发力，将均势演变为优势，将优势转化为胜势。

二要增强学习能力，夯实依规出牌的基础。知识未必就是力量，使用知识才是力量！心有多大，舞台才有多大；思想有多远，实践才能走多远。学习能力是掼蛋能力的基础，优秀牌手的思维能力、决策能力、应变能力和协作能力无一不是来自学习、来自学习能力的增强。学习能力既源于书本，更源于实践；既源于课堂，更源于社会，唯有如此方能优化知识结构、提高综合素质，增强创新能力。只有不断学习、不断创新，才能跟上牌局变化、牌势起伏、牌力分化、牌理更新的节奏，才不会被掼蛋理论的推陈出新、掼蛋实践的与时俱进所淘汰。孔子告诫我们的温故知新，见贤思齐；不耻下问，举一反三，学而不厌。这些都是掼蛋选手增强学习能力的有效方法和根本途径。

三是增强协作能力，夯实潜心打牌的基础。求实、务实、落实是掼蛋牌手的基本素质和普遍要求。求实，要求牌手每手牌都打出合理性；务实，要求牌手每手牌都打出实用性；落实，要求牌手通过打牌达成战略意图。面对加强协作、充分沟通的共同要求，每一名掼蛋牌手都应言行一致，勇于担当，敢挑重担，不怕牺牲。掼蛋是集体项目，重要的不是一个人肯干的态度、苦干的精神甚至蛮干的冲动，而是两个人巧干的方法、会干的技能。掼蛋中的协作能力包括牌手与同伴尊重规律的态度和探索规律的方法、统揽全局的思路和举一反三的素质、精心组织的能力和举重若轻的技巧、随机应变的心智和因地制宜的习惯。增强协作能力，就要胸怀全局，心系同伴，淡泊明志，宁静致远，以雷厉风行的作风打好配合，以开拓进取的锐气压制对手，以勇于拼搏的精神争取主动，以负重奋进的品格奉献一切，多出合理牌，多打高效牌，多解复杂牌，勿以善小而不为，勿以恶小而为之。

四是增强自律能力，夯实严谨行牌的基础。掼蛋游戏有许多纪律，很多都是铁的纪律即铁律。军令如山，令出必行，令行禁止。掼蛋时尽量不要逆天，俗话说，人狠不如牌狠。比如，首引者获得上游的概率低于 10%，那就不能轻易出小单张和长牌（5~6 张牌），这就是铁律。一个牌手要始终坚持遵守规则、遵守纪律、忠于同伴，始终秉持规则规范高于一切、同伴利益高于一切，以自警、自省、自励的胸怀，养成慎思、慎言、慎行的习惯。

第七章　牌手的素质

掼蛋是智慧的比拼、境界的较量、技术的博弈，需要牌手厚积薄发、博观约取。注重学习教育、提高综合素质，是掼蛋爱好者提升竞技水平的重要途径。笔者认为，要想成为一名优秀的掼蛋选手，可以从四个方面入手：学习哲学，增进修养以立德；学习历史，开阔胸襟以养气；学习文学，陶冶情操以益智；学习法律，培养公心以明理。

一要学习哲学，增进修养以立德。 陈云说过："学好哲学，终生受用。"掼蛋选手必须清醒地认识到：普遍联系与永恒发展是物质世界的总体特征，联系的观点和发展的观点是唯物辩证法的基本观点。多学一些普遍联系与永恒发展的观点，有助于打好掼蛋，成为掼蛋高手。先秦诸子中，孔子、孟子、老子、荀子都是优秀的哲学家，国学经典中蕴含的哲学思想值得掼蛋牌手记取。比如《礼记》阐述的正心、修身、齐家、治国、平天下的思想就充分表明了增进个人修养的极端重要性。要想"齐家、治国、平天下"，必须"先正其心"与"先修其身"。"正心、修身、齐家、治国、平天下"的人生哲学与"穷则独善其身，达则兼济天下"的积极而达观的态度相互结合与相互补充，有助于牌手立德、修身、养性。有牌则兼顾同伴，无牌则独善其身。有了坚定的目标定位和良好的道德修养，掼蛋牌手才能不断增强大局意识、责任意识、协作意识、担当意识，模范践行掼蛋的宗旨、内涵、本质、精髓和一整套核心价值体系。

二要学习历史，开阔胸襟以养气。 李大钊说过："无限的过去都以现在为归宿，无限的未来都以现在为渊源。"在文明的时代，智者应学习历史，不学习历史就不能成为智者；贤者应学习历史，不学习历史就不能成为贤者。一名优秀的掼蛋选手要胸怀全局、心系同伴、淡泊明志、宁静致远，就必须学习历史、尊重历史，既从太平盛世中借鉴经验，又从改朝换代中吸取教训，还从历史烟云中求真求实。中国古代盛世主要有三个成因：一是充满忧患意识，牢记"忧劳兴国、逸豫亡身"和"生于忧患、死于安乐"的道理；二是重视法治建设，崇尚法理，强调法治；三是坚持以民为本，坚持"民惟邦本，本固邦宁"和"天地之间，莫贵于人"，强调要利民、裕民、养民、惠民。这些经验用于掼蛋实战，就是要求牌手必须做到：一要居安思危、未雨绸缪；二要循规蹈矩、严守纪律；三要以牌为本、因牌制宜。雨果曾经说过："世界上最宽广的是海洋，比海洋更宽广的是天空，比天空更宽广的是人的胸怀。"一名优秀的掼蛋牌手理应有豁达的心胸、淡泊的心态、崇高的志向，透过风云变幻的牌局，擦亮眼睛，看清牌局发展的趋势。

三要学习文学，陶冶情操以益智。 文学素养是一个人听、说、读、写能力的综合体现。对优秀掼蛋牌手来说，提高文学素养，既可陶冶性情、增长智慧，又可升华精神、完善人格，是提高人文素质、实践科学发展观的题中之义。王国维先生说："一代有一代之文学。"每一个朝代都有其独领风骚的文学作品和文学现象。从《诗经》《楚辞》《论语》《孟子》《史记》，到唐宋诗词、明清小说、"五四"新文学、当代文学，均贯穿着强烈的爱国情怀和优秀的民族精神。掼蛋选手或掼蛋爱好者通过学习文学作品，从"天下兴亡，匹夫有责""人生自古谁无死，留取丹心照汗青""先天下之忧而忧，后天下之乐而乐"的高尚情操中吸取营养，理解"己所不欲，勿施于人""鱼和熊掌不可兼得"等最起码的道德标准，在"生于忧患，死于安乐""忧劳兴国，逸豫亡身"的古训中潜移默化地树立正确的理念，不断增强道德意识和责任意识。

四要学习法律，培养公心以明理。 遵纪守法、令行禁止是掼蛋牌手应遵循的基本准则。掼蛋运动是体育运动的一个项目，理应遵循体育竞赛的法律条文、规则规范。不断提高掼蛋爱好者、管理者、组织者、推广者的法律意识和法律素养,既十分必要,也非常迫切。只有优秀的掼蛋选手带头学法用法、模范遵守法律、带头依法打牌,才能有效发挥示范表率作用,带动广大掼蛋爱好者学规则守规则用规则,在整个掼蛋界形成崇尚规则规程、遵守规则规程、维护规则规程的良好风尚。具体到掼蛋实践中,掼蛋选手要努力做到以下五点:一是要做尊重规则规矩的表率,大力弘扬法治精神;二是要做学习规则规矩的表率,不断提高规范意识;三是要做运用规则规矩的表率,始终坚持按章竞技;四是要做遵守规则规矩的表率,充分发挥示范作用;五是要做捍卫规则规矩的表率,自觉维护制度尊严。

第八章　牌手的意识

思想是行动的指南,意识是实践的先导。先进的思想指引有效的行动,正确的意识决定成功的实践。作为一名掼蛋爱好者,要想成为优秀牌手,应当着力培养四个意识,即敢于亮剑的奉献意识,勇于担当的责任意识,因牌制宜的权变意识,精于协作的大局意识。

一要培养敢于亮剑的奉献意识。古人说:"富贵在于骨法,忧喜在于容色,成败在于决断。"获胜是大前提,赢牌是硬道理。唯有亮剑,才是王道;遏制对手,才有出路。掼蛋如同亮剑。高手杀人于无形,喜怒不形于色,举重若轻,谈笑间樯橹灰飞烟灭。低手喜怒形于色,好恶挂嘴上——实际上,做事、做人、做官,何尝不是如此?亮剑需要勇气。勇气是人的一种非凡的力量。古人说:夫战,勇气也,一鼓作气,再而衰,三而竭。彼竭我盈,故克之。掼蛋需要有果敢的勇气、决断的气魄,这样才能趋利避害、逢凶化吉;掼蛋也需要决死的信念、坚定的毅力,这样才能生于忧患、死而后已。有了奉献意识,有了英雄气概,才能在牌局中调动千军万马,或衔枚疾进,或迂回包抄,或步步为营,或绵里藏针,最终直捣黄龙、定鼎中原。美国军事家普里尔有一句名言:"由一头狮子带领的一群羊将战胜由一只羊带领的一群狮子。"这是一句让人牢记终生的话。一头狮子带领的羊,虽然群羊比较弱小,但狮子的勇气却能唤醒群羊的潜能,能充分运用羊的能力;而一只羊带领的一群狮子,虽然群狮具有强大的潜能,但羊却没有勇气运用群狮的潜能。

二要培养勇于担当的责任意识。首先,勇于担当就要恪尽职守。

对于一个掼蛋牌手而言，作风过硬、敢打敢拼，是勇于担当的前提；踏踏实实、兢兢业业，是勇于担当的基础。在运筹帷幄中体现担当要求，在攻防转换中实践担当意识，在斗智斗勇中诠释担当精神。目标一旦确定，组牌一旦完成，就要立说立行、敢闯敢干。其次，勇于担当就要砥砺前行。事不避难、砥砺前行，是一名优秀掼蛋牌手责任意识和进取精神的有机统一，是勇于担当的更高境界。在掼蛋游戏或比赛中，牌手要保持锐意进取的意志品格、奋发有为的人生追求、蓬勃向上的精神状态，积极主动承担重任，攻坚克难横扫强敌。再次，勇于担当就要知难而进。大事难事看担当，重要关头见精神。勇于担当，既不能遇到烂牌就泄气，也不能见到难题就躲避，更不能牌局不利推责任。面对困难挑战，主动想对策，不回避；面对不利形势，积极找出路，不懈怠；面对落后局面，迎头赶上去，不松劲；面对问题失误，勇于担责任，不诿过。最后，勇于担当就要敢为人先。北宋王安石号召人们勇于争先："天变不足畏，祖宗不足法，人言不足恤。"敢为人先，就不能故步自封而沾沾自喜，不能安于现状而不思进取。必须拿出攀高比强的勇气，与时俱进不停步；必须具备锲而不舍的精神，咬定目标不放松；必须焕发干事创业的豪气，不达目的不罢休。不要被一个冠军蒙住双眼，不要被一点奖金拴住双脚，要立足江苏、走向全国，立足亚洲、放眼全球。这才是掼蛋项目发展壮大的必由之路。我们在掼蛋时往往会犯错，但只要知错就改，仍然会柳暗花明。

　　三要培养因牌制宜的权变意识。《芈月传》这部电视剧，讲述了中国历史上首次被称为"太后"的女人、秦昭襄王母亲芈月波澜壮阔的传奇一生。芈月长达41年的执政生涯刚开始时，秦国内忧外患，芈月和樗里子等众臣商讨国事，有的人认为应当先对付秦国内部诸公子叛乱，再对付五国强敌；而芈月却认为应当先对付五国的使臣，再腾出手来对付诸公子内乱。芈月召五国使臣入咸阳，樗里子禀道："敢问太后是一齐召见，还是先后召见？"芈月道："自然是逐个击破、先易后难了。"芈月以一人之力，与五国使臣交涉。樗里子认为，列国使臣皆代表一国之君，这些人不是上将，便是谋臣，于列国纵横之间，早已经练得周身是刀，善于鼓惑君王、煽动人心，只言片语胜过千军万马。非是极智慧刚毅之君王，不能抵谋臣之鼓惑，轻则丧权，重则辱国。而太后一介妇人，又如何能够面对这五国使臣的算计摆布？芈月先宣燕国使臣苏秦，后宣楚国使臣靳尚，再宣魏国使臣魏无忌，一家一家地割地赔款，然后五国相继退兵。众臣不解，芈月引用了《老子》的话："将欲夺之，必固予之。将欲灭之，必先学之。"果然，许多年后，芈月又一家一家夺回了失地。芈月成功的原因是熟读《孙子兵法》，懂得权宜应变。《孙子兵法》一段话对芈月影响更大："夫兵形象水，水之形，避高而趋下；兵之形，避实而击虚。水因地而制流，兵因敌而制胜。故兵无常势，水无常形；因地变化而取胜者，谓之神。"什么是变通？《易经》就是一本讲变通的书。《易经》指出："以动者尚其变。""变通莫大乎四时。""变而通之以尽利。""刚柔相推，变在其中矣。系辞焉而命之，动在其中矣。吉凶悔吝者，生乎动者也。刚柔者，立本者也。变通者，趣时者也。"其大意是：一个人要想获得成功，就必须有所行动，而客观情况是不断变化的，因此，人的行动也要随着客观情况的变化而变化。什么时间应该刚强，什么时间应该柔弱，都应由实际情况来决定。唯有变，方能通；唯有变通，方能与时俱进、避免被动、争取主动，即"变而通之以尽利"。反之，不顺势变通，不趋时而行，便会背时而动、逆向而行。变通就是以变化自己为途径而通向成功。你改变不了过去，但你可以改变现在；你改变不了对手，但你可以改变自己。英国作家萧伯纳说："明智的人使自己适应世界，而不明智的人坚持要世界适应自己。"莫里哀说："变通是才智的试金石。"诸葛亮说："因天之时，就地之势，依人之利，而所向无敌。"笔者认为，变通是天地间最大的智慧，是才能中的才能、智慧中的智慧。水随器而方圆，人随水则变通。一个牌手在掼蛋中如果像水一样随着客观情况的变化而变化，张弛有度，攻防有序，进退有节，拿捏得当，那么，他就能够俯仰自如于牌场、得心应手于牌局。

四要培养精于协作的大局意识。掼蛋是集体项目、双人游戏，切忌单打独斗、表现个人英雄主义。中国人讲究"以和为贵""和气生财""天人合一"等。可以说，和谐的境界是中国人基本的哲学目标。和谐存在于自然与人之间、人与人之间。中国画通常是一片广阔的青山绿水，嵌入一两个细小的云丽风飘的逸士；中国的建筑，总是飞檐琉瓦，竹篱茅舍，轻轻没入苍翠的云影天光里；0.618的黄金分割法，因为和谐而产生美；功夫电影、武侠小说，都刻意营造了一种和谐的美，比如《英雄》，比如《神话》，比如《卧虎藏龙》，比如《射雕英雄传》。顾全大局，就是我们常说的要有大局观、全局意识。古人云："自古不谋万世者，不足谋一时；不谋全局者，不足谋一域。"不考虑长远利益的人，就不能谋划好当前的问题；不考虑全局利益的人，就不能策划好局部的问题。打掼蛋，也要培养全局眼光、讲究全盘意识、增强大局观念。牌局如同人生，牌理如同事理，掼蛋如同做人做事。掼蛋讲究桥路畅通，强调团队精神，倚重双人配合。协作到位、配合默契，则事半功倍；各自为政、一意孤行，则事倍功半。两人都胸怀全局、顾全大局，配合到最高境界，则会：于无声处听惊雷，于平淡中见神奇，于风平浪静中开山裂谷、石破天惊。三国时的马谡，诸葛亮派他去守街亭，他没有全局眼光，不问客观条件，机械搬用"置之死地而后生"和"破釜沉舟"的经验，把营扎在山上，违背了诸葛亮傍山近水扎寨的指示，结果被司马懿团团围困，断了水源，不战而乱，导致街亭失守。最终，诸葛亮挥泪斩马谡。

第九章 制胜的法宝

如何打掼蛋、如何打好掼蛋，是每一名掼蛋爱好者都很关心的话题。牌技无止境，牌艺有高峰。天下没有现成的掼蛋秘籍，没有永恒的掼蛋法宝，没有放之四海而皆准的掼蛋原理，只有对掼蛋本质的探寻、对掼蛋原理的研究、对获胜方法的分析。笔者认为，增强理性、增强钢性、增强悟性、增强韧性，是掼蛋爱好者成长为优秀掼蛋选手的重要法宝。

一要增强理性。俗话说："泰山崩于前而色不变，麋鹿兴于左而目不瞬。"理性是指人在正常思维状态下为了获得预期结果，满怀自信与勇气冷静地面对现状，并快速全面了解现实而分析出多种可行性方案，再判断出最佳方案且对其有效执行的能力。理性是基于现有的理论，通过合理的逻辑推导得到确定的结果。反之就是反理性。理性的本质就是否定与怀疑。掼蛋实战中，理性体现在法治的思维、冷静的态度、严谨的作风、科学的精神、辩证的方法、正确的胜负观等方面，头脑清醒、冷静处置、临危不乱、沉着化解，是一名优秀掼蛋牌手的必备素质。善于用法治思维谋划牌局，用冷静态度预判形势，用严谨作风思考战术，用科学精神突破瓶颈，用辩证方法破解难题，不断增强掼蛋的效率和效能。笔者反复强调，一个牌手在掼蛋中张弛有度，攻防有序，进退有节，拿捏得当，就将俯仰自如于牌场、得心应手于牌局。才者，德之资也；德者，才之帅也。这是北宋司马光写在《资治通鉴》里的一句名言，意思是才是德的支撑，德是才的统帅。有德有才是极品，有德无才是正品，有才无德是废品，无德无才是毒品。牌手的理性正是体现在德才兼备、德艺双馨等方面。中国有两个半圣人,孔子、王阳明和曾国藩(半个),他们都是哲学家,他们都很有理性。孔子在古代被尊奉为孔圣人、万世师表,在当代被列为世界十大文化名人之首,其儒家思想对中国和世界都有深远的影响,有"半部《论语》治天下"之说。王阳明是明朝心学大师,其对于人生存在意义所做的哲学反思具有反叛性、挑战性,使人的主体意识得到空前提高。人称王阳明是"治学之名儒,治世之能臣",是明朝中叶著名的军事家和哲学家,追求"立功""立言""立德",是史上真正的"三立"之人。王阳明"立"了四句话:"无善无恶心之体,有善有恶意之动。知善知恶是良知,为善去恶是格物。"这四句话正是阳明心学的精髓所在,万事万物皆有心,心外无物、心外无事、心外无理,因此必须知行合一。老子说的"道生一,一生二,二生三,三生万物"与"人法地,地法天,天法道,道法自然"就是这个道理。曾国藩是清朝军事家、理学家、政治家、文学家,主张凡事要勤俭廉洁,不可为官自傲。他修身律己,以德求官,礼治为先,以忠谋政,大到治国、治军,小到治家、修身,都很有理性。左宗棠评价曾国藩:"谋国之忠,知人之明,自愧不如元辅;同心若金,攻错若石,相期无负平生。"李鸿章评价曾国藩:"师事近三十年,薪尽火传,筑室忝为门生长;威名震九万里,内安外攘,旷世难逢天下才。"中国两个半圣人的理念、风格,很值得掼蛋爱好者学习和记取。

二要增强钢性。钢性是集体活动固有的本性和特性,是组织纪律最高、最集中的表现。掼蛋竞技强调的钢性,指的是一个掼蛋选手应当具有强烈的责任意识、大局意识、奉献意识、忧患意识,应当树立高度的实践自信、理论自信、战略自信、战术自信,在此基础上,增强纪律性、规范性,朝着既定目标坚定努力、砥砺前行。掼蛋爱好者应该具有坚定的信念、崇高的境界和优良的作风,应该是一个高尚的人,一个纯粹的人,一个脱离了低级趣味的人,一个有益于社会的人。掼蛋竞技中的钢性,是体育比赛中纪律性、忠诚度、执行力的代名词。掼蛋是一项原则性、协作性很强的运动,牌手要牢固树立大局意识、协作意识、纪律意识，认真贯彻战略意图，坚决落实战术安排，主动顺应形势变化，自觉迎合同伴需求。要把每一手牌、每一张牌都放在整个牌局、整场比赛的高度来思考和谋划。掼蛋中需要自始至终坚持原则、严守纪律，这是铁律，不得违反。只有具备了纪律性、忠诚度、执行力，掼蛋才能掼出水平、掼出境界。不谋万世，不足谋一时；不谋全局，不足谋一域。笔者曾提出掼蛋竞技有八个"坚决"：坚决依从规律，坚决遵从定律，坚决服从纪律，坚决不挡同伴牌，坚决不放对手牌，坚决不打赌气牌，坚决不出无理牌，坚决不出逆天牌。增强钢性，有助于牌手赢得主动、把握先机。

三要增强悟性。 悟性是指对事物的感知力、思考力、洞察力，主要指对事物的理解能力和分析能力。每个人的悟性是不一样的，它受先天因素和后天因素共同影响，不过，每个人的天赋却是天生的，可以使人在某方面事半功倍，甚至成为才赋优异的神童。悟者，吾之心也！一人一悟性，只可意会，难以言传也！正所谓：师父领进门，修行靠个人。宋代赵师秀《送汤干》诗："能文兼悟性，前是惠休身。"明代谢榛《四溟诗话》卷四："诗固有定体，人各有悟性。"林纾《闽中新乐府》："儿童初学，骤语以六经之旨，茫然当不一觉；其点诵经文，力图强记，则悟性转窒。"悟性是一种超常的直觉。悟性人人有，它不立文字，不依理性，只可意会，无法言传，书不能尽言，言不能尽义，它与规律存在一种自然妙合，发问题之宗旨，感现象之根源。科学家发明创造，文学家吟诗作赋，艺术家独具匠心……他们都是在开悟之后，即有所得。悟性是一种智慧的体现。聪明人一拨三转，糊涂人棒打不回，这就是有无悟性的区别。智慧有大小，悟性同样也有大小之分，悟性高，知天晓地，明古道今，运筹帷幄之中，决胜千里之外。悟性是一种境界的体验。有悟性的人，其层次不断攀升，每有所悟，便有喜悦。悟有顿悟和渐悟之别。顿悟，当下了然，直指人心。渐悟是要经过许多过程，才见真如的。无论是顿悟、渐悟，都是一种超越自我，都是一次身心的洗礼，妙在其中，难以尽言。从方法论角度而言，悟性是将已有的经验嫁给了触类旁通的思维方式!我们常常说某人悟性好,重在赞赏其理解一件事或物或某种抽象的概念时的速度快,而速度快的前提是这个人已有的经验知识足够多,并且具备触类旁通的思维方式。任何一项棋牌游戏或竞赛项目,都有其内在规律,都有其技术要领,都有其规则规程,都是智慧的比拼、谋略的较量、思维的碰撞、才华的检验。一句话,都需要有悟性。掼蛋游戏或比赛中,悟性体现在合理组牌的直觉、研判形势的能力、扬长避短的技巧和因牌制宜的智慧等诸多方面。要勤学习、善思考、会判断、能攻坚,善于发现对手弱点、探索出牌规律、积累攻防经验,将专业基础、理论知识、逻辑思维等灵活运用于每手牌、每副牌、每局牌。成都武侯祠有副名联:"能攻心则反侧自消,自古知兵非好战;不审时即宽严皆误,后来治蜀要深思。"上联是写攻心为上,下联则是写审时度势,其实是从另一角度阐释悟性的。有了悟性,就会知牌、识牌、用牌。晏子认为国有三不祥:"夫有贤而不知,一不祥;知而不用,二不祥;用而不任,三不祥。""不祥"就是不吉利,是衰亡的征兆。一个牌手在掼蛋中掌握一手好牌而不识,识得好牌而又不用,虽用了却不当其时、不当其任,有此三不祥,牌局肯定被动,胜利一定渺茫。

四要增强韧性。韧性,表示材料在塑性变形和断裂过程中吸收能量的能力。韧性越好,则发生脆性断裂的可能性越小。在材料科学及冶金学领域,韧性是指材料受到使其发生形变的力量时对折断的抵抗能力,其定义为材料在破裂前所能吸收的能量与体积的比值。用在心理学上,韧性是一种压力下复原和成长的心理机制,指面对挫折、困难或者逆境时的有效应对和适应。在体育比赛中,韧性是指顽强持久的精神,坚韧不拔的意志。不仅意味着个体能在重大创伤或应激之后恢复最初状态,在压力的威胁下能够顽强持久、坚韧不拔,更强调个体在挫折后的成长和新生。在掼蛋游戏或比赛中,牌手有了韧性,就会锲而不舍、勇往直前;牌手有了韧性,就会破釜沉舟、义无反顾;牌手有了韧性,就会立场坚定、始终不渝;牌手有了韧性,就会磨砖成镜、滴水穿石;牌手有了韧性,就会踏石留印、抓铁有痕。阳光总在风雨后,不经历风雨,怎能见彩虹?掼蛋之取胜不可能一蹴而就、一帆风顺,必须坚忍执着、持之以恒。优秀的牌手要敢于短兵相接,敢于攻坚克难,敢于动真碰硬,以勇往直前的决心破除困难,以刚正不阿的勇气顶住压力。第二次世界大战开始后,德军在西线长驱直入,很快攻占了法国全境,一直打到英吉利海峡,与英国隔海相望。此时,英国成了海上孤岛。面对人类历史上这场残酷的战争,英国人的勇气表现出来了,其代表人物就是丘吉尔。丘吉尔在他最著名的演讲中说:"我们不能气馁,也不能失败。我们要坚持到底。我们要在法国作战;我们要在海洋作战;我们要在空中作战。我们要不惜任何代价保卫我们的祖国。我们绝不投降。"最终,希特勒失败了,英国成了战胜国之一。而在这场战争中,丘吉尔究竟起了什么作用呢?他本人对此有一个恰如其分的评价,他说:"居住在地球上的人类是真正的雄狮,我只是有幸担负了发出怒吼的使命。"法国文学家巴尔扎克曾经说过:"勇气加天才是成功的一半,而毅力是成功的另一半。"这些都是韧性的体现。

第十章 精神与担当

实践孕育精神，精神引领实践。掼蛋产业需要崇高的精神，崇高的精神支撑并推动掼蛋产业。改革开放 40 年来，江苏大地上孕育的张家港精神、昆山精神、华西精神、南通莫文隋精神、徐州下水道四班精神、连云港雷锋车精神，以及"创业创新创优、争先领先率先"的新时期江苏精神……值得每一位掼蛋爱好者记取并发扬光大。这些精神内化于心，外化于行，有助于广大掼蛋爱好者特别是优秀牌手增添力拔头筹的勇气、力争上游的锐气、力夺佳绩的志气，增添争先的胆识、领先的魄力、率先的气度，使一切有利于实现掼蛋战略战术的愿望得到尊重，意图得到贯彻，成果得到巩固，为掼蛋项目普及、掼蛋水平提高而挖掘活力之源，广开希望之门。

一、掼蛋需要勇于担当、敢于争先、勤于实践、工于创新

伟大的实践呼唤伟大的精神，伟大的精神催生伟大的实践。张家港精神产生于 1992 年春天，适逢邓小平同志南方重要讲话发表，一个大发展的机遇来临。经济要腾飞，思想要先行。张家港市委深思熟虑，提出了"团结拼搏，负重奋进，自加压力，敢于争先"的张家港精神，引导张家港从贫穷落后的"苏南北大荒"迅速跻身全国百强县市前列。昆山市委在总结 30 年"昆山之路"伟大实践的基础上，提出了"敢于争第一、勇于创唯一"的"新昆山精神"。华西村在半个多世纪的风雨历程中造就了"实事求是、追求卓越、为民造福、无私奉献"的精神，内蕴了为民、裕民、惠民、共富的核心价值。南通莫文隋精神产生于 1995 年年初，一位化名"莫文

隋"的人，一直默默地资助两名特困学生，经多方寻找不知其人，在查找过程中发现了一批以多种化名助困扶贫，资助特困学生和特困职工的"莫文隋"，从而形成了令人瞩目的南通莫文隋精神。徐州下水道四班精神的创造者是一支由女性组成的徐州市下水道四班，"宁愿受尽千般苦，换来市民夸政府""宁可脏一人，服务千万家"的徐州下水道四班精神，被人们久久传诵。连云港雷锋车精神发轫于连云港新浦汽车总站，该站服务组的"雷锋车"从1963年至今，往返于汽车站和火车站之间，帮助南来北往的乘客们运行李，风雨无阻，洋溢着助人为乐、无私奉献、忍辱负重、不图回报的雷锋精神。2011年11月，江苏省第十二次党代会提出"创业创新创优、争先领先率先"的新江苏精神，它是改革开放40年来江苏人民精神风貌的凝练。从这些精神孕育的轨迹来看，始终闪耀着江苏人探寻真理、追求真爱、弘扬真情的人性光芒，真实记载了江苏人勇于担当、敢于争先、勤于实践、工于创新的不懈探索。掼蛋选手同样需要勇于担当、敢于争先、勤于实践、工于创新，这是提高竞技水平和掼蛋境界的必由之路。

二、牌手需要开放包容、厚德载物、博学笃行、诚实守信

长风破浪会有时，直挂云帆济沧海。这是新江苏精神的力量。新江苏精神的"三创"侧重于状态和过程，是打好掼蛋的基本要求；"三先"侧重于目标和结果，是打好掼蛋的美好愿景。"三创三先"把掼蛋的态度、过程和目标、结果有机统一起来。优秀的掼蛋选手应当崇实而不尚空谈、包容而不惧竞争、内敛而不失大气；优秀的掼蛋选手应当敢为天下先、勇为天下先、能为天下先，始终领天下牌势之先、牌气之先、牌运之先。"三创三先"精神体现在掼蛋运动中就是：创业是基础，必须奠定打好掼蛋的理论基础和能力基础；创新是灵魂，必须研究探索和学习借鉴先进的掼蛋理念、掼蛋技巧，并善于推陈出新、举一反三；创优是追求，必须善于在把握概率学、博弈论的基础上，不断总结掼蛋实践、融合掼蛋技巧、优化掼蛋策略；争先

是前提，优秀的掼蛋选手要有一颗力争上游的心，又要有一颗为了同伴获胜而甘做下游的心；领先是责任，优秀的掼蛋选手既要善于积小胜为大胜、化优势为胜势，又要善于化劣势为优势，扶大厦之将倾、挽狂澜于既倒；率先是目标，优秀的掼蛋选手要做到"知己知彼、百战不殆"，率先为同伴做出必要的牺牲，率先为团队利益最大化做出贡献。

日出江花红胜火，春来江水绿如蓝。这是张家港精神的内涵。张家港精神中，团结拼搏是前提，负重奋进是基础，自加压力是动力，敢于争先是目标。优秀的掼蛋选手应当从张家港精神中领悟到：掼蛋必须具备团结拼搏的士气、负重奋进的志气、自加压力的勇气和敢于争先的锐气。

老牛亦解韶光贵，不等扬鞭自奋蹄。这是昆山精神的精髓。昆山精神是具有探索性、创造性的实践概括，"争"与"创"是实现目标的实践路径。优秀的掼蛋选手应当强化"争"与"创"观念，使"敢于"和"勇于"成为风气。优秀的掼蛋选手应当在思想和实践中都担当掼蛋活动的开路先锋，共谋长远发展、同创竞技之路、共建掼蛋乐园、同享智慧健康。

山重水复疑无路，柳暗花明又一村。这是华西精神的本质。华西精神是与时俱进、率先发展的精神，华西精神启示掼蛋爱好者，无论在什么情况下，都坚持力争上游不动摇、奋发进取不停步，无论在什么环境中、什么压力下，都要高屋建瓴、登高望远、把握机遇、抢抓先机，始终走在他人前列，始终走在牌局前列。

忽如一夜春风来，千树万树梨花开。这是南通莫文隋精神的特征。人们不知道"莫文隋"是谁，但其事迹传播后，却产生了强烈的反响。无私奉献、乐于助人是南通"莫文隋"精神的内核，也是中华民族传统道德文化的精华。"莫文隋"精神启示掼蛋爱好者，掼蛋中有良知，掼蛋中有文明，掼蛋中有人格，掼蛋中有奉献。掼蛋的智慧、掼蛋的乐趣、掼蛋的精神所带给人们的是历久弥新的震撼和经久不衰的影响。

采得百花成蜜后，为谁辛苦为谁甜。 徐州下水道四班精神启示所有掼蛋爱好者，你与同伴是一荣俱荣、一损俱损的关系，宁损自身，不损同伴，随时准备为实现牌局目标、战略意图牺牲一切，随时准备为同伴冲刺铺路甚至垫枪。因为，为同伴胜出而甘做下游是掼蛋的最高境界。

等闲识得东风面，万紫千红总是春。 连云港雷锋车精神是一颗追求真善美的种子，雷锋车用沁人心脾的芬芳，诠释了大爱气质与博爱风范。雷锋车精神昭示掼蛋爱好者，要以平凡现伟大，要以小事铸大事，要以细微见精神，要以四两拨千斤。优秀的掼蛋选手要从雷锋车精神悟出仁者爱人的道理，读懂大爱无疆的精髓。

三、掼蛋运动需要承前启后、继往开来、登高望远、再展宏图

打造核心理念，培育力量支点。 实践证明，缺乏坚强精神的掼蛋选手，前途不会远大；缺乏创造精神的牌类项目，难以持续发展。在掼蛋项目由大众娱乐向竞技方向发展的过程中，有了自强不息、艰苦奋斗的张家港精神、昆山精神、华西精神的支撑，娱乐掼蛋和竞技掼蛋才能事半功倍、水到渠成；有了南通莫文隋精神、徐州下水道四班精神、连云港雷锋车精神的启示，娱乐掼蛋和竞技掼蛋项目才能厚积薄发、焕然一新。广大掼蛋爱好者要始终保持与时俱进、开拓创新的精神状态，永不自满、永不懈怠、永不停滞，把创造热情充分激发出来，把智慧活力充分释放出来，不断开辟娱乐掼蛋和竞技掼蛋的新境界。

焕发雷霆气势，开辟光明前景。 以江苏精神为动力，就要以"等不起"的紧迫感加快谋划，在"争先"上快人一拍，使规则科学、规程合理、规矩完善、规范健全成为娱乐掼蛋和竞技掼蛋的显著特征，鼓励、引导和支持百姓打掼蛋、能人推掼蛋、高手教掼蛋，形成专兼结合、雅俗共赏、百花齐放的生动局面；就要以"慢不得"的危机感锐意创新，在"领先"上高人一筹，使思想解放、敢干敢变、与时俱

进成为娱乐掼蛋和竞技掼蛋蓬勃发展的显著特征，支持掼蛋竞技制度创新、掼蛋游戏规则创新、掼蛋管理体制创新，形成用新观念研究新情况、用新思路落实新任务、用新办法解决新问题、用新举措开创新局面的生动景象；就要以"坐不住"的责任感努力创优，在"率先"上胜人一招，使争先进位、勇于攀登、争创一流成为掼蛋事业大发展大繁荣的显著特征，支持掼蛋进校园、掼蛋进社区、掼蛋进机关、掼蛋进乡村、掼蛋进军营、掼蛋进企业，形成爱好者快乐掼蛋、竞技者智慧掼蛋、组织者统筹掼蛋、传媒业宣传掼蛋等生动格局；就要以"争一流"的使命感勇立潮头，在"占先"上超人一步，探索掼蛋竞技规律，宽容掼蛋选手偶有失误，营造掼蛋健康氛围，帮助广大掼蛋爱好者树立信心、激发干劲、提高牌技。

激发改革活力，成就千秋大业。要以新时期新江苏精神为引领，深化掼蛋竞赛、掼蛋游戏的规则规范建设、基层基础建设和能力素质建设。通过体制改革、政策导向、法律保障、制度安排，坚决冲破妨碍掼蛋事业发展的思想束缚，坚决革除影响竞技掼蛋壮大的体制障碍，坚决改变束缚掼蛋理念普及的陈规陋习。在普及、推广和提升掼蛋项目的过程中，既要尊重劳动、尊重知识、尊重人才、尊重创造，又要尊重和保护一切有益于掼蛋事业发展的创业创新创优成果；既要完善基本竞技制度，尽快成立江苏省掼蛋协会，加快组建江苏省掼蛋俱乐部，深化运动员注册、裁判员认证、俱乐部联赛等全方位改革，释放全体掼蛋爱好者、参与者、组织者的创造潜能，又要加快培育掼蛋精神和掼蛋文化，提高掼蛋爱好者的精神境界，在掼蛋活动领域形成追求理想、追求文明、追求成功的精神导向，保持与时俱进、奋发有为、昂扬向上的精神状态。

江苏历史上诞生过许多平凡而隽永的励志精神，范仲淹的"先天下之忧而忧，后天下之乐而乐"，顾炎武的"天下兴亡，匹夫有责"，东林书院的"风声雨声读书声声声入耳，家事国事天下事事事关心"，等等，无不脍炙人口，家喻户晓，它们与新时代的"三创三先"精神共同构成江苏地域精神的文明长河。这些兼具价值导向力、文化凝聚力、社会动员力的精神,切实而生动地体现着源自江苏、辐射全国、走向世界的掼蛋游戏项目、掼蛋竞技项目"走新路、布新局、开新篇"的现实要求,必将进一步增强广大掼蛋爱好者的先锋意识、首位意识、奋斗意识、标杆意识,从而开辟出牌类游戏、牌类竞技的新天地。

第十一章　雷锋精神与掼蛋理念

　　时代呼唤英雄，英雄引领时代；人民创造历史，历史造就英雄。雷锋就是我们时代造就的英雄。半个多世纪前，一位普通士兵以短暂的 22 岁的生命，诠释了人性中最可贵的光辉。他的精神，被定义为雷锋精神。离开雷锋的日子里，"雷锋"从不曾离开。他的精神感动、影响、改变了一代又一代中国人。如今，雷锋的名字已超越时空。雷锋精神，这一融民族传统美德、社会进步潮流、党的先进本色为一体的"精神样本"，已升华成为中华民族精神重要的文化符号。掼蛋理念既有理解不误解、放手不放纵、补台不拆台、到位不越位、服从不盲从、包容不包揽六个方面的高度默契，也有对牌感要好、牌气要顺、牌理要精、牌技要高、牌风要正、牌路要畅六个方面的准确定位，是以人文精神为指导、以逻辑思维为支撑、以科学理性为基础、以哲学思想为内核的掼蛋理想、掼蛋方法、掼蛋战略、掼蛋文化的综合体现。今天，笔者所要论述的是，掼蛋爱好者如何在新的历史条件下传承雷锋精神、弘扬掼蛋理念。

　　诚实善良是雷锋精神的重要内涵，也是掼蛋理念的题中之意。雷锋精神是人们谋求发展、追求幸福的精神火炬，是激励干部群众开拓创取、不断前进的精神动力。掼蛋理念也应当秉持雷锋精神，闪耀诚实善良、追求真爱、弘扬真情的人性光芒。"大爱"，是雷锋精神最朴实、最崇高的闪光点。雷锋爱祖国、爱人民、爱集体、爱岗位，"永远做一颗螺丝钉""把有限的生命投入无限的为人民服务之中去""对待同志像春天般温暖"……正是这种"大爱"，雷锋精神才有了穿越时空的震撼力、感染力和亲和力。如果是一滴水，就要去滋润大地；如果是一束光，就要去照亮别人；如果是一粒粮，就要去喂养弱者……这就是雷锋的诚恳善良和人性光辉。掼蛋理念从人性出发，寻找真、善、美的原动力，弘扬仁、义、礼的价值观，通过掼蛋活动维护和传播人性的纯真与善良，而这正是掼蛋理念契合雷锋精神的题中之意、逻辑归宿。

公平正义是雷锋精神的基本特征，也是掼蛋理念的内在要求。不论是雷锋精神，还是掼蛋理念，都包含了"公平正义、追求真理、为民造福"的朴素理念，内蕴了为民、裕民、惠民、共富的核心价值。雷锋，一个让人只要一想起便如沐春风般的名字；雷锋，一柄 50 年来照亮中国人精神殿堂的火炬。雷锋的价值观让他成了正义的化身。爱憎分明、立场坚定，以是非、对错为标准，公道正直，弘扬正义。这种可贵的精神品质源自雷锋大公无私的思想境界和强烈的社会责任感。在掼蛋实践中，要让雷锋的这种可贵品质得以延续发扬，一方面快乐掼蛋、幸福掼蛋、智慧掼蛋需要社会正气，需要人性真实，需要公平公正；另一方面，已经习惯了关注自我、强调自我的现代人在掼蛋实践中要学习雷锋的那种无私精神，对同伴无条件的理解、支持和包容既是游戏、竞技的过程，也是接受文明洗礼、思想教育的过程。无论如何，雷锋精神和掼蛋理念都昭示我们：多一份正直，少一些奸诈；多一些公平，少一些欺诈；多一点简单，少一些复杂。

团结友爱是雷锋精神的根本标志，也是掼蛋理念的前提条件。团结友爱、乐于助人、勇于担当、义无反顾是雷锋精神的内核，也是掼蛋理念的精华所在，更是几千年来中国人代代相传、崇尚推广的传统美德。雷锋坚信人与人之间需要互助友爱，所以，助人成为他的最大乐趣。而他的助人原则是，需要帮助的人没有贵贱、地位的区分，平等助人，奉献爱心。时代在变，环境在变，我们应该在掼蛋实践中发扬团队精神，弘扬集体主义，主动策应同伴，随时迎合同伴，无论哪局牌、哪副牌、哪手牌、哪张牌，都要尽可能体现同伴利益高于一切、集体利益大于一切的宗旨。同伴之间多一点友善和帮助，少一些为难和阻碍,朴素的雷锋精神和先进的掼蛋理念就会离我们越来越近。

敬业奉献是雷锋精神的显著符号,也是掼蛋理念的具体诠释。雷锋精神和掼蛋理念都体现着优秀传统文化的基因,普及掼蛋运动,创业是基础,创新是灵魂,创优是追求;推广竞技掼蛋,争先是前提,领先是责任,率先是目标。掼蛋理念透露出的团结拼搏的士气、负重奋进的志气、自加压力的勇气和敢于争先的锐气,与雷锋精神所推崇的敬业奉献的时代主题如出一辙、殊途同归。纵观雷锋的一生,他乐于助人、扶贫济困、见义勇为、善待他人、奉献社会。"把有限的生命投入无限的为人民服务中去",这是雷锋的座右铭,也是他全部生命的写照。我们并不要求每一名掼蛋爱好者甚至优秀掼蛋选手都像雷锋一样伟大,毕竟平凡和普通是社会的主流,只希望人们在掼蛋实践中能够保持进取心、责任心、平常心和爱心,让我们的生活因为有了掼蛋而充满阳光与微笑。

勤奋实干是雷锋精神的时代特质,也是掼蛋理念的必由之路。雷锋精神和掼蛋理念启示我们:只要勇于担当、敢于争先、勤于实践、工于创新,就能够使一切有利于全民健身、社会和谐的创造愿望得到尊重,创造活动得到支持,创造才能得到发挥,创造成果得到肯定,为竞技掼蛋发展挖掘活力之源、广开希望之门。甘于平凡,勤奋实干,从点滴做起,从小事做起,用平凡的牌局展示不平凡的内涵,这就是雷锋螺丝钉精神的现实体现。雷锋精神和掼蛋理念激励我们,崇文而不尚空谈,包容而不惧竞争,内敛而不失大气,始终保持与时俱进、开拓创新的精神状态,永不自满、永不懈怠、永不停滞,把人民群众的掼蛋热情充分激发出来,把社会蕴藏的掼蛋活力充分释放出来,不断开创掼蛋运动的新局面。

第十二章　精神文明与掼蛋普及

先进的掼蛋理念与精神文明一样,既是光辉的,又是朴素的;既是崇高的,又是平凡的;既是理想的,又是现实的。它就在我们的身边,天天面对,事事相关,需要我们从自己做起,从点滴做起。学习与弘扬健康高雅的掼蛋理念,是广大掼蛋爱好者书写牌局人生、实现掼蛋抱负的真实写照。要通过"学""用"共进,把理念的普及和项目的实践融合起来;通过"上""下"合力,把领导的重视和民众的参与协调起来;通过"魂""体"并重,把规范的塑造和氛围的营造对接起来;通过"虚""实"结合,把价值的引领和产业的培植融合起来;通过"质""量"共抓,把先进性和广泛性统一起来,让掼蛋运动在江苏大地、天涯海角开花结果、枝繁叶茂。

一要"学""用"共进。要把弘扬精神文明与践行掼蛋理念结合起来,不断为掼蛋运动注入新的时代内涵;同时又要以精神文明为引领,逐步实现掼蛋运动的组织化、机制化、规范化和制度化,努力推动掼蛋活动理论与实践相辅相成、相互促进。一个没有精神的民族是可悲的民族,一个没有先进理念支撑的运动项目是不可持续的。精神文明对掼蛋运动的影响具有稳定性,而其具体内容和表现形式则具有可变性。因此,我们不能把掼蛋理念、掼蛋理论、掼蛋理想看作一成不变的教条,而必须根据竞技运动规律、体育竞赛特点、大众体育需求以及时融入新思维、充实新内涵、拓展新领域。

二要"上""下"合力。自上而下的推动是弘扬精神文明的重要因素,也是掼蛋运动蓬勃发展的根本保证。广大群众的积极参与,为掼蛋运动的发展壮大奠定了坚实的社会基础。同样,国家和省级层面的高度重视与大力倡导,是确保掼蛋精神价值大众化、掼蛋理论规则实践化的前提要件。精神文明的宣传和弘扬,掼蛋理念的传播与普及,不能仅仅限于国家和省级层面的单向推动,它们只有获得民众主体力量的支持与认同,才能取得事半功倍的效果。凝练时代精神和掼蛋理念的本质特征,是"上""下"合力的重要结合点,是通过上下联动,实现掼蛋理念大众化、掼蛋理论实践化的重要途径。

三要"魂""体"并重。时代精神是社会主义核心价值观的具体表现,掼蛋理念也是人文情怀、科学理性的重要载体,它们作为兴业之魂和文化之髓,是大众体育与全民健身的参与者、组织者、推广者的集体精神镜像,为人们生活得更潇洒、更快乐、更有智慧、更有尊严提供灵魂指向。推进掼蛋理念大众化、掼蛋运动规范化、掼蛋理念实践化的过程,就是在社会各界凝魂聚气、强基固本的过程。掼蛋理念之"魂"必须通过一定的载体来传承、来接棒,否则就是镜中花、水中月。从群众掼蛋实践中发掘经典理论和先进理念,是掼蛋组织者与推广者的重要使命。新闻媒体和互联网在引导掼蛋舆论,塑造掼蛋灵魂,鼓舞牌手斗志,引领掼蛋风尚等方面发挥着越来越突出的作用,对掼蛋项目的影响无处不在,无时不有,是促进掼蛋项目规范发展、持续发展、健康发展的重要助力,是掼蛋理念和掼蛋理论以及掼蛋理想从价值规范向价值示范转变、"魂""体"统一的重要结合点。

四要"虚""实"结合。如同要把精神文明的传承与人民大众的现实利益对接起来一样,把掼蛋思想的升华、掼蛋价值的引领融入满足需要和增进民众利益的现实过程之中,是一项体育运动能够比其他项目规模更大、影响更广、持续时间更长的重要因素,也是掼蛋运动取得实效的前提条件。时代精神和掼蛋理念大众化、实践化的过程,就是精神价值功能由"潜"到"显"、由"虚"到"实"逐步转化的过程。以丰富民众业余文化生活为重点,实现掼蛋理念和掼蛋理论的发展成果由民众共享,这正是掼蛋理念、掼蛋精神由"虚"到"实"的必然抉择。推进掼蛋理念和掼蛋理论大众化与实践化,必须从解决掼蛋爱好者最关心、最直接、最现实的问题入手，必须从推广掼蛋运动和规范掼蛋竞赛最迫切、最关键、最基础的工作着力。同时，如同精神文明一样，掼蛋理念和掼蛋理论是登高望远、关乎根本的价值坐标，不能仅仅迎合一般掼蛋爱好者的现实需要，更为根本的是要通过顶层设计与战略谋划而达到机制健全、价值整合，从而实现思想意识的升华和价值信念的持守。

五要"质""量"统一。 在精神文明引领下，掼蛋理念、掼蛋理论、掼蛋理想既闪耀着人文主义的朴素思想和仁义礼智信的坚定信念，又体现着勇于担当、敢于负责、锐意创新、助人为乐、艰苦奋斗、集体主义、敬业奉献、团结拼搏等普通价值理念，是"质"和"量"的完美统一。与社会主义精神文明一样，掼蛋理念、掼蛋理论、掼蛋理想是一个多层次的精神坐标体系，加之民众也具有多质的特点，因而，正确处理"质"和"量"的关系显得尤其紧要。我们既要注重掼蛋运动的"量"，加大推广和普及掼蛋运动的力度；又要注重掼蛋运动的"质"，切实提升掼蛋运动的品质、层次和质量。

第十三章 人才与活力

为政之道，要在得人；掼蛋之要，亦在得人。掼蛋运动要以人为本激发组织活力，要以顶层设计带动基层发展，要以实践创新推动制度变革，只有这样，掼蛋活动才能在发展过程中永沐春风，永葆青春，永葆活力。

一、以人为本激发组织活力

一要以人才为本，通过体制机制广揽掼蛋精英。俱乐部制度与选手选拔制度是掼蛋运动持续发展的重要标志。坚持和发展中国掼蛋运动，关键在于建设一支素质高、能力强、作风好的运动员和裁判员以及管理者队伍。坚持五湖四海、任人唯贤，坚持德才兼备、以德为先，坚持注重实绩、群众公认，建立健全掼蛋人才选拔任用、培养锻炼、注册管理等方面的体制机制，使各方面优秀的掼蛋人才充分涌现，各尽其能，才尽其用。体育主管部门可以成立掼蛋协会或扑克运动协会，作为民间组织、社团机构，协助体育主管部门承担掼蛋运动的组织、推广、管理职能。应当鼓励社会各领域、各行业、各阶层组建掼蛋俱乐部，组织会员单位和掼蛋爱好者经常从事掼蛋运动。

二要以制度为魂，通过规范程序促进项目壮大。民主政治的要义同样适用于掼蛋运动，那就是：用健全的制度、规范的程序监督项目决策，约束权力行使，保障事业发展，确保掼蛋运动的决策权掌握在"靠得住，有本事"的人手中，并用来为绝大多数人谋利益。严格的程序、科学的设计是掼蛋运动顺利推广、取得成功的根本保障。目前的掼蛋比赛规则版本众多、五花八门、林林总总、不一而足，制约赛事推广、影响水平提升。建立健全符合精简、统一、效能原则的掼蛋竞赛规则、规程、规范，已成当务之急。与此同时，从全国的角度，尽快建立裁判员考核定级制度、运动员培训定级制度，夯实制度基础，规范项目发展。

三要以赋权为基，通过竞争择优注入创新动力。各级掼蛋协会、掼蛋俱乐部可以引入公推直选的方式，激发掼蛋组织的内在活力。公推直选把选举人和被选举人联系在一起，实现会员选任、队员选拔与群众意愿的直接对接，以制度性安排理顺掼蛋运动决策权的授予关系。对于各级掼蛋协会、掼蛋俱乐部而言，廓清权力边界、完善授权机制，对于激发创新动力、促进项目发展有着重要意义和积极影响。公推直选有利于把掼蛋运动决策权授予每一名运动员、裁判员和管理人员，让大家共同见证、共同监督协会的运转和俱乐部的运作。公推直选能够保障掼蛋协会、掼蛋俱乐部的权力运行符合社会公义，对发挥组织功能、扩大项目影响、提高掼蛋美誉度、增强掼蛋公信力和影响力不无裨益。

二、顶层设计带动基层发展

一要以普及为重，通过兼收并蓄形成发展合力。一项体育运动项目的生命力在基层，活力源泉也在基层。在江苏、安徽等省，掼蛋运动是一项广大群众喜闻乐见、大街小巷传播较广的牌类游戏，甚至流传出"饭前不掼蛋，等于未吃饭""饭后不掼蛋，等于白吃饭"的俗语。然而，人人会掼蛋，不等于项目普及；流传广泛，不等于项目扎根。能否把握项目发展的根本方向，能否解决项目面临的现实问题，直接关系到掼蛋运动自下而上发展壮大的趋势和前景。要在更大的舞台上推广掼蛋运动，要在更广的领域里普及掼蛋运动，要在更高的平台上宣扬掼蛋运动，要在更强的对手中切磋掼蛋运动，才能协调上下左右，形成发展合力。

二要以公正为要，通过扩大民主夯实发展基础。对于冲出淮安覆盖江苏、冲出江苏推向全国、冲出亚洲走向世界的掼蛋运动而言，公正的制度、公平的规则、公开的赛程是掼蛋运动长盛不衰、兴旺发达的不竭动力。要建立健全高层论坛、高端对话、高级会议等议事机制，专题研究掼蛋项目的前世今生、发展方向、瓶颈制约、出路所在，深入探讨掼蛋比赛的规则规程、长远规划、近期目标、大政方针……高朋满座，嘉宾云集，高手咸至，泰斗俱来，就事论事，有一说一，各抒己见，互诉心得，岂不快哉？通过高端对话、高层论坛机制，研究如何增强掼蛋运动的公正性、规范性，岂不正是掼蛋运动这一"中国好智慧"的生存发展之道、脱胎换骨之策吗？

三要以竞技为纲，通过各类赛事锻造一流选手。 大众参与是掼蛋运动的希望，竞技运动则是掼蛋运动的未来。高层次的赛事成就高水平的选手，高素质的选手成就高水平的赛事。在江苏省社体中心组织下，笔者作为江苏升级代表队队长，两次参加过在郑州举办的全国升级扑克电视总决赛，一次获得冠军，一次获得亚军。参加在济南举行的"姚记杯"全国升级扑克总决赛，与陆丕先生合作，获得季军。国家体育总局社会体育指导中心相关负责人为获奖者颁奖。升级比赛的专业化、规范化、制度化，值得掼蛋赛事借鉴。在每四年举行一次江苏省全民健身运动会掼蛋比赛的基础上，目前完全有条件每年举办一届江苏省掼蛋锦标赛，推动举办一年一度的全国掼蛋锦标赛、邀请赛或对抗赛。只有把战火"烧"向外省，才能把掼蛋推向全国。

三、实践创新推动制度变革

一要向上攀登，将掼蛋游戏提升到更高层次。 这主要靠选手。俗话说，高手在民间，高手在机关。但受到"掼蛋就是玩"这一传统观念的影响，机关干部、公职人员中的高手不可能走进直播室，甚至不可能参加各种类型的精英赛、邀请赛、大奖赛、总决赛。2016年、2017年连续两届"郎牌特曲杯"江苏省掼蛋精英大赛经历百场分站赛和两天总决赛，数万人参与，百万人围观，取得空前成功。除了统筹策划、赛事组织、赛场氛围、比赛效果堪称一流之外，究其原因，选手素质发挥了很大作用。来自高等院校、科研院所、党政机关的选手占了较大比重，既体现了高素质，也发挥了高水平。他们不以掼蛋谋生，不以奖金度日，不以名次为本，体现了以牌会友、天长地久、智慧掼蛋、快乐无限的境界。江苏省社体中心、江苏广电总台体育休闲频道、四川郎酒集团、江苏弘宝网络科技公司等强强联手，为掼蛋运动的可持续发展开辟了广阔前景。

二要向下扎根，将公平理念转化为竞赛原则。公平竞赛主要靠裁判。国家体育总局2002年颁布《中国掼蛋竞赛规则》后，河南省在国家社会体育指导中心的指导下，起草了《升级竞赛裁判员管理办法》，明确了升级竞赛裁判员的认定程序、考核标准、执裁规范。经过十多年的发展，已经形成了一支高水平、专业性裁判员队伍，保证了各项赛事高效率运作、高水平进行。江苏省牌类竞技项目历来居全国领先地位，桥牌、升级等项目的裁判水平也居全国领先地位，一大批高水平的裁判员活跃在江苏省各类掼蛋大赛的赛场，他们是支撑掼蛋运动走向全国的脊梁。目前，江苏省体育局特别是江苏省社会体育管理中心，建立健全了掼蛋竞赛裁判员培训、考核、颁证及工作机制，已经培养了一批高水平、高层次、高境界的专业裁判人员。尤其是2017年初颁布了《江苏省掼蛋竞赛简易规则》（2017版），使掼蛋运动有了规则规范与制度约束。2017年四季度先后在南京信职院和苏州大学举办了两期社会体育指导员培训班，2018年6月又在苏州大学成功举办了全省社会体育指导员掼蛋项目专题培训班，产生了积极反响。下一阶段，要加快总结、提炼、普及、弘扬掼蛋运动的理念与理论及思想，并通过不懈努力，将其转化为掼蛋竞赛的原则、掼蛋娱乐的规矩、掼蛋游戏的规范。只有这样，掼蛋这一新兴运动项目才能来自草根，走进殿堂，向下扎根，叶茂枝繁。

第十四章 创新与争先

2012年2月14日,在2011年度国家科学技术奖励大会上,尤肖虎教授领衔的东南大学移动通信国家重点实验室研究团队,因成功破解"宽带移动通信容量逼近传输技术"这一世界性难题,喜获国家技术发明一等奖,为世界新一代移动通信发展做出了重大贡献,为人类生活和幸福做出了贡献。尤肖虎团队的创新理念、创新勇气、创新实践,对推广、普及、提升掼蛋运动十分有益。法国思想家卢梭说过:"人是应当服从规则的,但最重要的法则就是能够在需要的时候,毫不犹豫地打破法则。"打破法则,靠的是创新与争先。

一、以"等不起"的紧迫感推广掼蛋,在"争先"上快人一拍

励精图治谋发展、锐意进取闯新路、敢于超越争一流,是推动掼蛋运动全面、健康、可持续发展的必由之路。掼蛋是牌类游戏新兵、新贵、新宠,其影响力日渐扩大,爱好者日益增多,欢迎度持续增加。娱乐掼蛋已经成为全民健身运动的重要项目,竞技掼蛋也必将成为棋牌竞技项目的后起之秀。如何通过高端谋划、顶层设计、全民参与,使掼蛋运动一步一步实现跨越,一点一点悄悄超越,一环一环达到卓越,是时代提出的紧迫课题。既要让掼蛋规则"硬"起来,也要让掼蛋技术"牛"起来,还要让掼蛋运动"火"起来。实践证明,以"等不起"的紧迫感艰苦创业,团结拼搏,就能够让掼蛋运动在"争先"上快人一步,使掼蛋运动真正成为并持续成为大众体育文化的新贵、全民健身运动的新宠。郎酒集团以强烈的大局意识、远大的战略眼光、卓越的组织能力,支持江苏省社会体育管理中心先后成功地主

办了 2016 年、2017 年 "郎牌特曲杯"江苏省掼蛋精英大赛，推动了全民健身运动的深入开展和掼蛋竞技水平的不断提升，取得了良好的社会效益，以实际行动诠释了"争先"的内涵。

二、以"慢不得"的危机感创新规则，在"领先"上高人一筹

创新是一个民族进步的灵魂，是一个国家兴旺发达的不竭动力。正如鲁迅先生所说："不满足是上进的车轮。"掼蛋项目本身就是淮安南闸人勇于创新、善于创新的结晶。制约掼蛋运动持续发展的一个重要因素，就是规则不统一、不合理、不精确。掼蛋比赛的规则主要体现在洗牌与出牌、贡牌与还牌、报牌与问牌、错牌与抢牌四个方面。规则就是规矩，规则就是规范，规则既不能朝令夕改，规则也不能如镜中花水中月。在规则面前，裁判员应当统一标准、统一尺度；在规则面前，运动员应当严格遵守、令行禁止。洗牌与出牌方面，除第一副牌以外，下游洗牌、上游洗牌、上游的上家洗牌，众说纷纭、莫衷一是；双下时，上游的上家先出牌、上游的下家先出牌、进贡牌大者先出牌，皆有一定合理性。贡牌与还牌方面，有的规则明确：如果是双下，输方未实现抗贡（两个输家各摸到一张大王或某个输家摸到两张大王即抗贡），那么两个输方应向两个赢家分别进贡一张（除主牌红心即"逢人配"之外）最大牌，上游拿进贡的最大牌。赢家分别还一张点数小于10（含10）的牌，输家贡给谁牌，则拿谁回还的牌，然后由进贡大牌的一方先出牌；如果进贡一样大的牌，输家可任意挑选还贡牌和出牌顺序；如果输家抗贡，则上游先出牌。如果是单下，下游向上游进贡一张（除主牌红心外）最大牌，赢家还一张点数小于10（含10）的牌，下游先出牌。也有的规则明确：每局牌开始前，上一局牌的下游者须向上游者进贡一张牌，进贡的牌必须是自己手中最大的牌（"逢人配"除外），接受进贡者须将自己手中的一张牌还给贡牌者，并由下游者出牌。还给己方搭档必须是主牌以下的牌，还给对方可以为任意牌。报牌与问牌方面，一般规则明确：每名选手在打完一手牌后手中牌达到10张以下（包括10张牌）时，必须

主动报张数（且每副牌只报一次），称为 10 张报牌。也有的规则明确：10 张报牌后，应随问随报。错牌与抢牌方面，应当明确对暴露张与出错牌的处理原则：第一，打牌时，牌张必须完全面向自己握在手上，且不得有任何暴露张出现，直到全部出完。第二，任何选手所出的牌，一旦被对方看到（并被指明是什么牌）后，不得收回重出。第三，出牌时，应将一手牌一次性出完，不得分次出牌，不管是有意或无意把别的牌带下来（暴露张），都要按出错牌进行处理，并须根据是领出牌方还是跟牌方分别做出处理：如果是第一轮领出牌方出错牌，则应将这手牌全部收回，并由其左手方选手指定他重新出这手牌中的某一牌型；一副牌的任何跟牌方所出的牌如是错牌，则须收回，并停止该轮出牌权，由下家出牌。第四，一名选手出错牌后，若其己方搭档获得该轮的下一轮先出牌权时，则不可以出上轮暴露张者的牌型，违者须收回所出之牌，重出其他牌型。第五，不应贡牌者若出示了自己的最大张牌，则应在第一次轮到自己出单张牌时，首先出该张牌；或在未打单张牌时，随非单张牌的牌形中打出。此外，还要在规则中强调对越序抓牌、越序出牌与越序表态的处理原则，比如：第一，抢先抓上家或他家理应抓的牌，称为越序抓牌。越序抓牌但并未看到的，一经发现须马上退回；越序抓牌并已插入手牌中的，则其退回方式为由应轮到的抓牌者从违规者手中任意抽出一张牌，并由裁判员根据实际情况决定给予口头警告，以下按正常顺序继续抓牌。第二，上家没有出牌或未表示放弃出牌，下家就出牌，称为越序出牌。如果是越序出牌，则须将此次出牌全部收回，并停止该轮出牌权，由下家出牌，此后本圈的跟牌权自动恢复；若其己方搭档获得该轮的下一轮先出牌权时，不可以出上一轮越序出牌者的牌型，违者须收回所出之牌，重出其他牌型。第三，上一家选手对一手牌未明确表态不要时，其下方各家均不得表态，否则称为越序表态。如果是越序表态，违规方及其搭档本圈均不得跟牌压牌；如非违规方搭档跟牌压牌，则违规方的判罚自动解除。掼蛋竞赛规则还应当对其他违规行为做出处罚：比如，在比赛中有明显违例、有明显非法信号等干扰比赛的言行，第一次发现，可由裁判员给予口头警告；如情节严重或第二次出现这类言行时，可由裁判长直接宣布该对选手本副比赛告负，按双下记分。比如，在比赛中发现有多牌、藏牌、偷牌等行为，并造成非违规方损失的，可直接由裁判长宣布该对选手本副比赛告负，按双下记分。再比如，如一对选手出现多次违例或犯规，且性质恶劣，或有不服从裁判处理而影响比赛者，可由裁判长宣布其一局比赛告负。

《江苏省掼蛋竞赛简易规则》（2017版）成为国内掼蛋竞技规则的集大成者。它对场地与器材、定义、比赛通则、违规与判罚、申诉与仲裁都做了明确规定。尤其难能可贵的是，《江苏省掼蛋竞赛简易规则》（2017版）对判罚的种类进行了定义：（1）警告。比赛中，出现轻微违反规则的行为，不影响比赛进行，未造成对方损失的，给予警告。（2）违例。在一轮比赛中，一方受到两次警告，或出现明显违反规则的行为，干扰比赛进行，可能或轻微造成对方损失的，记违例，由违规者的下家决定是否停止违规者一次出牌。如果违规者本应下圈牌领出，则按出牌顺序由非违规方领出牌。（3）犯规。在一轮比赛中，若一方被记两次违例，或出现严重违反规则行为，传递非法信息的，则裁判判其犯规，本副牌结束，违规方双下，但下副牌不进贡，由违规者的下家或裁判长指定首圈领出者。（4）判负。在一轮比赛中，若一方弃权或被判两次犯规的，则判本轮比赛结束，非违规方胜，按违规方级数升4级记级（违规方级数可降至J），弃权记分17：0。如果场上级差超过4级，则以场上比分为准。（5）取消参赛资格。退赛、连续两轮弃权或被两次判负，以及出现资格造假、冒名顶替、违规更换搭档，偷牌藏张、故意夹带，不服判罚、态度恶劣、扰乱赛场秩序等严重违背体育道德和正常礼节行为的，由裁判长报请赛区组委会取消违规方参赛资格，逐出赛场。赛事组委会可视情节及影响，报请相关体育部门对违规者追加禁赛处罚。

三、以"坐不住"的责任感优化规程，在"率先"上胜人一招

掼蛋比赛的规程主要体现在预赛、复赛、决赛等不同阶段的制度

性安排以及计时、计副、编排、积分等诸方面的技术性规定和操作性要求。比赛规程应当对选手迟到做出处罚：以裁判长宣布比赛开始计时，若一方迟到在 3 分钟内，给予该方口头警告一次。若双方迟到都在 3 分钟内，给予双方警告。若一方迟到 4~5 分钟，算对方升 1 级，本局打 3，但不需要贡牌，由上游方指定一人首先出牌，继续比赛。若一方迟到达到 6~10 分钟，算该方双下一次，本局打 5，但不需要贡牌，由上游方指定一人首先出牌继续比赛。若一方迟到达到 11~15 分钟，算该方双下二次，本局打 8，但不需要贡牌，由上游方指定一人首先出牌继续比赛。若一方迟到达 15 分钟以上，则按弃权处理。若双方都迟到达 15 分钟以上，则按双方弃权处理。关于竞赛办法，目前五花八门，同是积分编排，内涵也有区别。单式制掼蛋比赛比较科学的方法是积分编排制，如果 6 轮以内，每轮 60 分钟（11 副牌）或 50 分钟（9 副牌）比较合适，积分方法是每轮胜 2 分，平 1 分，负 0 分。同时计算对手分，若大分相同者，对手分高者名次列前；若对手分相同，则胜场多者名次列前；胜场相同，则平局多者名次列前。如果 7 轮以上，积分方法是 26 分制，一局终了，按以下级差计算成绩：

掼蛋竞赛计分表

级差	0	1	2	3	4	5	6	7	8	9	10	11	12	13
胜方	13	14	15	16	17	18	19	20	21	22	23	24	25	26
负方	13	12	11	10	9	8	7	6	5	4	3	2	1	0

如果比赛采用复式制，则应采用国际通行的扑克牌复式竞赛编排原则和计分方法。对于这方面的原则和方法，许多大师都在积极探索。

四、以"争一流"的使命感提高水平，在"占先"上超人一步

创业、创新、创优，犹如逆水行舟，不进则退，从某种程度上讲，慢进也是退。勇立潮头，激流勇进，终至彼岸，这应当成为掼蛋

运动方兴未艾、蓬勃发展的真实写照。有的人想打掼蛋，有的人会打掼蛋，有的人能打掼蛋，有的人精于掼蛋，有的人工于掼蛋，掼蛋选手水平各异、境界不同，但都保持提升竞技水平的愿望和期待。人们常说，掼蛋无套路，讲的是每个人对掼蛋都有自己的认识，都有不同的理解，因而谋篇布局、牌型结构都是不同的，组牌技术、出牌思路也是仁者见仁、智者见智。从这个角度讲，也有人认为，掼蛋无大师，抓到一手好牌，人人都是高手；抓到一手烂牌，个个无精打采。很多领导都是高手，因为说到底掼蛋也是牌力资源的合理配置和有效整合，做领导的往往也是在配置人力资源、激发下属活力。即使一个牌手胜率很高、成绩突出，人们也不会心服口服地称赞他是大师或常胜将军。2012年9月笔者与陆丕先生搭档，参加江苏省第六届全民健身运动会掼蛋比赛，获得一等奖。在笔者看来，掼蛋既然是一项竞技比赛项目，就一定有其独特的内在规律、独特的战略战术、独特的配合要领和独特的技术要求。掼蛋看起来偶然因素很大，好像主要看牌的好坏，但实际上技巧性很强——六分牌、四分技术，或者七分牌、三分技术。在四个人牌力均衡的情况下，技术是取胜的主要因素。相比较"中国好声音"，掼蛋是"中国好智慧"。孙子兵法讲究"兵无常势，水无常形，能因敌变化而取胜者谓之神。"掼蛋也一样，牌无常势，能因人而变、因牌制宜者，是高手。有两种人打到最后几张牌，仍然在搭来搭去、调整配置，一是高手，二是低手。高手是因势、因时、因牌进行变化；低手是不知道该出什么牌。能攻心则反侧自消，不审时即宽严皆误。

第十五章　自重、自省、自警

掼蛋是一个"炸弹"漫天、竞争激烈的体育运动项目，对于得失感强、好胜心重的牌手而言，容易争强斗狠、意气用事，一言不合，竞相开骂甚至拳脚相向，也是屡见不鲜的事。许多人本来脾气很好，可掼着掼着脾气渐长、火气渐大。笔者由衷地感到，培养良好品德，强化自律观念，恪守职业规范，坚持德艺双馨，是智慧掼蛋、快乐掼蛋、幸福掼蛋的客观需要和必由之路。掼蛋选手既要自重，不断增强人格修养；又要自省，经常反思言行缺失；还要自警，自觉做到防微杜渐。

一要自重，不断增强人格修养。自重，既是一种定力，也是一种修养，更是一种境界。自重，需要不断养成、潜心修炼，需要一以贯之、从一而终。自重，既是谨言慎行、讷言敏行，也是言行一致、表里如一。要想做到自重，就要尊重自己的人格，恪守自己的信念，不忘"宁静致远、淡泊明志""忧劳兴国、逸豫亡身""生于忧患、死于安乐"的古训。做到自重，先得自轻，还须清醒，切不可自以为是、自高自大，而应当虚怀若谷、见贤思齐；切不可刚愎自用、喜怒无常，而应当俯首含胸、博采众长。自重，就是把自己当回事，清楚自己是谁；不自重，就是太把自己当回事，不清楚自己是谁。优秀的掼蛋选手必须自重，体现在自身素质，就是德才兼备、以德为先，因为"才者，德之资也；德者，才之帅也"；体现在做人做事，就是诚实做人、规矩做事、规范打牌，常修为人之德，常思冲动之害，常怀律己之心。优秀的掼蛋选手要深刻理解《礼记》所阐述的正心、修身、齐家、治国、平天下的思想,要想"齐家、治国、平天下",必须"先正其心""先修其身"。"正心、修身、齐家、治国、平天下"的人生哲学与"穷则独善其身,达则兼济天下"的积极而达观的态度相互结合补充,有助于掼蛋选手立德、修身、养性,增强自我克制和遵守规则的能力。有了良好的道德操守,才能注重自己的人格,严肃自己的言行,尊重自己的名声,珍惜自己的形象,诚恳待人、认真掼蛋,不从怒骂获益,不向犯规伸手,不借淫威压人。

二要自省,经常反思言行缺失。自省即自我反省,是孔子提出的一种自我道德修养的方法。孔子说:"见贤思齐焉,见不贤而内自省。"自省就是通过自我意识来省察自己言行得失的过程,其目的正如朱熹所说:"日省其身,有则改之,无则加勉。"自省是自我意识能动性的表现,是行之有效的德行修养的方法。自省,就是要清空心中的欲念,重拾身边哪怕只是微小的幸福与感动;自省,就是要梳理心中的渴望,在意身边哪怕只是点点滴滴的欢愉与苦痛;自省,就是要回首人生的起点,重整身边哪怕只是丝毫的坚韧与信念;自省,就是要为责任找到归属,为理想找到寄托,为心灵找到方向。通过自省,还心空一片宁静;通过自省,使情愫一片真诚。古人每日三省其身,一省言行,二省作为,三省修养;当代掼蛋选手每日三省吾身,一省打牌宗旨,二省待人原则,三省道德情操。深刻自省之后,才能宠辱不惊于心、喜怒不形于色,闲看庭前花开花落,极目天外风卷云舒。深刻自省以后,才能胸怀"四围香稻,万顷晴沙,九夏芙蓉,三春杨柳",才能融入"几杵疏钟,半江渔火,两行秋雁,一枕清霜"。优秀的掼蛋选手必须善于自省,乐于自省,养成"吾日三省吾身"的良好习惯。事前要想到我为什么掼蛋,我如何掼蛋;事后要认真回顾和反思哪些言行是对的,是应该保持和发扬的;哪些言行是错的,是应当改进和纠正的。

三要自警,自觉做到防微杜渐。自警,就是警钟长鸣、气节长留,就是不宽容自己、不放纵自己。自警,就要时刻警惕利益诱惑,时刻抑制私欲扩张。自警,是免入歧途的精神屏障,是求真务实的重要阶梯，是守身如玉的灵丹妙药。自警，来自心底无私，源于绝对自觉。真正的强者，无不善于自警。珍惜人生，就要时刻自警。在激烈的掼蛋赛场，在欢乐的游戏天地，掼蛋选手尤其需要"夙夜自警""夕惕若厉"，要有"如临深渊，如履薄冰"的谨慎。自警，是中华民族优良的传统美德。孟子每日三省，与人谋自警是否忠，与友交自警是否信，与师学自警是否习；荀子每日自警，相信智明则行无过；岳飞精忠报国，以"正己然后可以正物，自治然后可以治人"自警。《三字经》亦有"尔男子，当自警"之句。自重以正身，乃立身之本；自警以修德，是掼蛋之道。优秀的掼蛋选手若能常常自警，搭档之心必相向，对手之情必相亲，人文之光必相映。掼蛋选手自警，就是要时刻给自己敲警钟：一是常敲规则规程的警钟，时刻用掼蛋规则约束自己，不能触犯规则规范；二是常敲道德操守的警钟，时刻用道德规范约束自己，不能违背社会公德；三是常敲思想境界的警钟，抑制浮躁，保持理性，志存高远，心怀敬畏。

第十六章　慎初、慎微、慎独

在掼蛋运动项目健康发展的过程中，人的素质始终是第一位的。掼蛋选手能否做到慎初、慎微、慎独，直接关系到掼蛋运动健康发展的未来。

一要"慎初"，走好第一步。靡不有初，鲜克有终。戒慎于事情发生之初。语本《书·蔡仲之命》："尔其戒哉，慎厥初惟厥终。"唐陆贽《兴元论解姜公辅状》："夫小者大之渐，微者著之萌，故君子慎初，圣人存戒。"所谓慎初，就是把住第一次，守住第一关。慎初：事情开头时要谨慎，掼蛋开局时要谨慎。一名掼蛋选手之所以养成某种不好的习惯，不是一朝一夕之事，而是一个从"量变"到"质变"的过程。正所谓：合抱之木生于毫末，千里之堤溃于蚁穴。慎初，就要警惕自己迈出的第一步，就要杜绝各类诱惑的第一次，就要把住规范出牌的第一关。慎初，就要出好第一手牌。因为第一手牌要向同伴传递正确的信号、科学的信息，第一手牌往往决定战略战术的选择，甚至影响到一副牌的最终结果。慎初，就要做到每张牌、每手牌、每局牌三思而行、自警自省，随时扪心自问：我这样出牌对不对？我这样接牌应不应该？我封搭档的牌合不合理？我转同伴的套适不适宜？凭个人好恶出牌可不可以？逞一时之勇出牌妥不妥当？唯有慎初，才能做到慎始慎终、善始善终；唯有慎初，方能涤除贪恋上游之念、摒弃逞强斗狠之欲；唯有慎初，方能出好每张牌、打好每手牌。

二要"慎微"，迈好每一步。慎微，意为重视和正确处置细小的事情。"大节"与"小节"从来都是相互统一、互为依存的。对于掼蛋选手来说，小节并不小，在自身修养上，大节、小节、大事、小事，本质上都是一样的。无数事实说明，一个在小节、小事上过不了关的掼蛋选手，也很难在大节上过得硬。掼蛋选手必须严于自律，加强修养，小处不可随便，细微处不可散漫。这也是掼蛋爱好者严于自律、增强修养的重要方面。掼蛋爱好者要明白这样一个道理：细节决定成败，程序左右结果，小节影响大局。有时出发点是好的，但忽视了程序与过程，也会好心打不成好牌；有时愿望很好，计划也很周详，但在出牌的过程中不太注意细节的严谨，也会使结果大打折扣。不论握一手好牌，还是握一手差牌，都要重视小事，都要关注细节，都要把握过程，只有把小事做细、做透，才能达到细中见精、小中见大、寓伟大于平凡的境界。泰山不拒细壤，故能成其高；江海不择细流，故能就其深。古人说：天下难事，必成于易；天下大事，必作于细。正确对待细节，高度重视程序，善于把握过程，就能抓住更多的机会，达到沟通的目的，实现牌局的意图。牌手要从一言一行做起、一点一滴做起，从每一张牌、每一手牌做起，多出识大体、顾大局、利搭档的牌。古人云："不矜细行，终累大德。""道自微而生，祸是微而成。"这些至理名言，都说明慎微的重要性、必要性。广大掼蛋爱好者应当切记：勿以恶小而为之，勿以善小而不为。

　　三要"慎独"，谋划后一步。慎独，是儒家的一个重要理念。慎独，讲究个人道德水平的修炼，看重个人品行操守，是个人风范的最高境界。慎独，出于《大学》《中庸》。对于其含义，东汉郑玄注《中庸》"慎独"云："慎其闲居之所为。"人们一般理解为"在独处无人注意时，自己的行为也要谨慎不苟"（《辞海》），或"在独处时能谨慎不苟"（《辞源》）。慎独是一种情操、一种修养；慎独也是一种自律、一种坦荡。所谓"慎独"，是指人们在独自活动无人监督的情况下，凭着高度自觉，按照一定的道德规范行动，而不做任何有违道德信念、做人原则之事。从掼蛋的角度看，能否做到慎独，以及坚持慎独所能达到的程度，是衡量一名掼蛋爱好者是否坚持自我修身以及在修身中取得成绩大小的重要标尺，是掼蛋爱好者进行道德修养的重要方法，也是评定优秀掼蛋选手道德水准的关键环节。曾国藩总结自己一生的处世经验，写了著名的"日课四条"，即慎独、主敬、求仁、习劳。这四条，慎独是根本，是"体"；其他三条是枝叶，是"用"。掼蛋爱好者坚持慎独，就必须潜心谋牌、专心打牌、用心出牌，就必须兢兢业业研究牌局、踏踏实实分析牌情、认认真真探讨牌势，既要做到虑牌不浮华，又要做到出牌不浮躁，还要做到算牌不浮夸。掼蛋爱好者做到慎独，就必须从人格素养、能力素质、行为举止相统一的高度，突出作风养成，磨炼意志品格，努力做到思想境界高、精神风貌好、道德修养优。一名有着慎独习惯的掼蛋爱好者，能始终保持一种责任心、进取心、平常心，有了责任心，就愿意打好掼蛋；有了进取心，就可能打好掼蛋；有了平常心，就能够淡泊名利、笑对牌场得失。

第十七章　豁达与包容

放眼现代社会,随着生活节奏的加快、人际交往的频繁、利益摩擦的增多,兄弟阋墙、夫妻反目、邻里交恶、同伴误会、琐事争执的现象比比皆是,牌桌上的争执、吵闹、嬉戏、打骂也是司空见惯的。重要的是,作为一名掼蛋爱好者,要有一颗豁达之心,一种豁达之念,一丝豁达之意。有豁达之心,那么就像楚国宋玉《风赋》所说的风"起于青萍之末,止于草莽之间",一切误会瞬间便会消弭于无形;有豁达之念就如徐志摩诗中所云"挥一挥衣袖,不带走一片云彩",所谓仇恨、误解、纠葛都随风而逝、烟消云散;如果有豁达之意就会领略到"四围香稻,万顷晴沙,九夏芙蓉,三春杨柳"的良辰美景,因为一个人胸襟开阔了,其境界也就随之提升了。

一、豁达是一种气度

对于掼蛋爱好者而言,豁达是一种非凡的气度,豁达是一种高贵的品质,豁达是一种仁厚的境界,豁达是一种人生的维度。掼蛋爱好者要切记:豁达是一种简单,豁达远离世故,人一简单就快乐,一世故就变老。豁达是一种美德,豁达远离诋毁,人有了美德就会彼此牵挂、彼此思念、彼此关爱、彼此依靠。广大掼蛋爱好者尤其是优秀的掼蛋选手,应当明白这样一个道理:多一份豁达,就少一些戾气;多一份豁达,就少一丝失落;多一份豁达,就多一种飘逸;多一份豁达,就多一群挚友。许多机遇往往就闪现于你对他人、对事情豁达的一刹那;许多缘分往往就来自你对他人、对事情豁达的一闪念。

二、豁达是一种洒脱

对于掼蛋爱好者而言，豁达不是深奥的哲学，豁达应是生活的常态；豁达不是魔幻的法术，豁达应是做人的本分。作为掼蛋爱好者，我们不妨诗意一点、浪漫一些：豁达就是"昨夜西风凋碧树，独上高楼，望尽天涯路"的开阔意境；豁达就是"众里寻他千百度，蓦然回首，那人却在，灯火阑珊处"的豁然开朗；豁达就是"乱石穿空，惊涛拍岸，卷起千堆雪"的酣畅淋漓；豁达就是"杏花、春雨、江南，小桥、流水、人家"的安逸恬静。广大掼蛋爱好者只要用心了，就能意识到：豁达当中有着绝妙的风景，豁达当中蕴含着朴素的哲理，豁达当中掩藏着刻骨的真诚。

三、豁达是一种尊重

西晋文学家潘岳在《西征赋》中写道："乾坤以有亲可久，君子以厚德载物。"人生在世，不论是干事创业，还是打牌下棋，都要学会豁达。对于掼蛋爱好者而言，豁达，是一种包容，也是一种理解、一种尊重、一种激励，更是大智慧的象征、强者自信的表现。掼蛋爱好者无论面对搭档还是对手，都要豁达，豁达是一种坦荡，可以无私无畏、无拘无束、无尘无染。豁达之中蕴含着一份做人的谦逊和真诚，蕴含着一种对他人的容纳与尊重。"渡尽劫波兄弟在，相逢一笑泯恩仇"是豁达的最高境界。以豁达的心态对待他人，以宽阔胸怀回报社会，这是一种利人利己、有益社会的良性循环和正能量。屠格涅夫曾说过："生活过，而不会宽容别人的人，是不配受到别人的宽容的。"这句话是豁达的最好注解。所以，在掼蛋游戏或掼蛋竞技中，当你因为豁达而包容了别人，那么在你自己有过失或错误的时候，也往往能够得到他人的理解、包容和原谅。

四、豁达是一种公正

当然，学会豁达，并不是丧失原则的放纵，也不是忍气吞声的退让，更不是逆来顺受的自虐。对漠视宽容的人豁达，是滥情；对口蜜腹剑的人豁达，是姑息；对不可饶恕的人豁达，是放纵。在掼蛋游戏或掼蛋竞技的过程中，对于偷牌藏牌，必须零容忍；违背规则规范，坚决不妥协；面对恶意犯规，不能绕道走。否则，就不是豁达，而是纵容，就是助纣为虐，就是为虎作伥。因此，我们要在坚持原则、遵守规则的前提下，将豁达当作一种有益的生活态度，一种谦逊的君子风范，你就会发现掼蛋的乐趣、感受打牌的美好，就能远离世俗的纷争、避开琐碎的矛盾，从而让原本平淡、烦躁、激愤的生活散发出迷人的光彩。

爱好掼蛋游戏、推广掼蛋项目、从事掼蛋运动的人要切记：豁达是湛蓝的海洋，纳百川而清澈明净；豁达是广袤的苍穹，怀天下而不记怨愤；豁达是灿烂的晨曦，送甘霖而无分贵贱。豁达能传播大德，豁达能弘扬大爱，豁达能拓展大度，因而，豁达也能够延展生命。让我们在豁达中掼蛋、在掼蛋中豁达吧。

第十八章　有容和无欲

海纳百川，有容乃大；壁立千仞，无欲则刚。此联为清末政治家林则徐任两广总督时在总督府衙题书的堂联。意为：大海因为有宽广的度量才容纳了成百上千的河流；高山因为没有钩心斗角的凡世杂欲才如此挺拔。上下联最后一字"大"与"刚"，意思是说，这种浩然之气，最伟大，最刚强，更表明了作者至大至刚的浩然之气。这种"海纳百川"的胸怀和"壁立千仞"的刚直，分别来源于"有容"和"无欲"。"有容"的气度、"无欲"的情怀以及至大至刚的浩然之气，正是掼蛋爱好者保持心理健康不可缺少的"维生素"。做到了"有容"和"无欲"，就能无所畏惧、猛进骛击，就能攻坚克难、披坚执锐。掼蛋与登山一样，登山的过程和沿途的风景并不重要，重要的是欣赏风景的心情、登上顶峰的感觉和俯瞰人生的感悟。

海纳百川，有容乃大。 喜爱登山的朋友都有一种体验，到了山巅，你会感受到一种无与伦比的豁达、一种无牵无挂的空灵、一种无以复加的包容、一种无声无息的境界。掼蛋之中的宽容是一门艺术、一门做人的艺术，宽容精神是一切事物中最伟大的行为。宽容待人，就是在心理上接纳别人，理解别人的处世方法，尊重别人的处世原则。我们在欣赏别人的长处之时，也要能容忍别人的短处、缺点与错误，这样，我们才能真正地和平相处，社会才显得和谐。这也许就是林则徐的这副对联的上联给掼蛋爱好者的最大启示吧。

壁立千仞，无欲则刚。 名山、大山、高山多悬崖、多峭壁、多陡坡，直插云端的石柱、刀切斧凿的石壁，常常使人顿生五大皆空、六欲俱灭之念,其至使人产生辟谷的念头和遁世的想法。欲是人的一种生理本能。人要生活下去,就会有各种各样的"欲"。但是,凡事总要有度。欲望纷繁杂乱,必然滋生贪心;欲望过多过大,必然欲壑难填。贪求欲者往往被财欲、物欲、色欲、权欲等迷住心窍,攫求无已,终至纵欲成灾。山无欲则峻,人无欲也刚。笔者与许多掼蛋高手探讨过山与人、灵与欲的关系,大家一致认为:人无欲则无求,无求则无私,无私则无畏。当然,在物质社会、信息时代,你热爱掼蛋游戏、热心掼蛋运动、热衷掼蛋竞技,要真正做到无欲无求也不太可能,关键是要把握住什么欲该有,什么欲不该有;什么事该求,什么事不该求。如果能做到这样,你便坦然了、释怀了。

驽马十驾,功在不舍。要自觉地做到"有容"和"无欲",并非一朝一夕之事,也非一俯一仰之功。容量是日积月累的,气度是潜移默化的。但并非每个人的容量都能够日积月累,也不是每个人的气度都可以潜移默化。就掼蛋爱好者而言,有的人牌打多了,脾气渐长;有的人整天掼蛋,戾气渐重。世上的事情往往是这样:只要你立下了雄心而又脚踏实地去干,总能干成一点事情。但这脚踏实地包含了多方面的因素,重要的不外乎几条:一是面对现实,雄心不能脱离客观实际;二是要有干劲,不付诸实施,雄心就只是空中楼阁;三是要有恒心,这是最重要的一条,也是常被人遗忘的一条。战国时大思想家荀况在《劝学》中告诫我们:骐骥一跃,不能十步;驽马十驾,功在不舍。驽马的成功就在于走个不停。掼蛋实践证明:"有容"和"无欲"属于有雄心之人、有干劲之人、有恒心之人。

无限风光,尽在险峰。初登高山,不觉风光多美;随着一步步接近山顶,人世间最美的风景便飘然而至:江山、风雨、情!历经千难万险登上主峰,登山者便会想起北宋文学大家王安石游褒禅山时的感慨:"世之奇伟、瑰怪、非常之观,常在于险远,而人之所罕至焉,故非有志者不能至也。有志矣,不随以止也,然力不足者,亦不能至也。有志与力,而又不随以怠,至于幽暗昏惑而无物以相之,亦不能至也。"无限风光在险峰!对于掼蛋爱好者而言,如果通过掼蛋使自己的人生达到理想的境界，那么这样的掼蛋爱好者就会成为一个高素质、高品位的人，掼蛋的氛围就会越来越温馨，掼蛋的心情就会越来越浪漫，掼蛋的生活就会越来越甜美，掼蛋的日子就会越来越快慰！到了牌技的巅峰，到了掼蛋的绝顶，面对无限风光、无限江山，我们一起自勉：做一个有境界的掼蛋人。

第十九章 筑梦和圆梦

2012年11月29日,在国家博物馆这一极具象征意义的地方,在中华民族的"文庙宗祠"里,习近平总书记向世界宣示"中国梦"——"实现中华民族伟大复兴,就是中华民族近代以来最伟大的梦想。"中国梦归根到底是人民的梦;实现中国梦必须走中国道路、弘扬中国精神、凝聚中国力量。中国梦、中国道路,这一兼具价值导向力、文化凝聚力、社会动员力的精神符号,生动体现着中国改革开放和经济发展走新路、布新局、开新篇的现实要求,强烈呼唤着中华民族继往开来的担当意识、责任意识、标杆意识,充分激发了华夏儿女建设幸福家园、泽被天下苍生的奉献精神、拼搏精神、主人翁精神。中国道路,一头连接着国情,一头连接着理想;既承载着过去,也标示着未来;既反映了中国人现实的利益诉求,也凝聚着中国人相同的理想目标。掼蛋爱好者喜爱掼蛋、热衷掼蛋甚至痴迷掼蛋,不也体现了一种筑梦与圆梦的价值理念和人生担当吗?

第一,筑梦圆梦,就要有"忧劳兴国、逸豫亡身"的忧患意识。孟子说:"生于忧患,死于安乐。"范仲淹说:"先天下之忧而忧,后天下之乐而乐。"中国真正进入全球化的坐标体系,也就在这短短30多年。但就是在这30多年里,我们写下了让世界惊叹的"中国故事"。快乐运动、健康生活,需要增强忧患意识;梦圆掼蛋运动,泽被广大百姓,需要保持忧患自觉。面对快乐运动的时代潮流,面对健康生活的殷切期待,不能有丝毫自满,不能有丝毫懈怠,只有夙夜在公、坐而待旦、殚精竭虑,才能梦圆掼蛋游戏;只有抢抓机遇、勇于争先、只争朝夕，才能梦圆掼蛋竞技；只有立足当前、深谋远虑、高瞻远瞩，才能梦圆掼蛋运动。掼蛋爱好者应当崇实而不尚空谈，包容而不惧竞争，内敛而不失大气，理应做到敢为天下先、勇为天下先、能为天下先，始终领天下牌类游戏风气之先。

第二，筑梦圆梦，就要有"敢于争先、勇于担当"的奉献精神。功崇惟志，业广惟勤。作为群众广泛参与的体育运动项目，"梦"不同，"路"必不同；"路"不同，"梦"亦将不同。只有"路"和"梦"的紧密结合，才会使"梦"深刻地承载快乐运动的内涵，让"路"正确地对接健康生活的愿景。当今群众性体育运动项目呈现出千帆竞发、百舸争流的态势，不进则退，慢进必然落后。唯有敢为人先、敢为天下先、争抢先手、抢抓先机，勇向高处攀，敢与先进比，在变革中前进，在开拓中发展，才能梦圆掼蛋运动、泽被广大百姓。对于喜爱掼蛋运动、推广掼蛋项目的人们而言，机遇与挑战同在，机遇多于挑战；希望与困难并存，希望大于困难。对于掼蛋和掼蛋人而言，大转折孕育大机遇，大改革创造大机遇，大发展带来大机遇，大调整赢得大机遇。唯有站在掼蛋项目健康发展的潮头登高望远，融入信息化的大局争抢先手，把握现代化的规律因势利导，敢为人先，敢为天下先，争夺先机，争夺制高点，方能集腋成裘、聚沙成塔，事半功倍，走得更远。

第三，筑梦圆梦，就要有"兼收并蓄、宽厚包容"的开放思维。世界上没有放之四海而皆准的掼蛋理论、掼蛋思想、掼蛋经验，也没有一成不变的掼蛋规则、掼蛋规程、掼蛋教程。我们既不能把书本上的个别论断当作束缚自己思想和手脚的教条，也不能把实践中已见成效的理论看成完美无缺的定律。放眼牌坛，没有哪个运动项目像掼蛋那样深入人心、喜闻乐见。普及掼蛋运动、提升竞技水平，需要大胆借鉴人类文明成果，需要充分汲取现代科技营养，需要兼收并蓄一切合理思想。肩负普及掼蛋、提升掼蛋责任的有识之士，都应当是视野开阔、思路开阔、胸襟开阔的人，都应当成为普及掼蛋理念的领路人、创新掼蛋理论的带头人、创优掼蛋规程的先行军。

第四,筑梦圆梦,就要有"自强不息、革故鼎新"的坚韧毅力。
"天行健,君子以自强不息"是中国的传世格言。大到一个民族的振兴,小至掼蛋运动的普及,历经挫折而不屈,屡遭坎坷而不馁,靠的都是发愤图强、坚忍不拔、与时俱进的精神。老子说:合抱之木生于毫末,九层之台起于累土,千里之行始于足下。梦圆掼蛋运动,贵在自强不息、实干兴邦;梦圆掼蛋运动,重在锐意创新、革故鼎新。无论在什么情况下,都要坚持普及推广不动摇、改革创新不停步、规范提高不松懈;无论在什么环境中,都要善于把握新机遇、争创新优势、开创新局面。要达目的,必须"有志"。要争取理想的实现,就必须意志坚定,奋发图强。这是因为:锲而舍之,朽木不折;锲而不舍,金石可镂。

其实地上本没有路,走的人多了,也便成了路。走过"雄关漫道真如铁"的昨天,跨越"人间正道是沧桑"的今天,向着"长风破浪会有时"的明天,掼蛋运动获得了前所未有的广阔空间。但丁的名言"走自己的路,让别人去说吧",对于我们坚定地推广掼蛋运动、发展掼蛋竞技、普及掼蛋游戏,与其说是一种警醒,不如说是一种砥砺。千百万人矢志笃行、拼搏前行,掼蛋这个充满活力、蒸蒸日上的体育运动项目就将呼之欲出,并终将泽被众生。

第二十章 正气和戾气

我们在掼蛋实战中,经常会看到有的牌手责备同伴,有的牌手埋怨对手,有的牌手质疑裁判,有的牌手自暴自弃……归结到一点,就是一些牌手,容易动怒、容易发火、容易伤神。笔者认为,掼蛋选手要有勇气、正气、和气,不宜有杀气、戾气、怨气。那么,掼蛋为何掼出了杀气、戾气、怨气?原因很多,比如掼蛋多炸弹,炸弹多用力,用力易动气,动气会失仪,失仪会伤人,由此产生了一股杀气、戾气、怨气。为今之计,是找到有效的方法,抑制杀气、戾气、怨气,弘扬勇气、正气、和气,使掼蛋真正成为高富帅的运动、白富美的游戏。

一、掼蛋要有勇气,不能有杀气

勇气是什么?勇气是一种胆识。在生命面对挫折时,怯懦永远解决不了问题,只有勇气才是唯一的出路!勇气是什么?勇气是一种美德。在平淡的生活中,退缩只会让生命更平庸,只有勇气才是精彩的亮点!勇气是什么?勇气是胆量,是智慧,是自信。在波澜不惊的日子里,不要让勇气成为一种奢侈品,而是让它成为我们生活中的必需品!勇气在掼蛋中不可缺少,比如"壮志饥餐胡虏肉,笑谈渴饮匈奴血。待从头收拾旧山河,朝天阙",比如"天行健,君子以自强不息;地势坤,君子以厚德载物",都是励志与表达勇气的名句。曾国藩《挺经》中有一段话:"夫战,勇气也,再而衰,三而竭,国藩于此数语,常常体念。大约用兵他巧妙,常存有余不尽之气而已。孙仲谋之攻合肥,受创于张辽;诸葛武侯之攻陈仓,受创于郝昭,皆初气过锐,渐就衰竭之故。惟荀罃之拔逼阳,气已竭而复振;陆抗之拔西陵,预料城之不能遽下,而蓄养锐气,先备外援,以待内之自毙。此善于用气者也。"意思是:第一次击鼓,能振作士兵们的勇气;第二次击鼓,士兵们的勇气就减弱了;第三次击鼓,士兵们的勇气就枯竭了。笔者对这几句话经常思索玩味。大概用兵并无其他奥妙,经常保持勇气不可用尽就可以了。三国时,孙权攻打合肥,受挫于张辽;诸葛亮攻打陈仓,受挫于郝昭,两者失败都因起初气势太盛,过于锐不可当,渐渐就衰竭无力的缘故。只有荀罃攻克逼阳,士气衰竭而又重新振作;陆抗攻克西陵,事先预料难以迅速取胜,因而养精蓄锐,先安排好外援,等待城中对手力尽自毙。这也是善于利用士气作战的人了。掼蛋爱好者要从中受到启迪:盛者不可如洪水暴涌,喜其如平原流大江;弱者不可似枯木病绝,喜其似春木抽新芽。

勇气固然可嘉,杀气不可常有。杀气,指凶恶的气势;阴森肃杀的寒气。《礼记·月令》:"杀气浸盛,阳气日衰。"唐代杜甫《北风》诗:"十年杀气盛,六合人烟稀。"元代关汉卿《单刀会》第一折:"军罢战,马添膘,杀气散,阵云消。"《三国志·张飞传》记载了一个典型的战例:曹公追之,一日一夜,及于当阳之长坂。先主闻曹公卒至,弃妻子走,使飞将二十骑拒后。飞据水断桥,瞋目横矛曰:"身是张翼德也,可来共决死!"敌皆无敢近者,故遂得免。说的是东汉末年的"万人敌"猛将张飞,曾在208年长坂坡之战中的长坂桥一夫当关!凭借自己的杀气硬生生惊退近五千曹操军的虎豹骑。这件壮举与关羽单骑入万军之中取颜良之首、赵云汉水之战空营计破曹兵(被刘备称为子龙一身是胆的战役)、定军山黄忠袭斩夏侯渊等事件一同构成了刘备军中猛将的光辉战绩。张飞的杀气令人动容、令敌胆寒。但在掼蛋实战中,不易充满杀气。有杀气就会动杀心,动杀心则易出恶语。杀气重的人大多刚愎自用,往往不怎么懂得谦逊,显得有点离群另类,还有可能刻薄寡恩,这类人表面显得自信满满,其实心理有点脆弱,遇到挫折时其孤立无援的感觉会特别强烈,在社会交往中真正的好朋友往往并不多,人们常常会不被社会理解和包容,感叹自己怀才不遇。杀气其实就是对事物的占有欲望，不能容忍那些在自己掌控范围之外的情况发生——完全不能容忍，绝对不能容忍。一旦有这种情况发生，就会想尽一切方法将其排除掉。可能有时候方法太过偏激，给他人的压迫感太过强烈而让人无法忍受。有了杀气不可怕，可怕的是有了杀气不自知，自知杀气不自制，甚至还不以为然。

二、掼蛋要有正气，不能有戾气

对于掼蛋爱好者而言，争强好胜之心切不可有。人应该有锐气而不可有戾气。在掼蛋运动中，如何化干戈为玉帛、化戾气为祥和，是一个难以回避的话题。戾气可以理解为暴戾之气，即一种残忍，凡事要做得狠，偏向走极端的一种心理或风气。它可以看作是杀心重或杀气浓的近义词，但其指向更加广泛一些，不一定是物质上的偏爱杀戮与残害，比如动不动就破口大骂，或对一些小的坏事偏向于施以非常严厉的处罚。同时其指向对象也并非罪大恶极、心地黑暗、不可饶恕之人。中医学中有戾气一说，是与正气相反、与邪气相对应的。

关于戾气的论述很多，有人说，戾气源于痒、痛于心、显于怨；有人说，戾气比雾阴重、比霾乖浊，是偏执的酸、是浅薄的毒。痒，是因为别人得到了；痛，是因为自己够不着；怨，是因为想改变而无力改变。有戾气的掼蛋选手，看不惯对手，看不上同伴，看不见自己。看似站在远处，观察万事万物均取其模糊之处，实则盯得太清，锱铢必较；看似不咸不淡，实则生吞活剥。许多专家都讲，戾气，往前一步走，就是邪气。不同的是，戾气只是折磨自己，而邪气可能伤了别人。底气太虚的人，戾气就会太盛。当一个人无力超然于生活之上的时候，就会戾气充盈。然后，用尖锐的牢骚，为自己寻找温润的平衡。戾气太重会毁了生活质量、破坏掼蛋娱乐的心情、伤害朋友感情。与充斥着戾气的人掼蛋，少了些许可爱，多了一丝别扭。人一旦戾气侵心，就会怨气郁积，怒目相向。再有气质的人，戾气缠身，也会显得委顿卑琐，所有的华美，都哗啦啦地塌陷，一时间，春也不是，秋也不是，乱在时光里、痛在牌局中。说到底，戾气，是颓废之气，灰暗之气，污浊之气。小到一局牌、一副牌，大到一个圈子、一个社会，都会让人产生戾气。最深的戾气，起于有关系的人，发于最关切的事。也就是说，身边幽微，方是心底波澜所在；利益纷争，才会波涛汹涌。在掼蛋游戏中，我们仿佛总是陷入从一个泥淖出来却又陷入另一个泥淖的怪圈，掼着掼着就上火，说着说着就斗气，坐着坐着就发怒，火气比能力大，口气比牌技硬。牌桌波澜不惊，表情风和日丽，一定程度上取决于精神世界的风平浪静、品格情操的内外兼修。可惜，在掼蛋过程中，有的牌手在出牌时已经没有了安静下来的能力。

　　抑制戾气的有效方法是弘扬正气。有了正气，举止大方得体，做事光明磊落，掼蛋知错必改。浩然正气是一个人由内而外经长久培养而成的，不是一时有感便得的。所谓"泰山崩于前而不改色"，能如此顶天立地，便能自觉弘扬正气。掼蛋爱好者弘扬正气应当把握四项原则：一是祛私心。为人处事，掼蛋打牌，唯有出于公心，才能行于正道。任何偏私心理，都只能导致歪风邪气、阴风鬼气。掼蛋中一旦掺进私心杂念，必然会搞偏私、走歪道、生邪气。二是立大志。有大志才能站得高、看得远，做到不贪图蝇头小利，不计较一时得失；有大志才能胸怀坦荡、光明磊落，勇气足而不畏首缩尾，行路正而不思歪门邪道。胸无大志之人，必然用小心计、耍小聪明、想歪点子，无端地生出许多是非，冒出邪气来。三是讲诚信。正气又是坦诚守信的忠正之气。对于掼蛋爱好者来说，唯有真诚才能取信，唯有可信才能依靠，唯有可靠才能悦服。诚者掼蛋之道也，信者出牌之基也。诚实正直，言而有信，应当成为每一位掼蛋选手的座右铭。四是重节操。正气也是坚贞顽强的刚毅之气。讲正气最终表现为重气节，讲操守，保持信念上、道德上的坚定性。掼蛋选手重节操，必须严格自律、严守规矩，注重自我节制、自我修炼，还要自我反省出牌之失、自我批评战术之误。诚如是，则节操可保、正气可彰。

三、掼蛋要有和气,不能有怨气

古人说:与人言,宜和气从容。气忿则不平,色厉则取怨。和气的近义词有:和睦、暖和、和缓、和煦、和善、温顺、温柔、温存、温和、良善、和蔼、善良、仁爱、平和、和悦、和好、亲睦、亲善;和气的反义词有:蛮横、粗暴、粗鲁、凶狠、凶暴、凶恶、凶横、凶残,实质上就是怨气。古人认为天地间阴气与阳气交合而成之气。万物由此"和气"而生。《老子》:"万物负阴而抱阳,冲气以为和。"《韩非子》:"孔窍虚,则和气日入。"唐代刘商《金井歌》:"文明化洽天地清,和气氤氲孕至灵。"宋代王安石《次韵和甫春日金陵登台》之一:"万物已随秋气改,一樽聊为晚凉开。"做生意,和气生财;打掼蛋,和气赢牌;与人处,和气有缘。行走江湖,微笑相随;遇见困难,微笑面对,和声和气地与人交谈,不卑不亢地与人掼蛋,身边自然会聚集一些欣赏你的人。相反,暴躁会让朋友离你而去,蛮横会让他人敬而远之。这些道理,每个掼蛋的人都懂得,每个打牌的人都知道,可做起来却是那么困难。凡是真正的强者,不一定是牌场的成功者,却一定是心灵的主宰者。对于掼蛋爱好者来说,心灵的第一境界是感恩,感恩同伴的鼎力支持、无私奉献、勇于牺牲;第二境界是敬畏,敬畏规则规范和制度纪律;第三境界是宽容,包容同伴的偶尔失误、对手的轻佻傲慢;第四境界是平常以待,既有胜负寻常的气质,也有平淡如水的气度;第五境界是进取不止,咬定青山不放松,立根原在破岩中,千磨万击还坚劲,任尔东西南北风;第六境界是和气亲善,以和为贵,和睦相处,和风细雨,和颜悦色。

第二十一章 孙子兵法与掼蛋思维

辩证法是哲学的基本问题，它阐述了事物内部和事物之间的运动规律。辩证法的基本观点主要有：一是事物内部是可分的，一分为二，负阴抱阳，互为条件，互相依存，在一定条件下可以互相转化。二是事物之间是普遍联系的，世界上没有孤立存在的事物。三是事物是永恒发展的，世界上没有一成不变的事物。四是事物发展变化的根本动力在于事物内部，内因是变化的根据，外因是变化的条件。《孙子兵法》中渗透了朴素辩证法的思想，辩证法是《孙子兵法》的灵魂，它对培养辩证的掼蛋思维很有启示和帮助。

一、《孙子兵法》的哲学思想对掼蛋选手的影响历久弥新

《孙子兵法》对后世的影响，有两个鲜明的特点：第一，从时间上看，2 000多年来，随着生产力不断发展，科学技术不断进步，武器不断升级，战争的形式也在不断变化。由冷兵器，发展到火药兵器；由单纯地面作战，发展到陆、海、空立体作战；由近距离作战，发展到远距离作战；由传统作战方式，发展到信息化作战方式。但是万变不离其宗，《孙子兵法》揭示的战争规律没有变。不论古代的将领，还是近代的将领、现代的将领，都把学习并实践《孙子兵法》当作必修课。第二，从空间上看，《孙子兵法》不仅对从事战争指挥的人具有莫大的吸引力，而且对经商、从政等各行各业的人士，尤其是对从事棋牌运动的人，也具有莫大的吸引力。对于棋手、牌手而言，只要认真领会《孙子兵法》的真谛，就会从中受益，就会受到启迪。这是因为战场、商场、官场、牌场等都具有竞技性、竞争性，而《孙

子兵法》揭示的战争的规律，实际也就是竞技的规律、竞争的规律。

揭示战争、竞争规律靠什么？靠哲学。马克思主义认为，科学知识分为三大类：一是自然科学，二是社会科学，三是哲学。哲学是反映自然界、社会和人们思维规律的学问。正因为如此，哲学被称为大道之源、百科之首。哲，是大智慧；哲学，是研究关于大智慧的学问。《孙子兵法》之所以能够揭示战争、竞争的规律，之所以受到古今中外军事家的推崇，之所以受到各行各业有识之士的青睐，之所以经久不衰、历久弥新，就是因为说到底，它是一部饱含哲学思想的著作。《孙子兵法》云："兵者，诡道也。""诡"，就是聪明、智慧，就是哲学。《孙子兵法》饱含的哲学思想主要体现在两个方面：一是朴素的唯物论；二是朴素的辩证法。《孙子兵法》中有两句至理名言。一句是"知彼知己，百战不殆"，讲的是唯物论；另一句是"兵无常势，水无常形"，讲的是辩证法。坚持唯物论，讲究辩证法，正是掼蛋选手提高竞技水平、增强大局意识的必由之路。

二、《孙子兵法》启迪掼蛋选手坚持"两点论"、讲究出牌合理性

"两点论"，是孙武考虑和处理问题的重要方法，体现了《孙子兵法》的辩证思维。孙武说："是故智者之虑，必杂于利害。杂于利，而务可信也；杂于害，而患可解也。"（《九变篇》）这句话，可以说是孙武认识和解决战争中各种矛盾的一把钥匙。孙武指出，无论攻守、强弱、劳逸、奇正、虚实、远近等战争中的对立双方，都是互相依存、利害相连、可以转化的。比如防御作战时，"备前则后寡，备后则前寡，备左则右寡，备右则左寡，无所不备，则无所不寡"（《虚实篇》）。"顾此"则"失彼"，不可能天衣无缝，总有弱点，总有疏漏。因此，如果针对对手的实际情况，避其实而击其虚，对手的主动地位就转化为被动地位了。所以孙武肯定地说："敌佚能劳之，饱能饥之，安能动之。"（《虚实篇》）这种关于矛盾转化的朴素思想，对于以弱敌强、以少敌多、以小敌大的国家和军队，无疑是一件锐利的思想武器。在掼蛋实践中，是否懂得辩证法、是否会运用辩证法，

对于能否把握主动、遏制对手、化劣势为均势、化均势为优势、化优势为胜势，至关重要、十分紧要。以《孙子兵法》的辩证思维为依托，对攻守、强弱、劳逸、奇正、虚实、远近等掼蛋实践中经常遇见的因素，就会有客观而清醒的认知，就会创造条件转危为安、化险为夷，使对立双方互相依存、互相转化，从而达成战略意图、实现战术目标。

掼蛋爱好者应当明白"先胜而后求战"的道理。孙子在其兵法的首篇中写道："兵者，国之大事。死生之地，存亡之道，不可不察也。"由于孙子认识到战争是关系到国家、民族存亡的大事，因而提出了以慎重的态度对待战争的观点。孙子提出，在战争前，应认真地分析敌我双方的优势和弱点，力求使自己立于不败之地。善于作战的人，总是打有把握之仗，而不打无把握之仗。孙子说："故善战者，立于不败之地，而不失敌之败也，是故胜兵先胜，而后求战；败兵先战，而后求胜……古之所谓善战者，胜于易胜者也。"这些话的意思，立意均在于此。每局掼蛋其实也是一场战争，也是一次战役，掼蛋选手明白"先胜而后求战"的道理，对于提升竞技水平很有帮助，对于赢得战略主动大有裨益。

掼蛋爱好者应当牢记"以正合，以奇胜"的古训。孙子在其兵法理论中提出了一个"奇正"的命题，即在作战的战术部署中，兵力部署以承担正面作战为正，进行侧击、包围、迂回的为奇；担任钳制对手主力的为正，列阵对敌、明攻的为正；承担突击的为奇，采用机动、偷袭或者特殊战法的为奇。孙子提出作战必须有"正奇"的变化，要"以正合，以奇胜"，才能最终赢得主动。孙子的这一军事思想，已为后来中外众多的军事家所运用。在中外战争史上，以此战略战术为指导而赢得战争胜利的战例几乎俯拾皆是。掼蛋也不例外，主攻、助攻的职责定位，正面作战与侧面突击的战术分工，都需要"正奇"军事理论的指导。

三、《孙子兵法》启迪掼蛋选手登高望远、树立永恒发展的观点

孙武在《孙子兵法》中运用了朴素辩证的发展观，指出一切事物都处在不断变化之中。孙武把这些变化比作"无穷如天地，不竭如江海"（《势篇》）。他在《虚实篇》中形容说："夫兵形象水……兵无常势，水无常形。"战争像流动的水，时刻处于动态之中——水没有固定的形态，掼蛋也没有固定的格局，都在永恒地变化着。《孙子兵法》还指出："乱生于治，怯生于勇，弱生于强。"（《势篇》）治与乱，勇与怯，强与弱不是固定的，而是变化的。军队的士气是"朝气锐，昼气惰，暮气归"（《军争篇》），随着时间的变化而变化。战争需要的物资和进行的时间也在不断变化着，"五行无常胜，四时无常位；日有短长，月有死生"（《虚实篇》）。总之，战争及与战争相关联的事物，一切皆处于变化之中。掼蛋亦如是，掼蛋选手只有树立永恒发展的观点，善于用发展的眼光看待牌局、用动态的观念组合牌型、用权变的态度预判形势，才能把握掼蛋主动权、赢得掼蛋话语权。战争发展变化的根本原因在于敌我双方的矛盾斗争。为此，孙武认为：将帅必须善于临事应变，根据敌变而定我之变。"将通于九变之利者，知用兵矣；将不通九变之利，虽知地形，不能得地之利矣；治兵不知九变之术，虽知五利，不能得人之用矣。"（《九变篇》）指挥员只有根据不断变化的战争形势而调整战略战术，才能促使战争向有利于己、不利于敌的方向转化。同理，掼蛋选手只有根据不断变化的牌局形势调整战略战术，才能促使牌局向有利于己、不利于敌的方向转化。孙武还指出事物发展变化"度"的问题。事物发展都有一定限度，度是事物发展的关节点，超过了一定的"度"，事物就要走向反面。他在讲到爱卒但不能骄纵之时指出："视卒如婴儿，故可与之赴深溪；视卒如爱子，故可与之俱死。厚而不能使，爱而不能令，乱而不能治，譬若骄子，不可用也。"（《地形篇》）他强调对士卒关心、爱护，士卒就会赴汤蹈火；但如果超过了一定的"度"，变爱护为骄纵，那样便会后患无穷，以致因其无法作战而丧失战斗力。运用到掼

蛋实践中，每一张牌都是"士"，都是"卒"，最小的牌都是资源而非负担。掼蛋爱好者在实战中，要爱护每一张牌，而不能骄纵任意一张牌；要用好每一张牌，而不能忽略任意一张牌。因此，要用发展的眼光打掼蛋，要用辩证的思维打掼蛋，要用沉静的心态打掼蛋，要用淡泊的意识打掼蛋，就能在掼蛋的过程中寻觅到意想不到的乐趣，获得扑面而来的快乐。

掼蛋爱好者应当切记"识众寡之用者胜"。在《孙子兵法》中，孙子分别总结出了兵多与兵少的不同用法。一方面，孙子指出兵力的多少在作战运用时的一般规律，孙子说："故用兵之法，十则围之，五则攻之，倍则分之，敌则能战，少则能守，不若则能避之。"这是使用兵力的一般原则。另一方面，孙子又说："兵以诈立，以利动，以分合为变者也。"他指出，打仗、用兵应视不同的情况而灵活地使兵力分散或集中，在我方兵力不如对手时，要设法分散对手的兵力，这样，在局部上造成"我专为一，敌分为十，是以十攻其一也"的相对优势，给对手以有力打击。孙子在他的兵法中总结了兵多与兵少的用法后，指出："兵非贵益多也，虽无武进，足以并力、料敌、取人而已。"可见，孙子提倡兵力的部署要以敌我力量的对比为依据，在作战中要采取机动灵活的战略战术来保存自己，消灭对手。在掼蛋实战中，牌手必须通过自己与同伴之间合法而有效的沟通，掌握彼此牌力强弱的真实情况，为部署兵力阻击对手奠定坚实基础。

四、《孙子兵法》启迪掼蛋选手融会贯通、坚持普遍联系的观点

孙武分析战争，不是单纯地就战争而分析战争，就军事而分析军事，而是运用世间万物普遍联系的观点对战争现象、军事问题加以考察与解读。战争、军事与政治是联系在一起的。孙武说："善用兵者，修道而保法。"（《形篇》）这里所谓的"道"，就是"令民与上同意"（《计篇》）；所说的"法"，就是加强法制，严明赏罚。这就表明政治基础、民心向背是战争胜负的决定性因素。这与《左传》上说的

"有德不可敌"（政治清明的国家是不可战胜的）可谓一脉相承。德国近代著名军事家克劳塞维茨曾论断："战争是政治的继续。"毛泽东在《论持久战》中则将其深化为"政治是不流血的战争，战争是流血的政治"。他们讲的道理都是一样的。掼蛋也是这样，从小处看，一副牌与另一副牌、一手牌与另一手牌、一张牌与另一张牌，都分别是相互联系、相互影响、相互作用着的，没有无本之木、无源之水，不能竭泽而渔、杀鸡取卵；从大处看，一桌牌与另一桌牌、一场胜负与另一场胜负、一次比赛与另一次比赛，也是相互关联、相互影响、有共同利益的。从宏观看，掼蛋与人的精神状态、心理因素、赛场环境、社会氛围、舆论导向也是密不可分、相辅相成的。

五、《孙子兵法》启迪掼蛋选手避重就轻、抓住主要矛盾

《孙子兵法》的杰出命题"知彼知己，百战不殆"，就是强调用矛盾分析的方法，深刻了解、准确把握敌我双方情况，并找到克敌制胜的途径和措施。"知彼知己，百战不殆"并非"知彼知己，百战百胜"，"不殆"首先要使自己没有危险、减少风险、避免涉险。在掼蛋实践中，"知彼知己"已是难得，"百战不殆"更为不易。《孙子兵法·军争篇》说："军争为利，军争为危。"意思是说，军争有其有利的一面，也有其危险的一面，将帅必须坚持用一分为二的观点处理战事。在《九变篇》中，孙武对此问题又进一步说明："是故知者之虑，必杂于利害。杂于利，而务可信也；杂于害，而患可解也。"意思是说，明智的将帅考虑问题，总是兼顾到利和害两个方面。在有利的情况下考虑到不利的方面，事情就可以顺利进行；在不利情况下考虑到有利的方面，就可增强胜利的信心。所以，《孙子兵法·作战篇》中指出："不尽知用兵之害者，则不能尽知用兵之利也。"在掼蛋实践中，牌手遇到复杂的牌局不知所措，遇到特殊的牌型无所适从，遇到困难的牌势一头雾水，究其根源，实为不知利害、轻重、得失之矛盾分析原理也。抓住主要矛盾，就能迎刃而解；解决关键问题，方可事半功倍；运用辩证思维，往往举一反三。

六、《孙子兵法》启迪掼蛋选手因势利导、促进矛盾转化

在《孙子兵法》中,孙武深刻阐述了矛盾双方依据一定的条件可以相互转化的道理。他说:"敌佚能劳之,饱能饥之,安能动之。"(《虚实篇》)意思是说,对手休整得好,能设法使它疲劳;对手给养充分,能设法使它饥饿;敌军驻扎安稳,能够使它移动。掼蛋也是如此,对手兵强马壮、厉兵秣马、咄咄逼人,就要想方设法劳其筋骨、磨其心志、灭其威风。掼蛋实战中,有的放矢地动摇对手,坚定果断地阻击对手,毫不犹豫地遏制对手,确实非常重要和迫切。《孙子兵法》对于虚实的分析深刻而精辟。孙子曰:"兵之所加如以碫投卵者,虚实是也。"(《势篇》)要求"避实而击虚","因形而措胜于众"。(《虚实篇》)变我虚为实、敌实为虚,胜利就有了希望。掼蛋游戏特别是掼蛋竞技中,虚虚实实、真真假假的情形也是经常发生,避重就轻、避实击虚、避高趋下,是掼蛋中的大智慧。《孙子兵法》在分析取胜的客观条件时讲道:"不可胜在己,可胜在敌。"(《形篇》)因为对手发生或不发生过失,事在对手。又说:"胜可知,而不可为。"(《形篇》)胜利是可以预见的,但不能凭主观愿望去取得,是需要一定条件的。在掼蛋实践中,许多掼蛋高手深谙矛盾转化之道,为达成战略目标会猛进骛击,为实现战术意图会曲径通幽,为赢得牌局主动会因势利导。

七、《孙子兵法》启迪掼蛋选手运筹帷幄、发挥主观能动性

孙武认为,充分发挥人的主观能动性,来认清形势、科学决策、正确指挥,运用战争规律指导作战,是能够取得战争主动权的。他所说的"致人而不致于人"(《虚实篇》),就是讲要想办法调动对手而不被对手所调动。在掼蛋实战中,要千方百计调动对手,而不是被对手所调动;要想方设法压迫对手,而不是被对手所压迫。调动与反调动,控制与反控制,压迫与被压迫,是掼蛋实战的技术要点,也是技术难点。依托《孙子兵法》,结合具体牌型,就能探索出一条捷径来。孙武所说的"故形人而我无形,则我专而敌分。我专为一,敌分

为十,是以十攻其一也,则我众敌寡;能以众击寡,则吾之所与战者约矣"(《虚实篇》),也是讲充分发挥人的主观能动性,才能在作战中取得主动,避免被动。掼蛋实战中,集中优势兵力,围歼薄弱之敌,是常用的战术;隔而不围、围而不打、打即全歼,则会收到意想不到、出其不意的效果。在牌力不可抗拒的情况下,贸然用强,穷兵黩武,孤注一掷,均非上策。这正如《孙子兵法·谋攻篇》中指出的"不战而屈人之兵,善之善者也。故上兵伐谋,其次伐交,其次伐兵,其下攻城"。孙武把认识和运用客观规律与发挥主观能动性统一起来,这就可以避免机械唯物论的错误。孙子曰:"故策之而知得失之计,作之而知动静之理,形之而知死生之地,角之而知有余不足之处。"(《虚实篇》)孙子认为,通过战争实践,即试探性地进攻,可以获取对手的真实情况。策,原是古代运算时用的一种筹码,此处意指筹谋、出谋划策。筹划谋算,研究敌我计谋的得失;挑动对手,掌握对手的活动规律;侦察敌情,察知对手的虚实状况;与敌进行试探性的接触、较量,以发现敌我双方的有余和不足之处。掼蛋实战中的侦察十分重要,通过前几手牌的沟通,实质上起到了侦察对手牌力、洞悉同伴强弱的作用。通过充分沟通与有效侦察,可以让双方实力暴露得清清楚楚,可以让战略意图勾勒得明明白白,从而在掼蛋实战中把握主动、赢得胜机、累积优势。

八、《孙子兵法》启迪掼蛋选手崇尚科学、摒弃主观唯心论

孙子的朴素唯物论,还表现在他在战争决策问题上主张力避主观、力求客观。如《孙子兵法·火攻篇》中说:"主不可以怒而兴师,将不可以愠而致战;合于利而动,不合于利而止。"国君不可以因一时愤怒就轻率地发动战争,将帅也不可以因一时的恼怒而贸然发起作战行动。符合国家利益就行动,不符合就停止。从国家利害出发,而不是从个人主观感情出发,是正确决策的第一步。几百年以后,曹操也说过几乎同样的话:"不得以己之喜怒而用兵也。"三国时期有许多事例印证了这一思想。如蜀汉昭烈帝刘备为给关羽报仇,

怒发倾国之兵以伐东吴。此一兴师,并非出于国家的考虑,也非为人民利益着想,而是以兄弟私义高于一切,感情用事,因此招致惨败,被东吴都督陆逊火烧连营七百里,终至白帝城托孤。而与之形成鲜明对照的是司马懿:当司马懿与诸葛亮在祁山对垒之际,任凭蜀将如何挑战骂战,司马懿总是坚守不出。当诸葛亮送"巾帼并妇人缟素之服"(女人衣裳)给司马懿时,司马懿仍佯笑曰:"孔明视我为妇人耶!"竟也豁达地收下。圣人云"小不忍则乱大谋",信哉。在掼蛋实战中,许多牌手冲冠一怒,意气用事乱出牌,不计后果太随意,往往打出一些无理牌、赌气牌、情绪牌,导致战局被动、形势逆转。更有甚者,带着负面情绪掼蛋,仿佛怀着深仇大恨出牌,未战已经先输一阵。还有一些掼蛋选手比较另类甚至奇葩,掼蛋之前先挑座位、朝向、风水,唯心主义十足。我们提倡每一名掼蛋选手必须摒弃主观唯心论,树立正确的世界观,崇尚科学,尊重规律,专注牌艺,潜心牌技,这样才能成为一个纯粹的牌手,一个高尚的牌手,一个有境界的牌手,一个脱离了低级趣味的牌手,一个展示着人文精神的牌手。

九、《孙子兵法》启迪掼蛋选手去伪存真、透过现象看本质

唯物论认为,凭感官直觉所得到的认识,不过是对一些片面的、表面现象的归纳或总结,它不能反映事物的全貌和本质。要完全地反映整个事物,反映事物的本质,反映事物内部的规律性,就必须经过深思熟虑,对丰富的感性材料去粗取精、去伪存真、由此及彼、由表及里的加工过程。正确而全面地认识事物,就必须从感性认识跃进到理性认识。战争现象较之别的社会现象更难捉摸,尤其需要"由此及彼、由表及里的改造制作",透过现象看本质,使认识不断深化。《孙子兵法·行军篇》中有这样一段论述,可称为透过现象看本质的经典言论:"众树动者,来也;众草多障者,疑也;鸟起者,伏也;兽骇者,覆也。"这里所说的"树动""草障""鸟起""兽骇"是现象,而"来""疑""伏""覆"才是本质。在掼蛋实践中,优秀掼蛋选手往往会透过"树动"判断出"来",透过"草障"判断出"疑",

透过"鸟起"判断出"伏",透过"兽骇"判断出"覆",从而做出正确的兵力部署、策略调整、战术布局。用假象调动对手,是透过现象看本质的反用。《孙子兵法·势篇》中有一段描述:"故善动敌者,形之,敌必从之;予之,敌必取之。以利动之,以本待之。"向敌示以军形,对手就会听从我之调动;投放小利,对手必然会来夺取。用利益诱动对手,再用劲兵去对付它。示以军形,可以是军治而示之以乱。如韩信佯弃旌旗战鼓而示乱,以斩龙且。说的是韩信率汉兵入齐,齐王田广东逃高密。项羽遂遣骁将龙且领兵火速援齐。于是,楚汉两军夹潍水对阵。韩信令人于夜里囊沙壅水上流,而后与楚军战,佯弃旌旗战鼓败走。龙且挥兵渡水,韩信使人决壅囊,潍水大至,龙且军溺死无数。汉兵回戈急击,遂斩龙且。示以军形,可以是军勇而示之以怯。如孙膑令军减灶而示怯,以破庞涓。说的是齐威王十六年,庞涓指挥魏赵两国联军攻伐韩国。韩国求救于齐。齐以孙膑领兵,仍以"攻其必救"战术首先直捣魏都大梁,迫使庞涓回师自救。而后利用"彼三晋之兵素悍勇而轻齐"这一特点,采取逐日减少做饭用的土灶的办法,隐匿兵力,调动对手。最终导致魏军判断失误,尽弃辎重,星夜追击齐军。结果中伏,魏将庞涓兵败自刎。示以军形,可以是军强而示之以弱。如匈奴藏匿精壮而示弱,以围困汉高祖刘邦。说的是西汉初年,匈奴围攻马邑(今山西朔县),逼近晋阳(今山西太原西南),汉高祖刘邦亲自领兵迎击匈奴。匈奴单于冒顿为诱使汉军北上,把精锐部队全部隐匿起来,只留一些老弱残兵于外。汉军32万人一路北上,到达平城,即被冒顿的40万精兵围困,激战七昼夜方解。

第二十二章 掼蛋的定律

对于掼蛋高手而言，既无永恒的定律，也无一贯的法宝；既无现成的模式，也无固定的套路。笔者在前几年曾经总结过掼蛋比赛的八大定律40个基本公式，以及坚决依从规律，坚决遵从定律，坚决服从纪律，坚决不挡同伴牌路，坚决不放对手过关，坚决不出逆天之牌（冯梦龙说过：人有逆天之时，天无绝人之路），坚决不打赌气牌，坚决不打无理牌的八大纪律，以此为基础，打开胜利之门。这些所谓的定律和公式，往往只对于初学者有一定的借鉴意义，对于高水平、高层次、高境界的牌手未必适用。掼蛋高手对于这些定律和公式往往仁者见仁、智者见智。

1. 首引定律。沟通是掼蛋之魂，沟通是胜负之钥。笔者的理解是，原则上前三手牌都须沟通，通过沟通确定谁主攻、谁助攻。最佳沟通模式是：第一手牌沟通牌力强弱，第二手牌沟通上游概率，第三手牌沟通双下可能。沟通的工具有单牌、对子、三同张、长牌。首先出的第一手牌尽可能符合三个条件：依法依规、合情合理、沟通协调。依法依规，是指第一手牌必须符合公认的规范规矩，必须体现明确的目的意图，必须顺应掼蛋的基本规律。合情合理，是指第一手牌既要经得住自己发问"为什么这样出牌"，也要经得住同伴质询"为什么出这手牌"，虽然在意料之外，却仍在情理之中。沟通协调，是指通过第一手牌，要尽可能地向同伴传递真实的牌力，通报确切的牌型，表达明确的信息，不能随意出牌、任性出牌、盲目出牌，更不能仅从自身牌型、牌力考虑，而应从团队利益、全局战略高度统筹思考、权衡得失后，才能慎重地打出第一手牌。从实践来看，要么是首引为大，第一手牌即为长套、强套；要么是首引为小，出对子或三同张示弱。充分利用首引的机会，传递尽可能精确、合理的信号。同伴进手后，就会明白你的牌力、牌型。首引定律的6个公式：(1) 首引小单牌（包括2、3、4、5、6）示强；(2) 首引大单牌（包括J、Q、K、A）示强；(3) 首引5－6张的长牌（包括三带二、顺子、钢板、三连对）示强；(4) 首引中单牌（包括7、8、9、10）示弱；(5) 首引小对子（包括22、33、44、55、66）示弱；(6) 首引小的三同张示弱（包括222、333、444、555、666）。以上均不包括级牌。

在掼蛋实战中经常看到，有的牌手在自己与同伴双下并且分别进贡了一张级牌的情况下，不顾牌力极弱（11手牌，无炸弹），无视上游概率（概率为0），首引一张小单牌3，对手与同伴一起误以为该牌手有"想法"、想争上游。结果，下家顺过一张4，上游概率瞬间达到了100%。还有的牌手，在牌力很弱、上游概率极低的情况下，第一手就出三连对445566，没人压牌，接着又出钢板222333（级牌是9），遭到对手炸弹压制，从此再无进手机会。随着牌局的推进，大家发现，他手中没有炸弹、没有大牌，只有一个最大的杂顺子10JQKA有机会进手，他的同伴有两个小同花顺和一个老K三带二（KKK33），其他都是对子（除了一对3以外，还有5对）和2张单牌（9、Q），牌力中等，但三带二的牌型需要同伴或对手送牌，才有上游的可能。本局进行过程中，对手炸掉钢板后，出了几圈单牌、对子，终于出了一手顺子，他用10JQKA的大顺子压住并且进手，此时下家仅剩一张大王，同伴剩10张牌，一个同花顺、一个三带二（KKK33），如果222333的钢板不出，此时可以顺利送同伴三带二进手，并且顺利取得上游。先出钢板，等于放弃了为同伴上游保驾护航的机会，等于自杀。因此笔者才反复强调：勇做下游是掼蛋的最高境界，示弱、忍让、低调是掼蛋的最高境界，有时甚至一张牌不出也是掼蛋的最高境界——你出了不该出的牌，也许就破坏了同伴力争上游的机会和计划。

掼蛋竞赛胜出概率及首引建议

手数/手	炸弹/个	上游概率/%	首引建议
6	4～5	100	牌型不限
7～8	3～5	60～80	牌型不限
9～10	2～3	30～50	中单、对子、三同张、可控的长牌
11～12	1～2	10～20	对子、三同张
9～11	0	0～10	慎出长牌　慎出小单

2. K 定律。是指出一手小牌，手中尽可能有包含老 K 的组合做保障，旨在回手。比如，出小的单张，手里一般有 K 以上的单张可以回手，比如单 K、单 A、单张级牌；出小的对子，手里至少要有一对 K、一对 A，或者一对级牌；出小的三带二，手里要有包含三个 K、三个 A 或三张级牌的三带二；出小的顺子，手里至少要有包含 K 的顺子做后盾，只有两种顺子包含 K，一是 910JQK 的顺子，二是 10JQKA 的顺子。特殊情况下以上组合允许放宽到 Q，即 Q 定律。

K 定律的 4 个公式：(1) 首引或领出单牌（一般指 6 和 6 以下），表明手中握有 K 以上的单牌，包括 K、A、级牌、小王、大王，至少有一张 K 需要顺过。(2) 首引或领出一个小对子，比如 22、33、44、55、66，表明手中握有 K 以上的对子，包括 KK、AA、一对级牌，至少有一对 K 可以回收或保障。(3) 首引或领出小的三带二，比如 222+44、333+22、444+22、555+33、666+22，手里要有包含三个 K、三个 A 或三张级牌的三带二做后盾、能回手；(4) 首引或领出小的顺子，手里至少要有包含 K 的顺子做后盾，包括 910JQK、10JQKA。三同张一般不应用 K 定律；钢板、三连对属于特殊牌型，执行 K 定律也比较困难。

3. 贡还定律。下游一方或双方须向上游一方或双方进贡手里最大的牌，这是掼蛋运动的特殊规则。进贡与还贡也有技术含量，尤其是还贡。先看进贡，进贡大王、小王没有回旋余地，进贡级牌或者级牌以下牌时，需要防止进贡的牌被对手组成同花顺，但要增加同伴组合同花顺的机会。对于对手而言,既要做到花色保护,又要做到单张保护。贡还牌的 5 个公式:(1)花色保护。对于对手而言,要做到花色保护,即还贡时最好还有 2 个同样花色邻牌保护的单张。比如你要还黑桃 4,你同时有 2 张黑桃 5 或 2 张黑桃 3。(2)单张保护。对于你的对手,要做到单张保护,一般不还单张,避免对方组合成 4 个头的炸弹。(3)花色支持。对于同伴而言,则反其道而行之,尽可能给予同伴以花色支持,帮助同伴增加同花顺的可能性。(4)单张支持。对于你的同伴,没有必要拆对子甚至三同张还牌,尽可能给予单张支持,帮助同伴增加组成 4 个头及其以上炸弹的可能性。(5)中单宜还。除了上述四个公式外,中单宜还在掼蛋竞技中比较常见,假设级牌为 Q,下游方进贡给上游方一张 A,表明其 Q 是断门的,此时上游方手中 10 以下的单牌只有一张 4,另有 99、1010 两个对子,此时最宜还贡一张 9 或一张 10,一是组成炸弹的概率小于 4,二是组成大顺子的可能性较小(缺 Q),三是己方单牌可控,自己就手握两个大王、一个小王、四张 Q,单 4 和单 9 都不用担心出不了。

4. 用炸定律。有人说:掼蛋最痛苦的是牌打完了,但炸弹未用完;也有人说:掼蛋最痛苦的是牌抓完了,但手里没有炸弹。炸弹是掼蛋竞技中最珍贵的战略资源、最重要的物质基础。在掼蛋实战中,我们发现,90%的牌手不会使用炸弹,开炸的时机不当、火候不准、火力失察,直接或间接地导致牌局失控、形势逆转。用炸定律的 6 个公式是:(1)三枪以上首开花枪。我们把 4 个 J、4 个 Q、4 个 K、4 个 A 称为花牌炸弹(花枪)。假设 8 为级牌,当你手握 4444、KKKK、黑桃 8910JQ 同花顺三个炸弹时,首先开炸的必须是KKKK。首开花枪,说明手里至少有三个炸弹(或者独此一个),并且花枪威力较大,成功率较高。(2)枪须打四。这是有概率基础的。既需要坚决反对和果断纠正"枪不打四"的观念,也不能矫枉过正走极端,得出"枪必打四"的结论,而应当在全面记忆、准确判断的基础上,选择最恰当的策略。高手们经过研究得出结论,最后剩四张牌时,炸弹的概率少于四分之一。最后四张牌的组合有 5 种:炸弹(一手牌)、两对(两手牌)、三同张加一张单牌(两手牌)、一对加两张单牌(三手牌)、四张单牌(四手牌)。如果是两手牌,你不炸,出了一手,还剩一手,就很难防守了。比如,假设级牌为9,东家所剩四张牌是333、A,其上家所剩8张牌是草花23456同花顺、大王、K、7,另外两家牌力较弱,可忽略不计。如果在东家还剩四张牌时不炸,则东家继续出333,此时不炸则目送东家上游,上家心有不甘,无奈只得用炸,炸完后问题大了,出大王则无法过渡给同伴,只得出K,可这样东家仍然取得上游。炸完后自己手中两张以上单牌小于A(7、K各一张),岂不是白炸吗?再如,假设级牌仍为9,东家所剩四张牌是两个对子,KK、22。其上家所剩8张牌是草花23456同花顺、大王、K、7,东家的同伴手中所剩9张牌是8888、77、小王、Q、J,另一家忽略不计。此时东家出33,下家压不了,同伴放过(切记不能顺过77,否则上手后就无牌可送了),如果东家的上家不炸,则东家再出KK就获得上游了;如果东家的上家炸掉,则无论对方出什么单牌,东家的同伴都要用炸,然后放77给同伴。(3)用炸转套。如果用炸弹或大号的牌压制了对手的牌,上手后就不能再出对手被你炸掉或压制你的牌型。比如,你炸了下家的大王,如果你继续出单张,你下家再上一张王,那么你等于白炸。再比如,你用炸弹压制了上家的大顺子10JQKA,可紧接着自己又出了一个小顺子,没想到人家还有一个杂顺子,仍是10JQKA,你岂非白炸?合理的做法是,你应当传牌给同伴,尽可能让同伴过牌或进手。(4)不轻易炸首引。即对手出的第一手牌,一般不炸。对手出了333444,不用炸;如果他接着出888999,则可炸,不过这仍然不是必炸。再比如,你或者同伴出了一手牌,被对手封杀,也不必炸。因为第一手牌出完,对手的牌型、牌力都没有暴露,而且大家手中均尚有21张以上的牌,距离全世界掼蛋竞技大数据所统计的上游的平均手数尚有八九手的距离。所谓"枪打第一顺"是极端错误的理念。(5)首枪一般不用"配",首炸一般不见"红"。高手掼蛋,第一枪一般不用百搭,这不是弃用,而是慎用,是将变化与悬念留到后面,至少前半程(前14

张牌）尽量不使用红心级牌。在掼蛋实战中，我们经常见到这样一种情景：一名牌手抓了三个炸弹2222（222＋级牌红心8）、3333、黑桃78910J同花顺。他居然第一炸就出了用红心级牌配成的2222，连几乎一样大的3333都舍不得出，这显然是不会打掼蛋的表现。高手往往会把变化留到最后，把各种可能留到最后，把红心级牌留到最后，把悬念留到最后；低手则在初始阶段就丧失了变化，丧失了悬念。(6) 两枪追尾、上游自毁。你开了第一枪，却立即被对手压制，紧接着你开第二枪，可这样一来，你获得上游的概率往往就非常小了。所谓不打赌气牌，实质上是不开赌气枪。比如，一名牌手抓了三个炸弹3333、JJJJ、AAAA（级牌是9），为了炸上家的大王，他用了3333，下家用4444反压；轮到该牌手出牌，他用JJJJ再炸，此时他手中就只剩一个炸弹AAAA了。"两枪追尾"往往导致该牌手获得上游的概率刹那间降至小于10%了。如果该牌手第一炸就用JJJJ，至少在气势上震慑了对手，实战中该牌手也有可能做大，获得领出牌的机会。

对手剩 4 张牌时的应对之策

张数/张	手数/手	牌型	概率/%	策略
4	1	炸弹	24	不炸
4	2	两对	26	必炸
4	2	单张、三同张	22	必炸
4	3	两单张、一对	20	不炸
4	4	四单张	8	不炸

5. 逼炸定律。 "逼炸"与"被逼炸"是掼蛋的一个技术难题，一般把握以下4个原则或者公式：(1) 尽量逼对手使用炸弹。在自己牌力较强的情况下，尽量逼对手使用炸弹，给同伴减轻压力。(2) 避免己方被迫使用炸弹。一般不要干"被逼炸"的事，因为这违反了K定律，只能用炸弹收回，就不太可取。比如，级牌为8时，你手握445566三连对、AAAA炸弹、88、大王，此时你同伴与你上家的实

力均已消耗殆尽,你下家 556677 三连对、8910JQ 的杂顺、4444 炸弹。正确打法是,先出大王逼炸,再出 88 逼炸,然后出 445566,脱手一个炸弹,即使下家用 556677 压住,你手中已经只剩下炸弹了,上游非你莫属。否则,先出 445566,没有达到带炸的目的,下家用 556677 压住,反过来逼你使用炸弹了。如果你和同伴不炸,则下家继续出 8910JQ 的杂顺,仍然逼你的炸弹,此时用炸无济于事,因为下家手中已无其他牌,就只剩一个炸弹了,而你还有大王、88 两手牌。(3) 两枪抱一先开枪。这是一个真理。实质上也是先用炸弹逼炸弹,确保掌握主动权。比如你手握 8888、方块 34567 同花顺、一对 4(打 9),下家手中还剩 8 张牌(一对 K、一张 9、黑桃顶天同花顺),只有先出 4 个 8,才能确保上游,许多低手先出一张 4,下家过一张 9,上游已经远离你,两个炸弹都在手上喝水。(4) 垫枪也是逼炸。比如,收官阶段(级牌是 9),南家还剩 10 张牌,一个炸弹——黑桃 34567 的同花顺,33 和 JJ 两个对子,单牌 Q;北家(同伴)用 AAAA 炸掉东家的 6666 后,还剩 11 张牌,一个顶天同花顺——草花 10JQKA,一个杂顺子 56789,一张单牌 8;西家(上家)剩 3 张牌,一张大王,一个对子 KK;东家(下家)的 6666 炸弹被北家 AAAA 压制后,还剩 4 张牌,仍是一个炸弹,7777。轮到北家出牌,如果同伴南家不垫枪,则东家必定获得上游。此时,北家出了一个杂顺子,西家压不了,轮到南家出牌,南家必须毫不犹豫地用黑桃 34567 的同花顺炸掉同伴的杂顺子,迫使东家压不住。然后北家(即你同伴)同伴用同花顺接住,再出一张小单牌,上游就非北家莫属了。

6. 掩护定律。即不轻易封同伴的牌路,不轻易转同伴的牌型,不轻易改变同伴的战略方向。没有概率获得上游的牌手,夸张一点儿讲,最好一张牌也别出,至少不要接同伴的牌,不要封同伴的牌路。掩护同伴前进,需要有一定的境界、一定的胸襟、一定的牺牲精神,甚至需要有一定的勇气。掼蛋实战中,上游的机会有不少是葬送在同伴的手中,而不是葬送在对手的手中。掩护定律的 6 个公式是:

(1) 单牌掩护。以打 8 为例，同伴首引一张 2，表明其上游概率较大（60% 以上），其手中单牌仍有 2 张左右需要过掉。此刻，同伴的下家出一张 3，你即便有一张单 4 也不要出，既表明自己综合牌力不强、获得上游的概率不大，也起到掩护同伴的作用，让下家出一张 4 或者 5，同伴的单张 6 或者 7 或者 8 就可乘机过掉。可令人匪夷所思的是，同伴首引一张 3，其下家出一张 4，你居然直接出了一张花牌（J 或者 Q 或者 K），迫使你下家出级牌甚至王牌，封了同伴过牌的机会，这显然是你不会打牌。(2) 对子掩护。仍以打 8 为例，同伴出一对 3，下家压一对 5，你千万不能抬一对 J、一对 Q，甚至封一对 K、一对 A，因为同伴可能是依照 K 定律出牌的，你抬高门槛了，同伴压还是不压你？而且，你抬一对 Q，你下家用一对 A 封，这样一来，你同伴的一对 A 就堵在家里了。甚至有的时候同伴一对 A 一直出不掉，就失去了上游的机会。(3) 三同张掩护。假设同伴首引 222（仍以打 8 为例），下家出 444，你手中即便有 555、999 也不要顺过，把出牌的机会留给同伴。万一同伴没有三同张压对手的 444，也不遗憾，因为同伴是示弱打法，牌力弱，获得上游概率小，同伴向你传递准确信息即可。除非你顺过 555 以后，减少了一个轮次，增加了你获得上游的机会，那就必须顺过，借此告诉同伴："我的牌比你好，我想主攻，请你助攻。"(4) 三带二掩护。假设同伴首引 22233（仍以打 8 为例），下家出 44422，你手中即便有 55533、99944，一般情况下也不要顺过，把出牌的机会留给同伴。万一同伴没有三带二压对手的 44422，也不遗憾，因为同伴是示强打法，其牌力强，获得上游概率大，出完了小的三带二，其手中的牌型基本可控、炸弹基本够用。同伴借此向你准确地传递了信息即可。除非你顺过 55533 以后，减少了一个轮次，增加了你获得上游或者让对方双下的机会，那就必须顺过，借此告诉同伴："我的牌也很好，你主攻或者我主攻都无所谓，都能把对手打成双下。"(5) 顺子掩护。假设同伴首引 23456 小顺子（仍以打 8 为例），下家出 45678，你手中即便有 56789、910JQK，一般情况下也不要顺过，把出牌的机会留给同伴。万一同伴没有顺子压对手的45678，也不遗憾，因为同伴同样也是示强打法，其牌力强，上游概率大，出完了小的顺子，其手中的牌型基本可控、炸弹基本够用。同伴借此向你准确地传递了信息即可。除非你顺过56789以后减少了一个轮次，增加了你获得上游或者让对方双下的机会，那你就必须顺过，借此告诉同伴："我的牌也很好，你主攻或者我主攻都无所谓，都能把对手打成双下。"(6)三连对掩护。假设同伴首引223344（仍以打8为例），其下家出445566，此时你手中即便有778899、JJQQKK，一般情况下也不要顺过，把出牌的机会留给同伴。万一同伴没有三连对压对手的445566，也不遗憾，因为同伴是示强打法，其牌力强，上游概率大，同伴出完了小的三连对，手中的牌型基本可控、炸弹基本够用。同伴借此准确地向你传递了信息即可。除非你顺过778899以后，减少了一个轮次，增加了获得上游或者让对方双下机会，那就必须顺过，并借此告诉同伴："我的牌也很好，你主攻或者我主攻都无所谓，都能把对手打成双下。"

  7. **转向定律**。当你与同伴经过几手牌的沟通，基本知晓彼此牌力的强弱，基本确定主攻与助攻后，就必须有明确的战略意图和战术目标，助攻的一方要把出牌权引向同伴或同伴的上家，使承担主攻任务的同伴增强出牌机会。在控制与反控制的过程中，要尽量掌握主动权、话语权、出牌权，要尽量转向对自己一方有利的出牌套路，尽量把战局引入自己一方可控的方向。转向定律的4个公式是：(1)同伴控单须出单。假如单贡，你进贡一张大王给同伴，此时，如果你牌力并非很强，应当出小单张给同伴，为其提供上手的机会，因为同伴至少手握一张大王（你进贡的）。(2)同伴牌强须策应。假设本副牌由同伴首引，同伴首引长牌，不论是三带二、三连对还是顺子（暂不考虑出牌概率较小的钢板这一牌型），被对手大牌压制后，只要你一旦进手，你就必须出同伴刚才首引的牌型，当好配角，策应同伴。比如，在你俩双下双贡的情况下，同伴首引33344，被对手KKK22压制后，被你AAA33或炸弹进手后，你必须再出一个三带二44422以策应同伴。(3)谁有利谁进手。如果你方牌力很强，你可以转出其他牌型以显示牌力,再伺机出单张让同伴上手。实战中经常遇到这样的情形:你与同伴各执一张大王、一张小王(你们相互知道,对手并不清楚四个王的分布),此时必须清晰地知道,谁有利就由谁上手,谁上手对下家不利则由谁上手。比如一副牌级牌是8,西家首引一张2,南家出9,东家出K,此时北家宜选择不出,将出牌重心引向西家的下家即南家,因为南家出牌对西家不利,即便出4、5、6等小单张,只要北家当好守门员,西家也套不掉小单张。切忌在东家出K时,北家用小王或级牌封住,再放一张小单、一个小对,给了西家跑掉小单张或小对的机会。(4)切忌随意转向。掼蛋实战中经常遇见这样的情形:同伴控单,你出对;同伴控对,你出单;同伴控夯(三带二),你出顺;同伴控顺,你出夯……有些场合甚至让同伴心急火燎、捶胸顿足、暴跳如雷。当然,我们不提倡牌手动怒、生气、过分情绪化。比如,级牌是8,南家(同伴)进贡大王,北家(你自己)进贡小王,同伴手握22233、JJJ44、AAA99三个三带二,以及黑桃56789同花顺、QQQQ炸弹、一张单牌草花8(级牌)、一个对子KK。这手牌一共7手、2个较大的炸弹,单牌、对子、三带二等三种牌型均可控,上游概率达到60%。于是南家你同伴首先领出了22233,遭到其下家(东家)AAA66当头棒喝,你(北家)用7777炸弹进手后,在你获得上游的概率小于10%的情况下,你应当毫不犹豫地出44455,再送同伴,此乃上策。可你却出了一个小顺子,理由是你抓了三个顺子(23456、8910JQ、10JQKA),虽然只有7777一个炸弹,但你手中牌型,比较整齐,你不愿意出三带二破坏结构(实质上是不愿意牺牲自己以策应同伴)。结果你出顺子后被对手大顺子压制住,在这种情况下,同伴很难进手,其到手的上游飞了,而你自己的7777也白炸了。

8. 配牌定律。即百搭使用定律。配牌制度源于麻将中的"百搭"。它的称呼五花八门、千姿百态,比如"参谋""百搭""红配""配配""逢人配"等。配牌的引入是掼蛋规则的画龙点睛之笔,使掼蛋的资源配置、路径选择、目标定位、牌力判断等更加变幻莫测,更加丰富多彩,更加引人入胜,更加波澜起伏。用好配牌出奇制胜的战例俯拾皆是、不胜枚举。在掼蛋实战中,配牌配炸弹的比率约为80%;配成非炸弹牌型的约为17%;弃配的约为3%。所配炸弹中,配成4个头炸弹的约占55%,配成5个头及以上炸弹的占15%,配成同花顺的约占30%。配成非炸弹的牌型中,配成顺子的约占40%,配成三带二的约占40%,配成对子的约占13%,配成三连对的约占7%。可见,配牌配炸弹的比率最高,而其中配最低级别的4个头炸弹的比例又最大。许多牌手拿到一个甚至两个"百搭"后却不知如何使用,常常把一手整牌搞得很散,打到最后几张牌,仍然不知道如何搭配。在掼蛋实战中,使用配牌至少有5个公式或原则:(1)减少手数。因为手数越少,越靠近上游;手数越多,离上游越远。比如,你抓了一手牌,级牌是8,有一张"百搭"红心8。全手27张牌是:小王、草花8、"百搭"红心8、AAAA、KKK、QQ、JJ、1010、9999、88、44、3、22。如果"百搭"配成3,组成223344三连对,则有7手牌:小王、草花8、AAAA、9999、KKK88、QQJJ1010、443322。你获得上游的概率较高。如果用"百搭"与KKK组成一个炸弹,则有10手牌:3张单牌(小王、草花8、3)、3个炸弹(AAAA、KKKK、9999)、1个三连对(QQJJ1010)、3个对子(88、44、22)。由于增加了3手牌,而且3个对子都比较小、不可控,大大降低了你获得上游的概率,因此这种使用"百搭"的方法不可取,也不易成功。(2)增加炸弹。炸弹越多、越大,越有话语权和主动权;炸弹越少、越小,越缺乏控制力和话语权。但增加炸弹不能以增加手数为代价,不能以降低获得上游的概率为前提。要正确处理手数与炸弹之间的关系,一般来说,牌力弱、手数多、获得上游概率小的一手牌,"百搭"的使用必须慎之又慎,应组成尽可能大的炸弹,力保同伴。(3)早期不出。开局阶段(出了10张牌以内)尽量不出,第一手牌坚决不出,前半段一般不出,留在后面出以保留组合的变化,随时准备压制对手、为同伴献身。我们经常看到,有的牌手第一手牌就出杂顺子34567,但缺5,就用"百搭"红心8配,被下家轻而易举地用

56789压住，自己又回收不了，白白浪费了一个"百搭"。(4) 杜绝弃配。弃配一般是在对方不断变换牌型的时候你盲目跟牌，最后造成你手中无有效牌可配的局面。虽然配牌是特殊的主牌，作为单牌使用也具有较大的牌力，但那绝不是配牌的理想境界。为了有效避免弃配，持有配牌时一般不要盲目跟风。(5) 随时应变，随机用"配"。使用"百搭"一定要有大局观、前瞻性，要根据牌力强弱、形势变化而调整用"配"策略，尽量实现配牌效率的最大化、效益的最优化，千万不能一旦配好炸弹尤其是同花顺就一成不变、万事大吉了，而应当根据形势的变化和助攻的需要，及时调整配牌策略，服务整体战略。

所谓掼蛋八大定律、40个公式都是一家之言、一孔之见。无论是定律的名称，还是公式的内涵，也许有许多瑕疵、不足和疏漏之处，有挂一漏万、以偏概全之嫌。笔者把它们整理归纳出来，仅供掼蛋爱好者尤其是初学者参考，未必就能登得上大雅之堂，未必就能进得了象牙塔。其实，掼蛋竞技的定律又何止是8个？掼蛋实战的公式又岂止是40个？定律俯拾皆是，公式不计其数，贵在有心之人去总结、去梳理、去探究、去升华，只有这样，在掼蛋实战中便会有新的定律、新的公式层出不穷、推陈出新。此处抛砖引玉，便是笔者的初心。

第二十三章 普及与推广

如何普及掼蛋项目、推广掼蛋运动，是体育主管部门、社会体育指导机构、各类媒体和广大掼蛋爱好者共同关注的问题。近年来，国家体育总局棋牌运动管理中心、江苏省体育局社会体育管理中心以及各级体育部门，在普及、推广和规范掼蛋运动方面，做了大量卓有成效的工作，使掼蛋这项来自草根的牌类项目焕发出勃勃生机，积累了强大后劲。

一要有高起点的谋划。《礼记》云："博学之，审问之，慎思之，明辨之，笃行之。"这说的是为学的几个层次，或者说是几个递进的阶段。谋划掼蛋大赛，也要有这几个层次。国家和省级体育主管部门、社会体育管理中心应当建立健全高层论坛和高端对话以及高级会议等议事机制，专题研究掼蛋项目的前世今生、发展方向、瓶颈制约、出路所在，深入探讨掼蛋比赛的规则规程、长远规划、大政方针、近期目标。通过高朋满座、嘉宾云集、高手咸至、泰斗俱来的高层论坛，就事论事，有一说一，各抒己见，互诉心得，对掼蛋项目的推广、对掼蛋赛事的组织，将起到极大的推动作用，有百利而无一害。保持高端对话习惯，完善高层论坛机制，邀请更多的领导和嘉宾讨论掼蛋这一中国好智慧的生存发展之道、脱胎换骨之策，是掼蛋运动发展壮大的当务之急。

二要有高标准的规则。基础不牢，地动山摇。随着《江苏省掼蛋竞赛简易规则》（2017版）的颁布和施行，掼蛋比赛规则版本众多、五花八门、林林总总、不一而足的时代终于结束了。当然，国家体育总局相关部门及某些地方也制定了掼蛋运动规则，但主要内容没有超出《江苏省掼蛋竞赛简易规则》（2017版）。规则问题是制约掼蛋赛事推广、影响掼蛋竞技水平提升、桎梏掼蛋项目发展壮大的最大因素。江苏省体育局社会体育管理中心站位全局、运筹帷幄，在掼蛋竞技领域，组织一帮有识之士、有心之人，成立专门小组，设定目标任务，明确责任分工，终于大功告成。规则对掼蛋比赛中各类违规行为的判罚做了原则性规范：

(1) 洗牌、切牌与抓牌。具体规定：第一，宣布比赛开始后，应将牌彻底地洗5~7次后放置牌桌中央。以后每次洗牌应彻底地洗2~3次。第二，首副牌，由东家洗牌，南家切牌并翻出一张牌（如翻出的牌为王牌或红心2，则重切重翻）。从南家开始，依翻出牌张的牌点，按逆时针方向点数出首抓者，抓到翻出牌张者首圈领出牌。第三，从第二副牌开始，由上副牌上游的上家洗牌，上游切牌，下游首抓。双下时，由上游的下家首抓。第四，洗牌后，洗牌者不允许有切牌或乱插牌等多余动作。切牌者应从牌墩中段切牌，不允许切出顶部或底部五张以内的牌，也不允许点数牌张而切牌。第五，抓牌时务必牌面向下，从首抓者开始，按逆时针方向依次抓牌，每人每次抓一张牌，直至抓完全副牌。第六，全副牌抓完，牌手应清点各自全手牌，若发现张数不符，由裁判清点各家全手牌和全副牌。第七，根据需要，裁判也可指定洗牌者和切牌者，或以发牌的方式代替抓牌。处罚原则：第一，越序抓牌，应立刻退回，恢复抓牌顺序。第二，已看到牌张的，给予警告。第三，已插入手中的，由应抓牌者从违例者手中任意抽出一张牌，记违例一次。第四，抓错牌，应重洗重抓。全手牌张数不符，判犯规一次。全副牌张数不符，换牌，给予警告。

(2) 贡牌与还牌。具体规定：第一，从第二副牌开始，在出牌前，由上副牌的下游向上游进贡全手牌中牌点最大的一张牌（红心级牌除外），上游选择全手牌中任意一张牌点不得超过10的牌还给下游。首圈由下游领出牌。第二，如上副牌出现双下，则双下的一方两位牌手均须向胜方进贡。上游选择牌点较大的进贡牌，同伴选择牌点较小的进贡牌,并分别对应还牌。若所进贡的牌点相同,则下游按顺时针方向进贡给上游,纳贡者分别对应还牌。上游还牌时,应将牌面向下,然后由两位进贡者同时亮牌。上游还牌后,均由进贡给上游者首圈领出牌。第三,如应进贡者(下游或双下方)抓到两个大王,则不须进贡(即抗贡)。首圈由上游领出牌。处罚原则:第一,贡错牌、还错牌,应视情形予以纠正。第二,尚未出牌的,退回错张,重新给牌,给予警告。第三,已经出牌的,判贡错牌的一方或还错牌的一方犯规一次。

(3)出牌方式。具体规定:第一,抓牌和出牌过程中,牌手未出的牌张应完全面向自己,并保持固定的持握手势,不得有意或无意地暴露牌张。已出的牌张应将牌面向下,依出牌顺序竖放在靠近本家的桌面上,不得与他人的牌张相混。未经裁判许可,牌手不得触摸任何已出的牌张。第二,出牌时,应将一手牌按牌点大小,采用固定的左右排列方法,一次性出至本家靠近牌桌中央位置。红心级牌搭配牌型时,应摆放在其所充当牌点的位置,必要时说明牌型及牌点。第三,牌手放弃出牌应以语言"过""不要",或以手敲击桌面的方式来表示"过"和"不要"。在一轮比赛中,牌手应采用固定的表示方式。第四,比赛时,牌手不得以言语、声响、形体与肢体动作等方式,传递非法信息或干扰他人。处罚原则:第一,越序表态,给予警告一次。第二,越序出牌,予以收回,恢复出牌顺序,记违例一次。第三,出错牌,予以收回,记违例一次。第四,出牌方式违规,视情形予以纠正,给予警告。第五,未经裁判许可,牌手故意离开座位,视情形处违例以上判罚。

(4)报牌。具体规定:牌手在出完某一手牌后,如果手中剩余牌张数不超过10张,应立即将报牌卡放至本家出牌区域,并准确、清楚地报出剩余张数。处罚的原则是:牌手报出剩余张数后,无论是否继续出牌,均不得再次报牌,其他牌手也不得再次追问。处罚原则:反复报牌或追问余牌,均分别给予警告。

(5)比赛时间。具体规定:第一,迟到:宣布比赛开始后,牌手未能在指定位置入座，判其所在一方迟到。第二，贡还牌：进贡者应在抓完牌后 20 秒内贡牌，还牌者须在纳贡后 40 秒内还牌。第三，出牌：首圈领出者应在还牌后 40 秒内领出牌，下家应在上家出牌后 20 秒内出牌。处罚原则：迟到一方应处警告以上判罚。第一，迟到 5 分钟以内，给予警告。第二，迟到 10 分钟以内，判犯规。第三，迟到超过 10 分钟，按弃权处理。第四，如双方均迟到，对较早到的一方给予警告，对较晚到的一方按迟到时间给予判罚。贡还牌以及出牌超时，予以读秒；仍超时，给予警告。

掼蛋比赛中，一旦发生违规，应当依照程序进行申告、调查和处罚。主要程序是：(1) 违规的申告。第一，指出违规所在，停止打牌。第二，召请裁判，停止一切行为。第三，在裁判未说明有关纠正办法及裁定判罚前，不得自行采取行动。(2) 判罚的裁定。第一，警告和违例由裁判员判罚。第二，犯规和判负由裁判长判罚。第三，有多项判罚选择，或违规行为涉及传递非法信息及造成对方损失，由裁判长裁定。第四，取消参赛资格由赛事组委会决定。第五，追加禁赛处罚由赛事组委会报请相关体育部门做出。(3) 判罚的种类。一是警告。掼蛋比赛中，出现轻微违反规则行为，不影响比赛进行，未造成对方损失的，给予警告。二是违例。在一轮比赛中，一方受到两次警告，或出现明显违反规则行为，干扰比赛进行，可能或轻微造成对方损失的，记违例一次，由违规者的下家决定是否停止违规者一次出牌。如违规者应下圈牌领出，则按出牌顺序由非违规方领出牌。三是犯规。在一轮比赛中，若一方被记两次违例，或出现严重违反规则的行为，传递非法信息的，判犯规一次，本副牌结束，违规方双下，但下副牌违规方不进贡，由违规者的下家或裁判长指定首圈领出者。四是判负。在一轮比赛中，一方弃权或被判两次犯规的，判本轮比赛结束，非违规方胜，按违规方级数升 4 级记级（违规方级数可降至 J），弃权记分 17∶0。如场上级差超过 4 级，则以场上比分为准。五是取消参赛资格。退赛、连续两轮弃权或被两次判负，以及出现资格造假、冒名顶替、违规更换搭档、偷牌藏张、故意夹带、不服判罚、态度恶劣、扰乱赛场秩序等严重违背体育道德和正常礼节行为的,由裁判长报请赛区组委会取消违规方参赛资格,将其选手逐出赛场。赛事组委会可视情节及影响,报请相关体育部门给予违规者追加禁赛处罚。

三要有高层次的赛事。笔者曾经作为江苏升级代表队队长,2011年、2012年分别率领江苏队参加过在郑州举办的全国升级扑克电视总决赛,一次获得全国冠军,一次获得全国亚军,并且连续三年率队分别参加在合肥、济南、石家庄举行的"姚记杯"全国升级扑克总决赛,江苏选手几乎包揽了前八名的半数。这两项赛事中,国家体育总局社会体育指导中心相关负责人都为获奖者颁奖。升级比赛的专业化、规范化、制度化,值得我们举办掼蛋赛事时借鉴。郎酒集团赞助的2016年"郎牌特曲杯"江苏省掼蛋精英大赛,就是一项高层次的赛事,历经96场分站赛和一场总决赛,9月25日圆满落幕,笔者有幸担任了10多场分站赛和一场总决赛的裁判长。江苏省连续两届在全民健身运动会上设立掼蛋项目,开全国先河。以此为起点,有望举办全国掼蛋锦标赛,只有把战火"烧"向外省,才能把掼蛋推向全国。笔者很钦佩郎牌特曲与弘宝网络科技公司的勇气,一掷千金,承办高水平的掼蛋大赛。好的赛事要有好的规程,规程就是保障比赛有序进行的制度安排。最常见的赛制是积分编排制和淘汰制,它们都属于单式制。竞技掼蛋呼唤复式制,两人一组、四人一队,用一天半时间进行9轮左右复式制比赛,每轮60分钟,从2至A打13副牌,甲队与乙队之间2组选手交叉打同样的一副牌,每轮13副牌结束,比较2组选手的级差分别得出2队的分数。这样既符合国际牌类运动比赛惯例,也尽可能地避免运气成分。全部轮次比赛结束后,计算各队总分,产生团体名次和东西向名次、南北向名次。

四要有高水平的裁判。国家体育总局2002年颁布《中国升级竞赛规则》后,河南省在国家社会体育指导中心的指导下,起草了升级竞赛裁判员管理办法,明确了升级竞赛裁判员的认定程序、考核标准、执裁规范,经过十多年的发展,已经形成了由一批国家级裁判、一级裁判、二级裁判组成的专业性裁判员队伍，保证了各项赛事高效率运作、高水平进行。江苏省牌类竞技项目历来居全国领先地位，桥牌、升级等项目的裁判水平也居全国领先地位，一大批高水平的裁判员活跃在江苏省各类掼蛋大赛的赛场，他们是支撑未来掼蛋竞赛走向全国的脊梁。江苏省社会体育管理中心已经建立了掼蛋竞赛裁判员培训、定级、颁证及年度考核机制，朝着加快培养高水平、高层次、高境界掼蛋专业裁判的方向坚定地前进。

五要有高素质的选手。 俗话说，高手在民间，高手在机关。但受到"掼蛋就是玩"这一传统观念的影响，机关干部包括相当一部分高手不可能走进直播室，甚至不可能参加各种类型的掼蛋精英赛、邀请赛、大奖赛、总决赛。2012年9月在江苏省洪泽县举办的江苏省第六届全民健身运动会掼蛋比赛，2015年5月举办的省级机关第一届掼蛋大赛，其赛事组织、赛场氛围、比赛效果堪称一流。究其原因，选手的高素质起了决定性作用。他们不计较胜负，专注于比赛，遵守规则，尊重对手，体现了以牌会友、天长地久，智慧掼蛋、快乐无限的境界。

古人说：有志者事竟成，破釜沉舟，百二秦关终属楚；苦心人天不负，卧薪尝胆，三千越甲可吞吴。在政府、企业、媒体与社会的共同推动下，掼蛋运动一定能够冲出江苏、走向全国、冲出亚洲、走向世界。

第二十四章 古训与掼蛋

古训是指古代人遵行和推崇的准则、古代流传下来的典籍或可以作为人们行为规范的话语。《诗·大雅·烝民》载:"古训是式,威仪是力。"郑玄笺之曰:"故训,先王之遗典也。"汉孔臧《与从弟引安国书》载:"旧章潜于壁室,正于纷扰之际,欻尔而见,俗儒结舌,古训复申。"唐韩愈《复志赋》载:"始专专於讲习兮,非古训为无所用其心。"清龚自珍曰:"是谓七十子苗裔之言,是谓礼家大宗之言,其言式古训,力威仪焉。"观今宜鉴古,无古不成今。令人耳熟能详的古训比比皆是,比如:知己知彼,将心比心。酒逢知己饮,诗向会人吟。相识满天下,知心能几人。人情若此初相识,到老终无怨恨心。近山识鸟音,傍水知鱼性。易涨易退山溪水,易反易覆小人心。运去金成铁,时来铁似金。逢人且说三分话,未可全抛一片心。有意栽花花不发,无心插柳柳成荫。画虎画皮难画骨,知人知面不知心。长江后浪推前浪,世上新人赶旧人。近水楼台先得月,向阳花木早逢春。莫道君行早,更有早行人。莫信直中直,须防仁不仁。山中有直树,世上无直人。贫居闹市无人问,富在深山有远亲。谁人背后无人说,哪个人前不说人。一年之计在于春,一日之计在于晨,一家之计在于和,一生之计在于勤。以责人之心责己,以恕己之心恕人。宁可人负我,切莫我负人。再三须慎意,第一莫欺心。平生莫做皱眉事,世上应无切齿人。宁可正而不足,不可邪而有余。宁可信其有,不可信其无。水至清则无鱼,人至察则无徒。知足常足,终身不辱;知止常止,终身不耻。差之毫厘,失之千里。若登高必自卑,若涉远必自迩。三思而行,再思可矣。使口不如自走,求人不如求己。宁向直中取,不可曲中求。人无远虑,必有近忧。成事莫说,覆水难收。是非只为多开口,烦恼皆因强出头。忍得一时之气,免得百日之忧。忍一句,息一怒,饶一着,退一步。得宠思辱,安居虑危。好言难得,恶语易施。一言既出,驷马难追。道吾好者是吾贼,道吾恶者是吾师。三人同行,必有我师,择其善者而从之,其不善者而改之。少壮不努力,老大徒悲伤。人无千日好,花无百日红。屋漏更遭连夜雨,行船又遇打头风。笋因落箨方成竹,鱼为奔波始化龙。天上众星皆拱北,世间无水不朝东。君子安平,达人知命。忠言逆耳利于行,良药苦口利于病。顺天者存,逆天者亡。根深不怕风摇动,树正无愁月影斜。严于律己,宽以待人。己所不欲,勿施于人。海纳百川,有容乃大;壁立千仞,无欲则刚……这些古训很值得掼蛋爱好者们认真记取、融会贯通。从提升能力素质、强化战略素养、打好智慧掼蛋的角度看,以下古训尤为值得我们重点关注:

1. 学而不厌,诲人不倦。 学而不厌,是指勤奋学习从不满足;诲人不倦,是指教诲别人从不倦怠。学习而不觉满足,教诲别人而不知疲倦。语出《论语·述而》,孔子自谓也。这对中国教育思想的形成与发展产生了很大的影响,以至于在今天,我们仍在宣传孔子的这一教育学说。一要做到学有所思。学习本身就是寓思考于学习的过程,只学习不思考不仅没有收获,还可能会模糊已掌握的知识,"学而不思则罔"就是这个道理。学习的过程中,最重要的一点就是要思考如何融会贯通。多琢磨组牌技巧,悟出合理配置牌力资源的规律;多研究战略战术,把握牌型特点和牌势变化;多思考控制与反控制的方法,培养打牌时的洞察力。掼蛋过程中需要对已掌握的技能、知识进行不断反思提炼,不断生成新感悟,只有这样,实战时才能扬长避短、把脉开方,最后举一反三、触类旁通、一通百通、一了百了。二要做到学以致用。荀子曾说过:"知之而不行,虽敦必困。"我们学习的根本目的是解决掼蛋实战中遇到的战略问题、技术问题、套路问题,用理论指导实践,就要善于把掼蛋原理变成实战能力,做到知行合一。反过来，在掼蛋实战中得到的经验，也要用来重新丰富自己的理论知识。前人总结经验而形成的理论知识，随着形势的不断变化发展，不一定能完全适用当前的牌局，或者会有没涉及的新情况出现，导致理论和实战的对接出现偏差，两者难以统一，这时候就要靠掼蛋选手从实战经验中进行总结和思考，学到新的知识、认识新的规律。所以既要将学习的知识运用到掼蛋实战中去，也要将掼蛋实战中检验出的新情况、新经验填补到掼蛋理论中去，优化知识结构，提升实战能力。在掼蛋中学习，在学习中掼蛋，做到学以致用、用以促学、学用相长。三要做到学贵有恒。晚清名臣曾国藩小的时候并不聪明，一天晚上，他在家里读书，有一篇文章他重复读了很多遍，可就是背不下来。他就一遍一遍地读，一遍一遍地背。结果急坏了来他家偷东西的贼，那贼忍不住跳出来对他说："就你这么笨还读什么书？我听几遍就会背了！"说完从头到尾背诵了一遍，扬长而去。就是这样差的资质，做出一番大作为，最后被誉为"立德立功立言三不朽"，凭的正是一遍遍苦读的坚韧毅力。有的记牌方法虽然比较科学，但记忆起来并不是一帆风顺、一蹴而就的事。路漫漫其修远兮，学习掼蛋技艺、掌握掼蛋技巧、熟练记牌、合理出牌，不是朝夕之功，不可能一蹴而就，也不可能一劳永逸。学贵有恒，不仅要有恒心，还要非常专注，孜孜不倦地学，持之以恒地学，把学习作为提高掼蛋技艺的重要阶梯，把知识作为增强牌手素质的内在动力，通过学习，获得新知，增长才干，最后方能腹有诗书气自华。

2. 人无远虑，必有近忧。《论语·卫灵公》载："子曰：'人无远虑，必有近忧。'"其意为人如果没有长远的谋划，就会有即将到来的忧患。逻辑上的含义是，人之所以有今日之忧，是因为以前没有考虑得长远。也可理解为，人一直没有长远的考虑，那忧患一定近在眼前。三国时期，曹操出兵 40 万攻打东吴。东吴孙权召集文武百官研究对策，大将吕蒙建议在濡须口修筑船坞，孙权称赞道："人无远虑，必有近忧，吕蒙有远见。"于是连夜修建。等魏军到时，船坞已修好，魏军在这一战中损失惨重。我们都学过历史，我们都很明白世界文明、文化的发展过程。15世纪的欧洲文艺复兴时期，涌现出许多巨星。至少有三组令我们今天仍然激动不已。他们都是恒星，不仅光照当代，而且流芳百世。第一组是文学家，包括把文艺复兴推向最高峰的莎士比亚，文艺复兴的发起者《神曲》的作者但丁，《巨人传》的作者拉伯雷，《堂吉诃德》的作者塞万提斯。我们还没有完全摆脱文坛巨星光芒的笼罩，便被前方的美术巨星刺得难以睁目，三颗金星像猎户座的金腰带一样整齐地排列在一起。他们就是第二组美术家达·芬奇、拉斐尔、米开朗琪罗，后世把这三者分别比喻为深沉的大海、无垠的草原和巍峨的高山。第三组在"美术三杰"的前方，他们是哥白尼、布鲁诺和伽利略。他们的光辉仿佛被掩盖了数百年，现在正在向外展露，而且越来越亮！因为他们在不同的领域和莎士比亚、达·芬奇取得了相同的成就，却得到了世人完全相反的待遇，直到现在他们的光辉才异常明亮，甚至会更加明亮。他们都是伟人，他们在人类文明发展的重要阶段，创造出惊世之作，展现出强烈的人文精神。这些大师们有一个共同点，就是思想深刻、目光深远。要成为掼蛋大师，要提高掼蛋技艺，必定也要做到思想深刻、目光深远。

3. 见义勇为，当仁不让。 见义勇为是一种明心见性的行为。见到义、勇而为之。义，比小我更高尚的真善美；勇，从头到脚有坚硬盔甲的虫在充满力气推动下的行为。所以，见义勇为的核心有两个：所见到的，是比小我更高尚的真善美；所为，是在自己有足够坚硬的保护措施下执行的行为。如果我们有能力处理，那已有勇；如果我们能力不够，就拿出勇气面对自己的不足，修补它，也是勇，知耻近乎勇。但如果我们不愿意面对自己的怯懦或漏洞，那我们则无法处理我们有可能面临的危险；再进一步的话，如果我们都不能勇敢制止"不义之举"，则我们便是"不义"本身的帮凶，是在给自己制造危机。当仁不让，原指以仁为任，无所谦让。后指遇到应该做的事就积极主动去做，不推让。"仁"，可以说是儒家学说的核心。有一次，孔子的学生子张问孔子："究竟何谓'仁'？"孔子回答说："做到恭、宽、信、敏、惠五点即可。"子张又问："怎样做到恭、宽、信、敏、惠呢?"孔子解释说:"没有放肆之心叫恭;没有狭窄之心叫宽;没有欺诈之心叫信;没有怠情之心叫敏;没有苛刻之心叫惠。一个人如果没有仁德,就不能称之为人了。如果一个人承担了'仁'的事,就要勇往直前地去做,不可有半点的谦让之心。即使老师在面前,也不必同他谦让(当仁,不让于师)。"这些朴素的道理,值得掼蛋爱好者认真记取、灵活运用。

4. 己所不欲,勿施于人。《论语·卫灵公》载:"子贡问曰:'有一言,而可以终身行者乎?'子曰:'其恕乎!己所不欲,勿施于人。'"自己不愿意的,不要强加给别人。所谓"己所不欲,勿施于人",字面上的意思就是自己不喜欢做的事情,也不要勉强别人去做。推而广之,还有其他意思,比如,用自己的心推及别人的心;自己希望怎样生活,就应该理解别人也会希望怎样生活;自己不愿意别人怎样对待自己,就不要那样对待别人;自己不希望在社会上受阻,那就也不要去为难别人。总之,从自己的内心出发,理解他人,宽容地对待他人。它和我们常说的将心比心、设身处地为别人想一想等,都是一个意思。掼蛋爱好者应当知道,"己所不欲,勿施于人"是儒家思想的精华,也是中华民族根深蒂固的信条,以己之心推度他人之心,成己成物,成人之美,不仅不把自己所厌恶的、所不愿意承受的事情,强加给别人;从另外一层意义上讲,也包括"己所欲,勿强于人"的意思。也就是说,自己喜欢的、想要追求的东西,也不要强加于人。每一个人都是色彩特点不同的独立个体,都有自己与众不同的思维方式和生活处事方式,因此,不可能把自己的喜好和想法克隆到别人的大脑中。对掼蛋选手而言,充分尊重他人的意见,是相当必要的,也是十分重要的。

5. 生于忧患,死于安乐。"生于忧患,死于安乐",是中国流传千年的至理名言,出自战国时期孟子的《孟子·告子下》。其意是指,恶劣的环境可以激起人的忧患意识,使之为改变现状、生存发展而积极奋发,最终能得以发展,强大起来;安逸的环境容易消磨人的意志,易使人堕落,最终在安乐的环境中灭亡,温水煮青蛙就是这个道理。孟子认为人只有在逆境中奋斗,才能激发出强烈的进取精神。人只有在忧患中才能生存,贪图安乐就必然会导致灭亡。《孟子·告子下》中论述道:"舜发于畎亩之中,傅说举于版筑之间,胶鬲举于鱼盐之中,管夷吾举于士,孙叔敖举于海,百里奚举于市。故天将降大任于斯人也,必先苦其心志,劳其筋骨,饿其体肤,空乏其身,行拂乱其所为,所以动心忍性,曾益其所不能。人恒过,然后能改;困于心,衡于虑,而后作;征于色,发于声,而后喻。入则无法家拂士,出则无敌国外患者,国恒亡。然后知生于忧患,而死于安乐也。"这段话不但立论高远,见解卓越,道常人所不能道,而且论证明晰,逻辑严谨,有不容置辩的说服力。该短文善用排比,层层深入进行论证,形成压倒一切的逼人气势,在艺术上也很值得称道。孟子在这篇不到二百字的短章中,围绕客观环境与个人和国家命运的关系,阐述了"生于忧患,死于安乐"的深刻道理。文中说,一个人要成就大事,一定要经历许多艰难困苦的磨炼,只有经历艰难困苦,经风雨,见世面,才能锻炼意志,增长才干,担当大任。安逸享乐,在温室里成长,则不能养成克服困难、摆脱逆境的能力,会在困难面前束手无策,遇挫折、逆境则消沉绝望,往往导致灭亡。所以他得出结论:"生于忧患而死于安乐。"忧患可以使人发奋,安乐可以松懈斗志;逆境中求生,顺境中灭亡,这就是人生的辩证法,这就是生活的哲理。这也是孟子作为孔子之后又一个儒学大师所提出的体现儒家奋发有为、积极入世思想的著名论断。每一名掼蛋爱好者尤其是优秀的掼蛋选手,都应当牢记生于忧患、死于安乐的古训,明白未雨绸缪、居安思危的道理,珍惜每一张牌,打好每一手牌。

6. 小不忍,则乱大谋。《论语·卫灵公》载:"巧言乱德,小不忍则乱大谋。"朱熹《论语集注》曰:"小不忍,如妇人之仁、匹夫之勇皆是。妇人之仁,不能忍爱;匹夫之勇,不能忍暴……则败大事。"小不忍则乱大谋,是指在小事情上不能忍耐,就会打乱大的计谋。其核心就是一个"忍"字。"忍"是"心"字头上一把刀,遇事能忍祸自消。掼蛋中,忍得一局之气,免却百局之忧。忍受,虽然看起来似乎是个没出息的动词，但是勇敢者的行为，是打好掼蛋的众妙法门。小忿要忍。苏轼《留侯论》中提到"忍小忿而就大谋"。要忍辱负重，志存高远。张良若忍不得圯上老人"落鞋履我"的试探，何来敌万人之兵法？黄石公略，得见天日，成就天下第一谋士的英名。韩信若受不得胯下之辱，哪能封侯列赏成就伟业？韩信将兵，多多益善，也就成为一句空话。大忿尤其要忍。忍得一时匹夫之勇，以免莽撞闯祸而坏事。越王勾践若忍不得会稽之耻，怎能卧薪尝胆兴越灭吴？君子报仇，十年不晚，守得云开见月明。司马迁若不能忍受宫刑苟活乱世潜心著述，哪来史家之绝唱无韵之《离骚》？哪能究天人之际通古今之变成一家之言？联语云："为人所不能为，是丈夫事业；忍人所不能忍，是圣贤修养。"说的极是。忍受苦难耐得煎熬。艰难困苦，玉汝于成。得忍且忍，得耐且耐，不忍不耐，大事难成。苏武北海牧羊整整十九年，富贵不能淫，贫贱不能移，威武不能屈，就像林则徐"苟利国家生死以，岂因祸福趋避之"，一心向汉，何曾事敌？忍耐是集中起来的毅力。泰戈尔在《沉船》里写道："我们既然要活着做人，就必须迁就我们所处的环境，凡事忍耐些。"好一个"忍"字了得，那是绝顶功夫！忍得寂寞，成就学业。十年寒窗无人问，一举成名天下知。试想，若没有寒窗苦读，哪来天下成名？所以，笔者才反复强调，忍让、低调、示弱是掼蛋选手的最高境界。

7. 合抱之木，生于毫末。 老子《道德经》第六十四章曰："合抱之木，生于毫末；九层之台，起于累土；千里之行，始于足下。"春秋时期，道家学派创始人老子根据事物的发展规律提出谨小慎微和慎终如始的主张。他认为，处理问题要在它尚未发生以前就着手，治国理政要在祸乱没有产生以前就早做准备。为此，他打了三个比方："合抱之木，生于毫末；九层之台，起于累土；千里之行，始于足下。"合抱是指两臂围拢，形容树木粗大；毫末是指幼苗，比喻细小。意思是说，合抱的大树由细小的幼苗长成，九层的高台由一筐一筐的泥土砌成，千里远的行程须从脚下开始。形象地论证了大事都是由小事逐渐发展演变而来的道理。老子"大生于小"的思想对战国儒家代表人物荀子产生了影响。在《荀子·劝学篇》中，荀子提出了"积土成山""积水成渊""不积跬步，无以至千里；不积小流，无以成江海"等观点。但与老子不同的是，荀子据此得出了"锲而不舍，金石可镂"的积极进取的主张，与老子顺应自然的"无为"和"无执"思想大异其趣。相同的前提却得出了截然不同的结论，这反映了儒、道之间既相互取益又相互抵牾的复杂关系。掼蛋比赛也是一样，积小胜方能至大胜，聚小优方能成大优，走小步不停步方能迈大步。掼蛋爱好者特别是优秀的掼蛋选手应当牢记"合抱之木，生于毫末；九层之台，起于累土；千里之行，始于足下"的古训。

8. 锲而不舍，金石可镂。《荀子·劝学》中说："锲而舍之，朽木不折；锲而不舍，金石可镂。"本意为：只要坚持不停地用刀刻，金属和石头也可以雕成花饰。引申义为：只要坚持不懈地努力，即使再难的事情也可以做到。这句话也就是说，无论治学、办事，一定要有"锲而不舍"的精神，不能半途而废。如果半途而废，即使是一块朽木，你也刻不动它；然而只要你一直刻下去不放弃，哪怕是金属、石头，都能雕刻成功。锲而不舍是一种精神，这种精神值得牌手去学习和弘扬。在很多文人笔下，我们可以看到，锲而不舍这种精神是多么的伟大。例如："夸父逐日"这一则故事使我们感悟到夸父锲而不舍的精神，他坚持不懈，努力追求自己的理想目标。我们也可以从臧克家的笔下看到闻一多先生锲而不舍的精神，他钻研古代典籍的恒心和毅力令人感动。掼蛋过程中需要的正是这种锲而不舍、金石可镂的精神。我们在掼蛋实战中推崇锲而不舍、坚持信念的上进精神，摒弃锲而舍之、始"乱"终"弃"的消极态度。

第二十五章 芈月与掼蛋

芈月是中国历史上首位被称为"太后"的女人,秦昭襄王的母亲。她大约生于公元前335年,卒于公元前265年,享年71岁。从2 300年前中国女政治家芈月的身上,我们能悟出许多掼蛋的道理、做人的道理。战国时期,芈月是楚威王最宠爱的小公主,但在楚威王死后,其生活一落千丈,母亲向氏被楚威后逐出宫,芈月和弟弟芈戎在宫中躲过了一次次灾难和危机。芈月与楚公子黄歇青梅竹马,真心相爱,但最后还是被楚威后作为嫡公主芈姝的媵侍远嫁秦国。芈姝当上了秦国的王后,芈月成为宠妃。原本的姐妹之情在芈月生下儿子嬴稷以后渐渐产生裂痕,芈姝处处防范打压芈月,而芈月因其对政治的敏感和天分得到秦惠文王嬴驷的欣赏。诸子争位,嬴驷抱憾而亡。芈月和儿子嬴稷被发配到遥远的燕国。不料芈姝之子秦武王嬴荡举鼎而亡,秦国陷入内乱。芈月奉秦惠文王嬴驷遗诏回到秦国平定内乱。儿子嬴稷登基为王,史称秦昭襄王。芈月当上了史上第一个太后,史称宣太后。芈月身后40年,她的曾孙嬴政灭掉六国、统一天下,成为中国第一位皇帝"秦始皇"。

启示之一:掼蛋选手要像芈月那样严以修身。芈月之所以能够成功,与其严以修身是分不开的。芈月从小就注重修身,品性善良,因为其自身的修养而获得众人的赏识,也因为其自身的修养而教出了同样优秀的儿子,成就了一代贤王,她无疑做到了"正心、修身、齐家、治国、平天下"。《礼记》曰:"正心修身齐家,治国平天下。"心正而后身修,身修而后家齐,家齐而后国治,国治而后天下平。欲平天下者，先治其国；欲治其国者，先齐其家；欲齐其家者，先修其身；欲修其身者，先正其心。芈月与她的子孙之所以能够灭六国、平天下，与其心正、身修有着莫大的关系。掼蛋选手自我要求必须就高，自我约束必须从严，情绪控制必须到位。很难想象，一个情绪暴躁、心神不宁、刚愎自用、自以为是的人会成为一名优秀的掼蛋选手。牌技要想力压他人，修养必然好于常人。严以修身，是掼蛋爱好者成为高手的必由之路。

启示之二：掼蛋选手要像芈月那样举重若轻。从做官与用权的角度看，芈月掌权后很会用权，得势后很会守势。她知道"**小官大做**"与"**大官小做**"，"**冷官热做**"与"**热官冷做**"，"**闲官忙做**"与"**忙官闲做**"的辩证关系。首先，咱们来看"**小官大做**"与"**大官小做**"。《芈月传》中涉及芈月一生的三段爱情都与她得势、用权有关：春申君"黄歇"、秦惠文王"嬴驷"和义渠王"翟骊"。这三个男人在芈月一生中的位置十分重要，与芈月成事创业的平台有直接关系，或者说，这三个男人都直接或间接地给芈月提供了施展才华、大展宏图的平台。在一个男权社会里，芈月用权靠的就是这三个男人。不论做官还是用权，都需要一个可靠稳定的平台，都需要值得依赖的同伴与帮手。掼蛋是集体项目，团队利益最大化是竞技目标，牌力不强就助攻，牌力很强就主攻，设身处地为同伴，身先士卒勇担当。其次，咱们来看"**冷官热做**"与"**热官冷做**"。官位太小，或者无所事事的时候，就热心公益、乐于助人。芈月最初救了楚国南后郑袖一次，后来芈月被诬陷盗取夜明珠之罪时，郑袖鼎力相助。与魏美人的相识相交，也让芈月在最危难的时候得以生存下去。勿以善小而不为，曾经无意留下的善举，最终会帮你。这些经历对芈月掌权后严以用权产生了深刻的影响。身处高位，权倾天下，也要冷却自己的心态，以平和、冷静的心态为官用权、发号施令。掼蛋也是如此，手握一副好牌，俨然成为获得上游的热门人选，却也要冷却自己的心态，以平和、冷静的心态出牌，切忌头脑发热、利令智昏、随手出牌、朝不虑夕。再次，咱们来看"**闲官忙做**"与"**忙官闲做**"。人微言轻，官职低下,也不要自暴自弃、饱食终日,而要像芈月那样,做一些有意义的事情。比如,芈月在平府替芈姝整理陪嫁书卷时,发现一部废弃的《孙子兵法》,从馆丞口中得知此书不同寻常的来历,她十分惊喜,便主动帮助整理破损的竹简,自己收获很大。成为太后,权力大了,工作忙了,她就抓大放小,国家大事亲自决断,一般事务交给他人处理,早期依靠张仪、樗里子(即樗里疾)乃至苏秦的智慧,后期倚仗魏冉、白起的才能。芈月善于用人之长、补己之短。白起在秦昭王时征战六国,曾在伊阙之战大破魏韩联军,攻陷楚国国都郢,长平之战重创赵国主力,功勋赫赫,为秦国统一六国做出了巨大贡献。白起是中国历史上自孙武、吴起之后又一个杰出的军事家,与廉颇、李牧、王翦并称为"战国四大名将",并位列其首。

启示之三:掼蛋选手要像芈月那样眼界开阔。芈月律己严、教子严,有着开阔的眼界和博大的胸襟。嬴荡和嬴稷是同父异母的兄弟。这时候,他俩长大成为什么样的人,关键因素就在于各自的娘怎么教。芈月和芈姝的眼界格局不同,一个心怀天下,一个沉溺于后宫琐事。芈月在楚国拜屈原为师,到了秦国则博览群书,到四方馆听各方游士辩论,帮秦王整理书简,出谋划策;而芈姝见秦王时还只停留在关心生活琐事。长此以往,两人的差距越来越远。子学母样,嬴荡随母亲养尊处优,缺乏学习能力和创新思维,没有开阔的眼界和胸襟。而嬴稷随芈月,勤奋好学,不耻下问,长此以往,聚沙成塔,把一个一个小的优势变成巨大的整体优势,最终具有了开创思维和超强能力,也具备了一国之君的崇高境界。我们看看教育成果对比——芈月之子嬴稷即秦昭襄王,为秦国在位时间最长的国君之一。昭襄王时代为秦统一六国奠定了基础,是秦国最重要的决胜时代。昭襄王成就卓著的背后,与其母亲芈月的教子有方息息相关。芈姝之子——秦武王嬴荡只在位了3年,这个国君勇武好战但智商不高,最终当周下子的面举鼎而亡。实践证明,母亲律己严,以榜样的力量影响到儿子律己也严;母亲律己不严,以负面的形象影响到儿子律己不严。历史的教训极为深刻。芈月的经历告诉我们,一个国家的兴衰,往往掌握在一个母亲的手中；一个民族的较量，往往是母亲的较量。推动摇篮的手，也是推动世界的手；国民的命运，与其说是操在掌权者手中，不如说是掌握在母亲手中。母亲教育之伟大，绝不是一句空话，《芈月传》更是活生生的例子。掼蛋也是一样，牌手必须有开阔的视野、博大的胸襟，才能成为优秀的掼蛋选手。

启示之四：掼蛋选手要像芈月那样深谋远虑。芈月的深谋远虑、深思熟虑，给我们留下了深刻的印象，其思想启蒙者是《孙子兵法》。"书籍是人类进步的阶梯"，即便是倾国倾城的芈月，在那个女子无才便是德的朝代也会研读书目。比如，芈月捡回来的破烂书卷《孙子兵法》成为她日后掌权、谋事的宝典。孙武所著《孙子兵法》一书，是我国现存最早的古代军事名著。芈月钟情学习《孙子兵法》的情节，就是该时期宫廷代表人物将《孙子兵法》灵活运用于内部斗争并取得胜利的生动范例。芈月是一个宫廷王族女子，《芈月传》剧中曾多处讲到她苦读《孙子兵法》，宫中有人曾很不耐烦地说道："芈月除了看书还是看书，看来看去，还不是看那本兵书吗？"她之所以如此看重《孙子兵法》，全在于她为了应对来自多方面的残酷"斗争"。她一字一句地读了这样一段话："兵者，国之大事也。死生之地，存亡之道，不可不察也。"另一段话对芈月影响更大："夫兵形象水，水之形，避高而趋下；兵之形，避实而击虚。水因地而制流，兵因敌而制胜。故兵无常势，水无常形；能因敌变化而取胜者，谓之神。"芈月是宫中女子，并非兵家之人，但她能将《孙子兵法》活学活用，实属难能可贵。作为掼蛋运动的爱好者，应该像芈月那样深谋远虑，只有这样，才能成为一名优秀的掼蛋选手。

启示之五：掼蛋选手要像芈月那样兢兢业业。芈月一生都在创业，最终创造了千秋霸业。芈月是秦始皇的高祖母，从命运坎坷的楚国庶出公主到称霸六国的大秦"铁血太后"，执掌秦国国政41年。芈月这位秦宣太后，命运坎坷，年轻守寡，在儿子秦昭襄王即位之初以太后之位主政，她坚持改革，让秦国走出内乱，把弱秦变成强秦。芈月去世40多年后，秦始皇得以一统天下。如果没有秦宣太后芈月，也许就没有后来秦国的统一霸业。在《芈月传》中,芈月是联合自己的情夫义渠君,将儿子嬴稷推上王位的。而在真实的历史中,芈月则是联合燕赵两国,并借助弟弟魏冉之力,将自己远在燕国的儿子迎立为秦王,可见她的政治手腕之强。因为秦昭襄王年少,无法处理国家大事,便由其母芈月主政,以魏冉为将军,以樗里子为相,控制了秦国的军政大权。秦昭王二年(公元前305),宣太后、魏冉尽诛公子壮、昭王异母兄弟及大臣,逐武王后回魏国,平定内乱,宣太后威震天下。此后,宣太后设计灭亡了秦国的西部大患义渠,使秦国可以一心东向,再无后顾之忧,这一功劳不逊于张仪、司马错攻取巴蜀。宣太后掌权的41年间,强化中央集权,实行远交近攻,离间六国合纵,重创六国军事力量,兴修都江堰水利工程,开创巴蜀汉中天府之国……秦国疆域不断扩张,为后来的秦王嬴政统一六国,奠定了政治、经济、军事上的雄厚基础。特别是对赵国发动的长平之战,大大消耗了赵国的国力,为秦统一六国奠定了良好的基础。其间,芈月之子秦昭襄王18岁即位,在位56年。这一记录直到清代的康熙(在位61年)、乾隆(在位63年)出现才被打破。秦昭襄王在位时间是秦历代君王中最长的,在最后七位秦君王中,他统治的时间超过了前任的孝公、惠文王、武王的总和,也超过了后面的孝文王、庄襄王和秦始皇的总和。

启示之六:掼蛋选手要像芈月那样虚怀若谷。芈月居于高位,却能够虚心听取大家的意见。用她自己的话说,既不墨守成规,也不怀挟偏见。秦王留下韩蜀之争的论题,让嬴稷和嬴荡对攻韩或伐蜀各抒己见。芈月的做法是:带嬴稷去四方馆,听各方策士的辩论,让嬴稷自己辨别各自的利弊。芈月的淡定从容令人印象深刻。母子流落燕国苦难之地,觐见燕王时,尽管寒意袭人,但芈月"端然而立,仪态丝毫不乱";嬴稷见母亲如此,也忍着寒冷"昂首前行"。即使有侍女送上暖手炉,他也礼貌拒绝,因为"不敢在君前失仪"。正因为虚怀若谷,才能以德报怨。芈月陪儿子嬴稷流落燕国为质,穷困潦倒,前途未卜。但芈月不记仇、不泄气,一边为嬴稷讲述重耳异国为人质

20 年终成一代霸主的励志故事，一边结交市井义士，关注民生，并引用《老子》名言教育嬴稷："江海所以能为百谷王者，以其善下之，故能为百谷王。"嬴稷成为秦昭王，唯我独尊，欲望膨胀。芈月适时泼上冷水，让昭王跪在门前反省："惠后没有用笼头勒住王位上的野马，最终葬送了一切，我不能让公子稷的心也跟着膨胀。"

启示之七：掼蛋选手要像芈月那样勤学善思。 中国历史上的第一个太后芈月，之所以在波澜壮阔的一生中建立了不世的功勋，是因为她好学、善思。芈月善于学习商鞅、屈原等人的思想。商鞅通过变法使秦国强大起来。芈月善于学习和借鉴商鞅变法的主要内容：重农抑商、奖励耕织；废除世卿世禄、奖励军功；废井田、开阡陌；废分封、行县制；统一度量衡、推行秦律等。芈月时期，商鞅虽死、其法不灭，改革一直被沿用，帮助秦国逐渐强大起来，为后来秦统一六国奠定了坚实的基础。屈原早年受楚怀王信任，官至左徒、三闾大夫，兼管内政外交大事。后遭贵族排挤、诽谤而被流放，公元前 278 年，秦将白起攻破楚都郢，屈原悲愤交加，自沉于汨罗江，后人设立端午节来纪念他。芈月对屈原的观点也注意吸收，为秦所用。要把培养掼蛋选手的"批判性思考能力"作为首要目标。批判性思考是运用某种标准，对事物性质或某种观点进行评价的过程。批判性思考是理性判断、反思思维，决定"相信什么"或"怎样付诸行动"。批判性思考实质上就是一种"评价性思考"。批判、评价的结果，可以是肯定的，也可以是否定的；可以接受，也可以拒绝，或者是居于两个极端之间。掼蛋实践中的批判性思考能力就是一种明辨是非的能力。批判性思考比创新思考更加重要，因为只有批判性思考，才能防止将可疑的想法转变成不明智的行为。

启示之八：掼蛋选手要像芈月那样权宜应变。 芈月长达 41 年的执政生涯刚开始时，秦国内忧外患，芈月和樗里子等众臣商讨国事，有的人认为应当先对付秦国内部诸公子叛乱，再对付五国强敌，而芈月却认为应当先对付五国的使者，再腾出手来对付诸公子内乱。芈月召五国使臣入咸阳，樗里子禀道："敢问太后是一齐召见，还是先后召见?"芈月道:"自然是逐个击破、先易后难了。"芈月以一人之力,与五国使臣交涉。樗里子认为,列国使者皆代表其一国之君,这些人不是上将,便是谋臣,于列国纵横之间,早已经练得周身是刀,善于鼓惑君王、煽动人心,顷刻言语胜过千军万马。非极智慧刚毅之君王,不能抵谋臣之鼓惑,轻则丧权,重则辱国。而太后一介妇人,又如何能够面对这五国使臣的算计摆布?芈月先宣燕国使臣苏秦,后宣楚国使臣靳尚,再宣魏国使臣魏无忌,一家一家地割地赔款,然后五国相继退兵。众臣不解,芈月引用了《老子》的话:"将欲夺之,必固予之;将欲灭之,必先学之。"许多年后,芈月果然一家一家夺回了失地。变通就是以变化自己为途径通向成功。你改变不了过去,但你可以改变现在;你改变不了对手,但你可以改变自己。变通是天地间最大的智慧,是才能中的才能、智慧中的智慧。水随器而方圆,人随水则变通。一个牌手在掼蛋中如果像水一样随着客观情况的变化而变化,张弛有度,攻防有序,进退有节,拿捏得当,那么,他就将俯仰自如于牌场、得心应手于牌局。一切都在变——天在变,地在变,道在变,命运亦在变,贵与贱、贫与富、穷与达、疏与堵等每时每刻都在变化。没有人生下来就会掼蛋,没有人刚学会掼蛋就成为高手,没有人一上桌就是常胜将军,没有人一打牌就会保持不败。决定胜负走向、优劣互换、竞争态势的重要因素之一,就是你懂不懂变通,肯不肯变通,会不会变通,愿不愿变通。正如《易经》所说:"穷则变,变则通。"这里的"穷"是困窘的意思。上帝向你关上一道门,就会在别处给你打开一扇窗。一旦我们改变了传统的思维方式、落后的出牌习惯,我们就会寻找到上帝打开的那一扇窗户,我们也就会走进掼蛋大师的殿堂。

启示之九:掼蛋选手要像芈月那样敢于亮剑。《芈月传》最动人之处,就如芈月所言:我虽出身王族,却一直被踩在脚下,一无所有,我不墨守成规,也不怀挟偏见,我既能一掷决生死,又能一笑泯恩仇……从这段话里我们看到了一个独立的人格,一个不依附男权、不畏惧人言的人格。这种敢于亮剑、勇于担当的人格是超越时代的,这才是芈月最令人敬佩之处。大概正是因为有这样的气魄，在流放燕国的情况下，芈月想办法让自己的儿子当上了秦王，之后又陪伴儿子励精图治 41 年。她的视野没有局限于居家度日、安享天伦，而是兼并六国，使四海一统、天下奉秦。或许正是因为有这样的抱负，芈月才一次又一次转危为安，化险为夷，逢凶化吉，遇难呈祥。她的梦想，在她死后 44 年由秦国子孙实现。可以说，秦宣太后芈月，既有大局意识和政治眼光，也有雄才大略和雷霆手段，使后世的女性政治家吕后、武则天、刘娥、慈禧都望尘莫及。在掼蛋实战中，敢于亮剑、果断亮剑、迅速亮剑、有效亮剑，都是对牌手能力、水平、气质、魄力的综合考验。

第二十六章　风起于青苹之末

战国时期宋玉的《风赋》写道:"夫风生于地,起于青苹之末;侵淫溪谷,盛怒于土囊之口;缘太山之阿,舞于松柏之下。飘忽淜滂,激飏熛怒。耾耾雷声,回穴错迕,蹶石伐木,梢杀林莽。"风起于青苹之末,止于林莽之间。这启迪我们:在事物尚处于萌芽之时,就能认清它的本质特征,预见它的发展方向,引导它走向正确的道路。对于掼蛋而言,出牌之前就能了然于胸,是上兵;开局阶段就能预判走势,是高手;刚一交手便知对手深浅,是大师;短兵相接就知牌情虚实,是掼神。

风起于青苹之末,提点掼蛋选手要防微杜渐。何谓"防微杜渐"?即谨防打牌中的细小恶习,以免招致兵败与祸患。积土成山,积水成渊,积善成德,积恶成魔。千里之行,始于足下;千里之堤,溃于蚁穴。所以"防微杜渐",尤为重要。欧阳修说过:祸患常积于忽微。精辟论断,令人深思。"忽微"并不可怕,可怕的是"忽微常积"。能否化小为无,则取决于自己对"忽微"的态度了。如果不注意自己技术战术、出牌方式、语言动作方面的"忽微",长此以往,又怎能不导致牌局被动、形势逆转、全盘皆输的结局呢?勿以恶小而为之,勿以善小而不为。要戒恶修善,不能以其小而等闲视之或以其微而置若罔闻。平时,我们就必须防微杜渐。可以想见,假如我们每一名掼蛋爱好者、每一位掼蛋高手都能做到"见善修然,必以自存;见不善愀然,必以自省也",那么,掼蛋实战中"富贵不能淫,贫贱不能移,威武不能屈"的牌手将会越来越多。

风起于青苹之末，警醒掼蛋选手要未雨绸缪。 能够在事物尚处于"青萍之末"时就未雨绸缪、高瞻远瞩，充分预见发展方向，及时采取正确措施，才是谋牌之基、出牌之要、赢牌之道。能够在一局牌尚处于萌芽之时，就能认清它的本质、预见它的走势、洞悉它的内涵，必须具备慧眼、恒心与睿智。诚如孔子所说：仁者不忧，知者不惑，勇者不惧。当然，未雨绸缪既非草木皆兵、神经过敏，也非庸人自扰、杞人忧天。未雨绸缪，蕴含着洞察未来的远见卓识，积极主动的处世态度，高瞻远瞩的开阔视野；未雨绸缪，未必能看清一手牌、一副牌、一局牌的治乱存亡，却能够看淡牌场的吉凶祸福；未雨绸缪未必能看准牌运的起承转合，却能够看开牌势的高低起落。未雨绸缪，才有可能把出牌的风险解决在萌芽状态，把出牌的主动权把握在可控范围之内，把自己与同伴的情绪引导至正常水平，不致因失序酿成大祸，因失察铸成大错，因失范养成大患。这难道不值得我们每一名掼蛋爱好者尤其是优秀的掼蛋选手深刻反思、自觉警醒吗？

风起于青苹之末，明示掼蛋选手要居安思危。 《左传》曰："居安思危，思则有备，有备无患。"《周易》曰："君子安而不忘危，存而不忘亡，治而不忘乱。"在掼蛋的过程中，牌好的时候要想到背运的时刻，胜利的时候要想到失利的教训，顺手的时候要想到逆转的危险。大至国家民族，小至掼蛋选手，在安乐顺利的时候，要有应付危难局势的思想准备，预先采取应对之策，这样才可以处变不惊、化险为夷。人间冷暖，世态炎凉，一切事物都处于不断变化之中。互相对立的两极，如安与危，存与亡，治与乱，祸与福，得与失，富贵与贫贱，成功与失败……既相互对立，又互相转化。正如老子所说："祸兮，福之所倚；福兮，祸之所伏。"祸倚傍在福里面，福潜伏在祸之中，祸福相倚相成，在一定条件下，可以互相转化。老子以超人的智慧审视社会和人生，看到了一切对立的事物可以互相转化，教导人们虚静自守，化难为易，转危为安。风起于青苹之末，告诫掼蛋爱好者要认识事物发展的辩证法，看到事物的两面性和变化的可能性，争取事物向好的方面转化，防止事物向坏的方面转化。面对"风起于青苹之末"的古训，每一名掼蛋选手理应有居安思危的自觉和化险为夷的定力。

每读宋玉的《风赋》，都为"风起于青苹之末"所警醒。只要广大掼蛋爱好者增强责任意识、忧患意识、大局意识、担当意识，见微知著，防微杜渐，未雨绸缪，登高望远，就能够不断增强掼蛋的前瞻性、谋牌的主动性、配合的积极性和争胜的自觉性，就能够使自己成为一名高尚的牌手，一名纯粹的牌手，一名有道德的牌手，一名有修行的牌手，一名有境界的牌手。

第二十七章 掼蛋中的六大关系

笔者的老领导张卫东同志 2014 年 7 月创造性地提出，价格工作要正确处理"六个关系"：一是在工作职能上处理好放与管的关系；二是在工作思路上处理好保与反的关系；三是在改革步骤上处理好破与立的关系；四是在工作重点上处理好进与退的关系；五是在工作方法上处理好点与面的关系；六是在工作手段上处理好惩与防的关系。笔者的理解是，引申到掼蛋实践中，也要正确处理"六个关系"：一是在指导思想上处理好放与管的关系；二是在出牌思路上处理好保与反的关系；三是在攻防步骤上处理好破与立的关系；四是在配合策略上处理好进与退的关系；五是在战术宗旨上处理好奇与正的关系；六是在战略意图上处理好攻与防的关系。

一是在指导思想上处理好放与管的关系。从掼蛋角度看，"放"，就是要以无为之举达成有为之志。该放手时就放手，放弃也是一种策略。不论是主攻还是助攻，出牌都要慎重，不该套牌就不用套，不该封牌就不用封，不该顺过就不用顺过，放过去也许就是对同伴最大的支持。抓了一手差牌，一张不出，牌型齐整，就是对同伴最大的支持和策应，因为你具备了随时策应同伴、接应同伴、为同伴送牌的条件，也具备了随时封住对手牌路的可能性和物质基础。"管"，就是要按照团队利益最大化的宗旨，顶住上家，控住下家，该管住的坚决管住，不该放过的坚决不放过。在掼蛋实践中，不能只放不管、一放了之，而要收放自如、管放有序。欲知"放"与"管"，应识"强"与"弱"。强与弱是指双方的牌力跟形势的对比而言，例如一方牌力强，或者占有主动权，或者具有一定优势，那么就强于对方。强与弱是一对相反相成的矛盾关系，它们之间不仅要看量的多少，还要看质的比较；强与弱是相对的，不是绝对的，在一定条件下是可以互相转化的。强与弱在掼蛋游戏中通常表现为优与劣，优势一方往往容易运用时间和空间来创造与利用战机攻击对方。但由于强弱的组合差异和程度不同，也可能在时间和空间上有不同的表现形式。一旦夺得优于对方的物质利益和时空利益，即应充分利用有利条件和时机，或运用诱招削弱敌防，或控局扩优争取让对方双下。处于相对劣势，应采取战略防御战术，保存有生力量，积极制造机会，或以攻为守力争主动，或渐削敌势减少级差，或搅乱局势以求突破。

二是在出牌思路上处理好保与反的关系。 从掼蛋角度看，"保"，就是要坚持上游是硬道理、团队利益最大化是硬任务、减少损失抑制劣势是硬约束的理念，保住应升的级数，打出最佳的配合，力保同伴获得主动、远离危险。"反"，就是要坚持把反对手的战略欺诈、战术欺骗、声东击西、诱招虚招，作为赢得主动、避免被动的重中之重，通过以"反"促"保"，严防误入对手埋伏、误中对手冷枪、误进对手圈套，始终把握战略方向、战术意图、攻防节奏、轻重缓急。总之，该保的力保，该反的必反，该帮的要帮，该冲的要冲。知"保"与"反"，就得识"静"与"动"。静与动是相互矛盾的两个方面，对立统一而又相反相成，在一定的条件下，静可以转化为动，动亦可转化为静。在掼蛋实战中，绝对的"静"或"动"是不存在的，应该"合于利而动，不合于利而止"，"动静不失其时"。静中寓动、动中寓静、动静互化、兼施并用，既以静制动，又以动制静，二者结合，缺一不可。"兵以静胜"，古代兵法强调的是以静制动，先静而后动，且静中有动，假如没有"动"，则"静"亦失去了意义。"动"即部署攻防的行动，"主动出击"可说是掼蛋实战中应遵循的作战原则之一，竞技掼蛋的本质就是竞争、进取，如只注重防守而不积极进取，虽不致速败，而很难速胜。"静"有两重含义，一是"静则不躁"，牌手冷静就能缜密地考虑问题准确做出判断，定奇计出奇谋；

二是"静则无形",不轻易暴露攻守意图,这样一来,对方则防守困难且不易找到可乘之机。掼蛋实战必以一系列的敌我消化进程而最终决定胜负,若无"静"积蓄力量控制局势,则很难有效地"动";而无"动"牵制对手则不能消耗和战胜对手。"一张一弛,文武之道",掼蛋爱好者应当深刻理解"静"与"动"的内涵,在实战中小心谨慎,不可轻"动"、盲"动"、乱"动",否则,动一动、把命送。但又不能把"静"看成保守的等待或单纯的观望而贻误战机、葬送好局。

三是在攻防步骤上处理好破与立的关系。 从掼蛋角度看,不破不立。在达成战略目标和战术意图的进程中,要坚持边破边立,破字当头,立在其中,努力做到"破"与"立"的统一。"破",就是要紧紧抓住牌力资源配置的"牛鼻子",敢于突破对手的束缚,打破牌型牌力的局限,积极稳妥地寻求主动权、增强前瞻性。"破",就要勇于突破对手的防线,敢于打乱对手的部署,把牌局引入己方的步调、导入己方的节奏。"立",就是要在"破"的同时,善于树立己方的强套、确立己方的优势牌型,于夹缝中求生存,于岩壁中开磐石,扶大厦之将倾,挽狂澜于既倒。"立"也包括掼蛋过程中立威、立信的策略,通过攻防转换、腾挪闪击,从心理上摧毁对手的意志,从根本上动摇对手的信心。欲知"破"与"立",必识"利"与"害"。掼蛋对垒的双方,无不是为利而战、为利而夺,抓战机乘隙取利,是每个掼蛋选手的共同愿望。而利与害总是紧密相连的,明智的牌手在采取行动之前都要考虑到利与害两个方面,在利思害、在害思利,"两利相权取其重,两害相衡趋其轻"。权衡利害时要从全局出发,多想、慎思、勿言,顺境时切勿贪小利而误全局,逆境时可以舍小利而诱敌。掼蛋中的利与害在一定条件下可以互相转化,趋利避害,化害为利,除了牌手主观努力之外,客观上也要积极创造各种转化的条件。

四是在配合策略上处理好进与退的关系。 从掼蛋角度看,应当坚持有进有退,有所为、有所不为。"进",就是对符合战略意图、战术思想的牌路,要坚决贯彻到底,勇往直前,义无反顾。沉舟侧畔千帆过,病树前头万木春。宜将剩勇追穷寇,不可沽名学霸王。符合集体利益最大化目标的,就要做到"该出手时就出手",主动调整出牌策略,及时确定应对措施,把该管的坚决管好,该压的坚决压住。"退",就是牌力相对不强时暂且退让,形势不可抗拒时选择忍耐,条件不够冲刺时韬光养晦,没有获得上游的可能时保存实力。"该隐忍时就隐忍",放弃是一种美丽,退让是一种品格。这也是掼蛋的辩证法。知"进""退",就得明白"虚"与"实"。虚与实是我国古兵法中重要的命题:"兵之形避实而击虚","进而不可御者,冲其虚也","用兵必须审敌虚实而趋其危","批亢捣虚",等等,不胜枚举。弈战之法不过攻守,弈战之术不出奇正,料敌度势不外虚实。虚实的理论在掼蛋实战中应用非常广泛,它又和"示形"密切相关,虚虚实实、因敌变化,"形兵之极,至于无形",要使对方难以捉摸,"战胜不复,而应形于无穷"。掼蛋选手在观察牌局形势时,要通观全局地分析,透过现象看本质,并予以科学的预见,了解和掌握牌局的真实情况,从而制定正确的策略,达成最后的胜利。

五是在战术宗旨上处理好奇与正的关系。"奇"与"正"是我国古兵法中相反相成的两种用兵方法。依照通常的说法,"正"指常法,反映着战争指导的一般规律;"奇"是指用兵的变法,反映着战争指导的特殊规律。活用奇正之术,变化奇正之法,是掼蛋选手临机处置情况所必须把握的战略艺术。咫尺楸枰上的奇正变化虽无穷尽,但落脚点都是以我之"正"对敌之"实",以我之"奇"击敌之"虚"——唯有善出奇击虚者,才算真正领悟了奇正变化的要旨。奇兵为辅,正兵为主;正兵自固,奇兵制敌,奇正相辅相成却不是一成不变的,还要"变而能通"。正兵因奇兵而变化,奇兵以正兵为依恃,"奇正相生,如循环之无端"。奇正的运用不是孤立的,在灵活变化中必须与示形、虚实、分合等结合起来运用,才能展示它的威力。在掼蛋实战中,或者正面钳制侧后迂回,或者两翼齐飞中军突进,或者声东而击西,或者避实而击虚,或者形于此而实于彼，有时正面抗击而侧后偷袭，有时阻多路而歼一路，有时佯退而伏击。正明奇暗，奇贵于密，"密"既要避敌耳目，还要迷敌心智，变化奇正以乱敌。"奇"常与险为伴，危中求安，绝处求生，常中求变，乱中取胜，往往都是从被人忽略的时间、地点走向胜利的。从掼蛋角度看，"奇"与"正"的内涵十分丰富，启迪牌手要紧紧围绕团队利益最大化的目标，运筹帷幄之中，决胜千里之外，坚持奇正结合、奇正相生、相辅相成、相得益彰，推动掼蛋战略意图和战术目标的实现。

六是在战略意图上处理好攻与防的关系。掼蛋实战的基本形式无非就是进攻与防守，攻与守既相互区别、相互矛盾，又相互依存、相互转化，从而构成统一的整体。《孙子兵法·形篇》中说："不可胜者，守也；可胜者，攻也。守则不足，攻则有余。"意思是不被对手打败是因为守得住；要战胜对手就要实施进攻。实施防御是由于取胜条件不足，实施进攻是由于取胜条件有余。《唐太宗李卫公问对》中说："攻是守之机，守是攻之策，同归乎胜而已。"意思是说，进攻是防御的转机，防御是准备进攻的手段，两者都是为了争取胜利罢了。古兵法对攻与守的辩证关系进行了简明深刻的阐述，这对于掼蛋实战而言同样适用。从掼蛋角度看，应当坚持攻防结合、攻守兼顾、收放自如、轻重平衡。"攻"，就是要坚决遏制对手的猖狂势头、有效扑灭对手的嚣张气焰，就是要集中优势兵力制敌薄弱环节，采取雷霆手段攻敌要害所在，严厉打击对手。"攻"，就是要通过压迫式打法，对敌方始终保持高压态势，充分发挥好进攻性、主动性掼蛋策略的倒逼作用和果断用炸、以暴制暴的威慑作用，达成自己与同伴的战略意图。"防"，就是在强化大局意识、注重过程记忆的基础上，防范对手的偷袭、欺骗与冲刺，预判牌局的发展趋势、演变路径和突发性情况。只有注重事前预防，才能避免防不胜防。只有防敌之紧要，才能攻敌之急所。从掼蛋实战看，进攻一般都是由局部开始，但必须着眼于全局并服从于全局，攻击对手中相对较弱的一方、相对薄弱的一环，就能举一反三、事半功倍;实施进攻时集中相对优势的兵力,就可能取得"出其不意,攻其不备"的效果。掼蛋战略要求牌手不仅要"攻则克",还要"守则固",即通过必要的防守,防止对手偷袭得手、反击成功。防守还要尽量保持灵活机动态势,时刻不能忘记寻找和制造反击的机会,这就是掼蛋实战经验之"积极防御"。

第二十八章　勇于担当　砥砺前行

习近平同志指出：是否具有担当精神，是否能够忠诚履责、尽心尽责、勇于担责，是检验领导干部纯洁性和共产党人先进性的重要标准。对于一名掼蛋选手而言，勇于担当是其必胜信念、拼搏精神、顽强意志和良好素质的集中体现，担当是立牌之本，尽责是成牌之道。每一位掼蛋选手都要增强担当意识，弘扬担当精神，在运筹帷幄中建功立业，在决胜千里时实现理想。

掼蛋选手勇于担当，就要忠于职守、勤勉尽责。 敢于负责是勇于担当的基本要素，体现在掼蛋选手身上，就是忠于职守，不负重托，做勇闯雷区的敢死队、攻城拔寨的生力军，诚所谓"苟利国家生死以，岂因祸福避趋之"。首先，勇于担当就要守土有责。作风过硬、忠诚可靠，是勇于担当的前提；踏踏实实、兢兢业业，是勇于担当的基础。面对严峻复杂的牌势、变幻莫测牌局，切实增强大局意识、风险意识、担当意识、奉献意识，义无反顾地抵挡对手的强攻，坚定不移地履行职责使命。其次，勇于担当就要勤勉尽责。追求胜利就是使命，英勇阻敌就是天职。掼蛋选手唯有牢记使命、能攻善守，方能满腔热忱打好牌、一门心思搞配合，在牌局演绎中体现担当精神，在勇于担当中实现掼蛋价值。目标一旦确立，方向一经锁定，就要立说立行、敢打善战，想在先、冲在前，以雷厉风行的作风体现担当的内涵，以干净利落的战术拓展担当的外延。牌局相争无小事，勇于担当见精神。再次，勇于担当就要锐意创新。你改变不了过去，但你可以改变现在；你想要改变环境，就必须先改变自己。萧伯纳说："明智的人使自己适应世界,而不明智的人坚持要世界适应自己。"诸葛亮说:"因天之时,就地之势,依人之利,则所当者无敌,所击者万全矣。"在掼蛋实战中,要善于根据牌局的变化而变化,根据形势的发展而调整,真正做到因地制宜、因时制宜、因人制宜、因势制宜、因牌制宜,从而具备勇于担当的必要条件。

掼蛋选手勇于担当,就要事不避难、砥砺前行。事不避难、砥砺前行,是责任意识和进取精神的统一,是勇于担当的更高境界。面对变化多端的牌局、瞬息万变的牌情,掼蛋选手要始终保持锐意进取的意志品格、奋发有为的人生追求、蓬勃向上的精神状态,积极主动担重任,攻坚克难不懈怠。首先,勇于担当需要有攻坚克难的决心。当前,我国处于掼蛋运动竞技化、国际化的战略机遇期、快速发展期、规则转型期,需要所有掼蛋爱好者审时度势,顺势而为,多一些精益求精的执着,少一些敷衍将就的散漫,多一些团结协作的自觉,少一些各自为政的离心。既要敢于负责、迎难而上;又要善于负责、大胆攻坚。其次,勇于担当需要有知难而进的勇气。大事难事看担当,重要关头见精神。勇于担当,既不能遇到强手绕道走,也不能见到难局就躲避,更不能配合不好推责任。明哲保身,何谈担当?沽名钓誉,何谈尽责?勇于担当的人,总是在关键时刻挺身而出,面对落后的局面,积极想对策,不回避;面对不利的牌势,主动求突破,不推诿;面对强大的对手,坚决做斗争,不妥协;面对出牌的失误,勇于担责任,不文过。再次,勇于担当需要有敢为人先的胆识。勇争上游的精神状态和锐意进取的气魄胆识,是推动掼蛋事业发展的强大力量。勇于担当,就不能故步自封而沾沾自喜,不能安于现状而不思进取,必须拿出攀高比强的勇气,与时俱进不停步;必须具备锲而不舍的精神,咬定目标不放松;必须焕发干事创业的豪气,不达目的不罢休。

掼蛋选手勇于担当,就要博学慎思、修身立德。学习是提高牌技的动力,是打好掼蛋的前提,是成为高手的先导。只有不断学习,才能理解掼蛋、掌握掼术、创新牌路、争取主动。首先,要学以立德。人以学而立,立以德为先。传统文化中,读书、修身、立德,既是从政之基，也是立身之本。只有把学习作为终身课题融入掼蛋、融入牌局，孜孜以求，学思兼修，才能取得良好的效果。只要学而不厌，就能集腋成裘；只要锲而不舍，就能滴水穿石。其次，要学以增智。"工欲善其事，必先利其器。"掼蛋选手只有加强学习，才能更好地实践掼蛋宗旨，实现人生抱负。既要博览群书、海阔天空，又要突出重点、入木三分，真正做到"博观而约取，厚积而薄发"。要注重学习、及时跟踪掼蛋文化内涵与掼蛋实战技巧以及掼蛋战略思想，努力使自己成为视野开阔、技巧纯熟、博学多识的复合型掼蛋人才，在掼蛋实战中游刃有余，轻车熟路，举一反三，事半功倍。再次，要学以致用。陆游说过：纸上得来终觉浅，绝知此事要躬行。理论的价值在于实践，学习的目的在于应用。要让学习的过程，成为提高认识、增强素养、坚定信念的过程，成为谋划思路、指导实战、打好掼蛋的过程，努力做到学有所成、思有所获、研有所得。诚如是，则掼蛋选手勇于担当就顺理成章、水到渠成了。

第二十九章　掼蛋五大要素

掼蛋靠什么取胜？仁者见仁、智者见智，众说纷纭、莫衷一是。客观上讲，掼蛋制胜的因素很多，但最重要的不外乎大局观、记忆力、忠诚度、执行力、纪律性五个要素。这五个因素直接影响竞赛过程、奠定博弈基础、决定胜负走向。

一、要有超强的大局观

大局观，通俗地说，就是凡事长远考虑，以得与失的辩证关系原理来看待问题。从掼蛋角度看，大局观，就是坚持到最后，不惜一切代价获取最终的胜利，不因局部胜负而耽误全局胜负，不在乎一城一地的得失。所谓大局观就是能够把目光放得长远，能够把握好整体利益和局部利益的关系，分清主要矛盾和次要矛盾，能以小搏大，不因小失大，对待牌情、牌势、牌型、牌路能做出快速的反应和正确的决策，从而实现团队利益最大化。无论哪种竞技项目、哪项棋牌运动，有大局观的人一般都是团队的灵魂人物，有大局观的人能够决定团队的未来。古人语：人无远虑，必有近忧。由于大局既源于局部，又高于局部，对局部的发展变化起着主导和决定作用，因此，任何想打好掼蛋的人，都应该有很强的大局意识和把握大局的能力。这里所说的把握大局，既指对掼蛋规则、掼蛋规程、掼蛋理论、掼蛋理念的正确认识与全面理解，也指在此基础上对每一张牌、每一手牌、每一圈牌、每一副牌、每一局牌的驾驭和协调。

那么，掼蛋爱好者特别是优秀的掼蛋选手如何增强大局观呢？笔者认为，掼蛋爱好者特别是优秀的掼蛋选手应当树立和增强政治意识、大局意识、核心意识、看齐意识。虽然掼蛋游戏、掼蛋竞技与政治立场、党性修养、道德情操没有必然联系，并非具有直接的因果关系，但树立政治意识，有助于牌手传递正能量、弘扬真善美。有了正能量，掼蛋就会越来越有内涵，越来越有活力，越来越有境界；有了真善美，掼蛋者就能越来越自信，越来越豁达，越来越充实。能否发展好、维护好团队利益，是一个牌手讲不讲大局、顾不顾大局的原则问题。只有真正具备纵观大局的眼界和服从大局的觉悟，才能处处讲大局、时时顾大局，善于从全局观察和思考牌情牌势。掼蛋选手要站在讲大局、顾大局的高度，正确处理好个人与团队、小局与大局、眼前与长远、一般与重点的关系，牢固树立同伴利益高于一切、集体利益大于一切的思想。要真正懂得这样一个道理：若整体利益不能保证，则局部利益也会受损。要自觉地把每一张牌、每一手牌、每一圈牌放到整副牌、整局牌、整轮牌、整场牌的大局中来考虑，而不能一味地强调自身利益，一味地固守既得利益，一味地追求眼前利益，更不能以一己之私损团队利益，以一时之快逞个人英雄。

一个掼蛋选手要树立和增强大局观，既要靠牌手个人加强掼蛋理论学习和实战技巧锻炼，提高大局意识和竞技水平，又要靠各级社体组织、掼蛋协会和俱乐部进一步完善学习培训机制并加以引导。在当前掼蛋运动竞技化、全国化、国际化向深层次推进的背景下，对掼蛋选手的大局意识应有更严格的要求。各级各类掼蛋协会和俱乐部要注重选拔培养讲大局、讲担当、讲风格的优秀的掼蛋选手，让那些不讲大局、不重配合、不顾牌理、自以为是的选手没有市场，真正形成讲大局者上的氛围。"不谋全局者，不足谋一域；不谋万世者，不足谋一时。"古人都明白不谋全局之害，广大掼蛋选手更应做到谋全局，观大局，关心大局，了解大局，把握大局，努力养成从全局思考牌路、判断牌势、运用牌理、处理牌情的习惯。

二、要有超强的记忆力

直到今天，我们所知道的关于大脑的秘密也只是冰山一角，在很大程度上,大脑和记忆之间的关系仍是神秘的。记忆是一个过程,当你记忆的时候,实际上就是你把保存在大脑中零零碎碎的信息进行重建或重新组合。打牌是有规律可循的,技术高则胜率就高。一开始没有必要也做不到全记住,只要记住最重要的。能熟练记住后然后再渐渐记次要的。最终能做到记住出过的所有的牌。其实关键是记住出了什么牌对你有什么影响,从而使你下一步出牌能做出正确的决策。记忆是每个人生活中最重要的能力之一,拥有一个优秀的记忆力是每个人的梦想。记忆扑克牌是打牌人不可缺少的技术,优劣转换在一念间,胜负输赢在一瞬间,多记或少记一张牌,往往影响牌局变化,甚至决定胜负走向。**第一,记住大牌张**。大牌在掼蛋中的地位十分重要。掼蛋中的大牌张包括 2 张大王、2 张小王、8 张级牌尤其是其中的 2 张红心级牌。**第二,记住花牌张**。花牌在掼蛋中地位比较重要。花牌包括 J、Q、K、A,组成三带二(俗称"夯")、顺子(简称"顺")、同花顺(俗称"火箭")时,花牌主导,容易做主。**第三,记住关键牌**。比如,5 和 10 事关顺子能否组成,一手牌既没有 5 也没有 10,就不能组成任何一个顺子,除非用红心级牌去配。**第四,记住已出牌**。按照规则规定,已经出过的牌,必须牌面朝下放在各人面前,记住出过的牌非常重要、十分必要。尤其是每个人首引的什么牌型、出过的什么套路、炸弹的使用情况,一定要熟练记忆、了然于胸。

三、要有超强的忠诚度

所谓忠诚,意为尽心竭力,赤诚无私。忠诚,广义上指对所发誓效忠的对象(国家、人民、事业、上级)、朋友、盟友、情人、爱人、亲人、亲戚等主体真心诚意,尽心尽力,没有二心,忠诚可靠,勇敢忠贞。忠诚代表着诚信、守信和服从。《荀子·尧问》曰:"忠诚盛于内,贲于外,形于四海。"汉代荀悦《汉纪·文帝纪下》载:"周勃质朴忠诚,高祖以为安刘氏者必勃也。"唐代柳宗元《吊屈原文》曰:"忠诚之既内激兮,抑衔忍而不长。"明代胡应麟《少室山房笔丛·史书占毕四》载:"汉末诸葛氏分处三国,并著忠诚。"朱德《悼罗荣桓同志》诗曰:"起义鄂南即治军,忠诚革命贯平生。身经百战摧强敌,留得丰功万古存。"在掼蛋实践中,忠诚度主要体现在:对掼蛋理念的遵从、对规则规范的坚持、对集体利益的坚守、对战略意图的贯彻、对普遍牌理的认同、对掼蛋搭档的信任。忠于搭档,才能忠于集体。忠于规则,才能忠于大局。

四、要有超强的执行力

执行力是指有效利用资源、保质保量达成目标的能力,包括贯彻战略意图、完成预定目标的操作能力。执行力是把企业战略、科学规划、发展目标转化成为效益、成果的关键。执行力包含完成任务的意愿,完成任务的能力,完成任务的程度。对个人而言,执行力就是办事能力;对团队而言,执行力就是战斗力;对企业而言,执行力就是经营能力。执行力,简单来说就是行动力。执行力就是在既定的战略和愿景的前提下,组织对内外部可利用的资源进行综合协调,制定出可行的战略,并通过有效的执行措施从而最终实现组织目标、达成组织愿景的一种力量。执行力是一个变量,不同的执行者在执行同一个任务的时候也会得到不同的结果。执行力不但因人而异,而且还会因时而变。如果要想解决执行力的若干问题,就必须先剖析影响执行的根源,然后再找其方法,这样解决问题自然就会变得清楚一些、容易一些。执行力分为个人执行力、团队执行力和能动执行力。个人执行力是指每一位单个的人把上级的命令和想法变成行动,把行动变成结果,从而保质保量完成任务的能力,它是指一个人获取结果的行动能力;总裁的个人执行力主要表现在战略决策能力;高层管理人员的个人执行力主要表现在组织管控能力;中层管理人员的个人执行力主要表现在工作指标的实现能力。团队执行力是指一个团队把战略决策持续转化成结果的满意度、精确度、速度,它是一项系统工程,表现出来的就是整个团队的战斗力、竞争力和凝聚力。个人执行力取决于其本人是否有良好的工作方式与习惯,是否熟练掌握管人与管事的相关管理工具，是否有正确的工作思路与方法，是否具有执行力的管理风格与性格特质等。许多成功的企业家都对团队执行力做出过自己的界定。通用公司前任总裁韦尔奇认为所谓团队执行力就是"企业奖惩制度的严格实施"。而中国著名企业家柳传志认为，团队执行力就是"用合适的人，干合适的事"。综上所述，掼蛋实战中的执行力就是在战略定位完成、战术路径确定后，迅速做出反应、立即贯彻执行的能力。掼蛋选手执行力的要素：一是意愿。如果不想做，肯定做不好。执行的意愿来自：目标、利益、危机。有目标才有愿望，有利益才有动力，有危机才有压力。二是能力。想做还要会做，必须不断改进方法、提升技能、更新知识。

五、要有超强的纪律性

什么是纪律？纪律就是规则，是指要求人们遵守业已确定了的秩序、执行命令和履行自己职责的一种行为规范，是用来约束人们行为的规章、制度和守则的总称。任何一个社会、一个国家、一个政党、一支队伍都有维护自己利益的纪律，古今中外，概莫能外。遵守纪律，才能使人们获得真正的自由；不遵守纪律，人们就会失去真正的自由。凡是纪律，都具有无条件服从的约束力。任何无视或违反纪律的行为，都应该受到惩罚。纪律是严肃的，它带有一定的强制性。同时，纪律又需自觉遵守。只有自觉遵守的纪律才是铁的纪律。这是因为，纪律同法律、道德虽然同属行为规范，但它们的作用范围不同，纪律介乎于法律和道德之间。纪律与道德的不同之处在于，纪律具有强制性的要求，但这种强制性又比法律弱些，而其自觉性的要求则比法律强些。所以，遵守纪律还需建立在自觉的基础上。纪律属于道德的范畴。一个人如果不遵守纪律或无视纪律的约束，那就是没有道德。一个人的纪律性如何，能够直接反映出他们的思想道德水平。唯有思想道德高尚，对纪律的重要性具有深刻的理解，且具有执行纪律、维护纪律的高度自觉性、坚韧性和坚强的意志品质，才能经得住纪律的考验，甚至视纪律比自己的生命还珍贵。事实表明，具有高尚道德情操和高度文化素养的牌手，有着高度自觉的纪律性；而道德品质低下、没有文化素养的掼蛋选手，往往是一个不能自觉遵守纪律的人。掼蛋爱好者遵守纪律，就需要加强自己的道德修养和文化修养，从思想上认识到遵守纪律的重要性，增强自己对掼蛋运动的义务感。同时，要自觉地遵守赛场纪律，不论大事小事，凡是纪律要求做到的，就坚决去做；凡是纪律所禁止的，就坚决不做；在没有人监督和别人不知道的情况下，同样遵守纪律，养成遵守纪律的习惯，使遵守纪律成为掼蛋人的自觉行动。

第三十章 掼蛋的格局

什么是格局？格局就是指一个人的眼光、胸襟、胆识等心理要素的内在布局。"格"是指对认知范围内事物认知的程度，"局"是指认知范围内所做事情以及事情的结果，合起来称为格局。不同的人对事物的认知范围不一样，所以说，不同的人，格局不一样。宋代蔡绦《铁围山丛谈》卷三载："而后操术者，人人争谈格局之高，推富贵之由，徒足发贤者之一笑耳。"《金瓶梅词话》第二九回云："审格局，决一世之荣枯；观气色，定行年之休咎。"与个人格局有关的因素包括胆量、眼光、智慧、见识、爱心、使命感、责任心。有使命感的人，格局自然是大的。一个人的发展往往受到某些因素的局限，其实"局限"就是格局太小，为其所限。谋大事者必要布大局，对于人生这盘棋来说，我们首先要学习的不是技巧，而是布局。大格局，即以大视角切入人生，力求站得更高，看得更远，做得更大。大格局决定着事情发展的方向，掌控了大格局，也就掌控了局势。一个人的格局大了，未来的路才能宽！如果把人生当作一盘棋，那么人生的结局就由这盘棋的格局决定。想要赢得人生这盘棋的胜利，关键在于把握住棋局。在对弈中，舍卒保车、飞象跳马……种种棋局就如人生中的每一次博弈，棋局的赢家往往是那些有着先予后取的度量、统筹全局的高度、运筹帷幄而决胜千里的方略与气势的棋手。清朝著名的政治家、军事家曾国藩在谈到如何将事业做大时，说过这样一句名言："谋大事者首重格局。"的确如此，一个人格局一大，哪怕从外表看起来，他似乎一无所有，但其胸中却拥有万千雄师。"笔底伏波三千仗，胸中藏甲百万兵"形容的就是善于造势、善于布局的人。对于掼蛋爱好者尤其是优秀的掼蛋选手而言，格局决定结局，态度决定高度。格局如何，往往影响乃至决定掼蛋牌手能走多远、行多稳，能干多大的事、挑多重的担。

格局，是胸襟、眼界的反映，也是格调、情操的折射。在掼蛋实战中，格局不大的人不少。有的不愿"仰望星空"，对瞬息万变的大势不敏锐，对已然变化的时机不在意，习惯于单打独斗、自弹自唱；有的心里少"一盘棋"，无大局观，只顾眼前利益，不顾长远利益；只算小账，不算大账，固守狭小的利益藩篱，患得患失；有的平日唱高调，说大话，实战不随机应变，不举一反三，一旦碰到矛盾问题，尽显小家子气；还有的掼蛋爱好者人格渺小、人品卑琐，说一套，做一套；口言善，身行恶……一些选手频频出错牌、乱出牌、犯低级错误，往往其肇因皆在于格局太小太低。

大格局的牌手，有一种担当精神。习近平总书记说："担当大小，体现着干部的胸怀、勇气、格调，有多大担当，才能干多大事业。"担当反映格局，格局决定担当。有的人把掼蛋当事业、当生命，有的人则仅仅把掼蛋当爱好、当消遣。能把掼蛋当成事业乃至把掼蛋看作像生命一样重要的人，无疑是一种大格局。重任来了他们扛得起，压力面前他们顶得住，关键时刻他们站得出。在掼蛋舞台上，在激烈实战中，正需要横刀立马、舍我其谁的英雄气概，正需要披荆斩棘、爬坡过坎的凌云壮志。这种担当的品格，源自责任和使命，更源自一种自信和胆略。

掼蛋选手格局之所以大，皆因胸中有大丘壑，心里藏大定力。不少掼蛋爱好者缺的就是心静，总是心浮气躁、随波逐流、人云亦云，慢不下来，也静不下来，一有风吹草动就手忙脚乱，管控不好内心的欲望。有大格局的人，心有"定盘星"，总能抵得住诱惑、耐得住寂寞、容得下差牌，气定而神闲，让心灵"修禅打坐"。做一个有大格局的掼蛋选手，首先就是要做一个大写的人、一个顶天立地的人。

大格局不可能一蹴而就，须从点滴积累。始终把责任举过头顶，把全局装在心中,把名利踩在脚下,就能让自己的格局不断成长。大牌局需要大格局,大格局需要大胸襟。全民健身波涛汹涌,掼蛋运动波澜壮阔。面对新机遇、新挑战,广大掼蛋爱好者尤其是优秀牌手应当站高一步、看远一步、想深一步,以历史的责任和担当,决策思考,擘画未来。面对大牌局、大格局,我们要以时不我待的紧迫感、舍我其谁的责任感,主动担当,积极作为,共同开创掼蛋运动的辉煌明天。

第三十一章　掼蛋的气概

什么是气概？气概是指正直豪迈的态度，也指在某种活动或生存方式中表现出来的态度、举动及气势。气概的近义词有气魄、气态、气势、气量、豪气、气派。唐代诗人李贺在《南园十三首（其五）》中写道："男儿何不带吴钩，收取关山五十州。"浩浩然写就了男儿尚武之气概。此处尚武，并非不问皂白就拔剑四顾，而是一种精神，顺着千年诗词铺就的大道慨然而过，让每个驻足于前的人无不被这昂然的气息惊觉。萎靡之风哪个朝代都有，其原因错综复杂，结果却害人不浅，貌似祥和的香词艳语使人意志消磨。幸好不断出现的寥寥携吴钩者，以剑扶正气，以文激浊流，荡涤了不知多少逆旅过客。掼蛋选手应当具有怎样的气概？咱们不妨看看古代的英雄们。

李清照《绝句》云："生当作人杰，死亦为鬼雄。至今思项羽，不肯过江东。"这样的气概正是掼蛋爱好者尤其是掼蛋高手应当达到却又难以企及的境界。项羽是秦末起义军的领袖，在楚汉之争中落败，在摆脱垓下之围后逃至乌江边，乌江亭长劝其急渡。项羽说："我与江东子弟八千人渡江西上，今无一人还，纵江东父老怜我，我有何面目见之？"遂自刎。李清照对项羽宁为玉碎、不为瓦全的英雄气概做出了高度评价和赞扬。仅一河之遥，却是生死之界；仅一念之间，却是存亡之抉。项羽，为了无愧于英雄名节，无愧于江东父老，以死相报，以身许志。"不肯"！不是"不能"，不是"不想"，不是"不愿"，不是"不去"。一个"不肯"笔来神韵，强过鬼斧神工，高过天地造化。一种"可杀不可辱"与"死不惧而辱不受"的英雄豪气,漫染纸面,力透纸背,令人叫绝称奇而无复任何言语!掼蛋爱好者应当以西楚霸王为榜样,鼓足勇气,振奋精神,激励士气,砥砺前行。

文天祥《过零丁洋》诗云:"辛苦遭逢起一经,干戈寥落四周星。山河破碎风飘絮,身世浮沉雨打萍。惶恐滩头说惶恐,零丁洋里叹零丁。人生自古谁无死,留取丹心照汗青。"此七言律诗前二句,诗人回顾平生;中间四句紧承"干戈寥落",明确表达了作者对当前局势的认识;末二句是作者对自身命运的一种毫不犹豫的选择。文天祥把作诗与做人、诗格与人格融为一体,浑然天成。千秋绝唱,情调高昂,激励和感召了古往今来无数志士仁人为正义事业英勇献身。全诗表现了慷慨激昂的爱国热情,视死如归的高风亮节,舍生取义的人生观,是中华民族传统美德的崇高表现。这种气贯长虹的精神,视死如归的气概,一往无前的品格,义无反顾的境界,正是掼蛋爱好者尤其是掼蛋高手应有的情怀和风范。

岳飞《满江红》词曰:"怒发冲冠,凭栏处,潇潇雨歇。抬望眼,仰天长啸,壮怀激烈。三十功名尘与土,八千里路云和月。莫等闲白了少年头,空悲切。靖康耻,犹未雪;臣子恨,何时灭!驾长车踏破贺兰山缺。壮志饥餐胡虏肉,笑谈渴饮匈奴血。待从头收拾旧山河,朝天阙。"岳飞的这首词感情激荡,气势磅礴,风格豪放,结构严谨,一气呵成,有着强烈的感染力。这首词代表了岳飞"精忠报国"的英雄之志,表现出了浩然正气和英雄气概,表现了报国立功的信心和乐观主义精神。此等豪迈、此等雄心、此等胆略、此等抱负,正是掼蛋爱好者尤其是掼蛋高手应当拥有的。

苏轼《念奴娇·赤壁怀古》词曰:"大江东去,浪淘尽,千古风流人物。故垒西边,人道是、三国周郎赤壁。乱石穿空,惊涛拍岸,卷起千堆雪。江山如画,一时多少豪杰。遥想公瑾当年,小乔初嫁了,雄姿英发。羽扇纶巾,谈笑间、樯橹灰飞烟灭。故国神游,多情应笑我,早生华发,人生如梦,一樽还酹江月。"这首词是苏轼的代表作,也是宋词豪放派的代表作之一。上阕写景,描绘了万里长江及其壮美的景象。下阕怀古，追忆了功业非凡的英俊豪杰，抒发了热爱祖国山河、羡慕古代英杰、感慨自己未能建功立业的思想感情。全词借古抒怀，雄浑苍凉，大气磅礴，笔力遒劲，境界宏阔，将写景、咏史、抒情融为一体，给人以撼魂荡魄的艺术力量，被誉为"古今绝唱"。如果把破除传统作为"伟大"的一项基本素质的话，苏轼之于伟大是当之无愧的。与《花间词》中"花落子规啼，绿窗残梦迷"的婉约词境相比，苏轼词的逸怀浩气、举首高歌，无疑是开辟了一个新境，如此高远的气象，如此旷达的风格，前所罕见。掼蛋爱好者尤其是掼蛋高手在"乱石穿空，惊涛拍岸，卷起千堆雪"的牌局中切磋牌艺，岂不快哉？像诸葛亮一样"羽扇纶巾，谈笑间、樯橹灰飞烟灭"，岂不快意恩仇？

辛弃疾《永遇乐·京口北固亭怀古》词曰："千古江山，英雄无觅，孙仲谋处。舞榭歌台，风流总被，雨打风吹去。斜阳草树，寻常巷陌，人道寄奴曾住。想当年，金戈铁马，气吞万里如虎。元嘉草草，封狼居胥，赢得仓皇北顾。四十三年，望中犹记，烽火扬州路。可堪回首，佛狸祠下，一片神鸦社鼓！凭谁问、廉颇老矣，尚能饭否？"辛弃疾是怀着深重的忧虑和一腔悲愤写这首词的。上阕赞扬在京口建立霸业的孙权和率军北伐、气吞胡虏的刘裕，表示要像他们一样金戈铁马，为国立功。下阕借讽刺宋文帝刘义隆，表明自己坚决主张抗金但反对冒进误国的立场和态度。掼蛋爱好者尤其是掼蛋高手一旦拥有"金戈铁马，气吞万里如虎"的勇气，就会把牌桌当作战场，把竞技当作战争，把游戏当作战斗，把同伴当作战友，焕发出浩然正气和英武锐气。

再看看这样的诗句："男儿何不带吴钩，收取关山五十州。""我自横刀向天笑，去留肝胆两昆仑。""无边落木萧萧下，不尽长江滚滚来。""想当年，金戈铁马，气吞万里如虎。""但使龙城飞将在，不叫胡马渡阴山。""尔曹身与名俱灭，不废江河万古流。"……这些诗句无不充满英武豪迈之气，尤为瑰丽，尤为血性，尤为澄澈。

掼蛋选手应当拥有"男儿何不带吴钩，收取关山五十州"这样一种气概。有多大担当,才能干多大事业;尽多大责任,才会有多大成就。在奔流不息的历史长河中,只有信念坚定、执楫奋进,才能在顺应时代发展的潮流中搏风击浪、创造历史、书写未来。掼蛋爱好者尤其是掼蛋高手,应当以舍我其谁的担当精神,逢山开路的奋进勇气,去实现"收取关山五十州"的雄图霸业。

"男儿何不带吴钩",是泛问,也是自问,含有"国家兴亡,匹夫有责"的豪情。"男儿何不带吴钩",起句峻急,而其次句"收取关山五十州",犹如悬流飞瀑,从高处跌落而下,显得气势磅礴。"带吴钩"指从军的行动,身佩军刀,奔赴疆场,那气概多么豪迈!"收复关山"是从军的目的,山河破碎,民不聊生,英雄怎甘蛰居乡间、无所作为呢?因而他向往建功立业,报效国家。这两句,计十四字,一气呵成,节奏明快,与英勇昂扬的意绪和紧迫的心情十分契合。首句"何不"二字极富表现力,它不只构成了特定的句式,而且强调了反诘的语气,增强了诗句传情达意的力量。掼蛋爱好者尤其是掼蛋高手,应当培养"男儿何不带吴钩,收取关山五十州"的献身精神、家国情怀、担当意识,在爱好、切磋、推广、实践掼蛋的过程中一展身手。

第三十二章　大度与固执

大度，形容人气量大，能容人。明方孝孺《郑灵公》之一："天下之事成于大度之士，而败于寒陋之小人。"固执，本指坚持不懈，后多指坚持成见。固执是坚持成见、不懂变通的心理现象。固执心理是一种偏执型人格障碍。这类人具有敏感多疑，好嫉妒，自我评价过高，不接受批评，易冲动和诡辩，缺乏幽默感等特点。很多时候，在我们身边有一些"悲情人物"，他们有一个共同的特点，那就是虽然并不愚钝，却常常陷入某一件对他们而言绝对没有好处的事情中不能自拔。任凭周围的亲戚、朋友、旁观者如何劝说，他们总是执迷不悟，甚至还要找出很多幼稚的理由来欺骗自己，直到有一天，当他受尽折磨，终于解脱的时候，才幡然醒悟，追悔莫及。

一个牌手肚量的大小，在很大程度上决定着他前途的大小。一个人的大度里，藏着高水平的认知；一个人的固执里，藏着低水平的认知。在掼蛋游戏、掼蛋娱乐甚至掼蛋竞技中，宽容的人显得更有涵养，更有境界，更有责任心，更有大局观，固执的人显得更急躁，更浮躁，更狭隘，更没耐心，因而固执的人往往缺乏责任心、大局观、忠诚度和执行力。大度的人专注于牌理，痴迷于牌道，用情于牌技；固执的人坚持己见，墨守成规，只认死理，不擅变通。掼蛋爱好者的"大度"，也有真假之分。真正的大度，是发自内心的、自然而然的、水到渠成的；假装的大度，则是矫揉造作的、虚情假意的、刻意为之的。蒙田说："聪明人只要能认识自己，便什么也不会失去。"歌德说："如果一个人不过高地估计自己，他就会比他自己所估计的要高得多。"费尔巴哈说:"认识自己,其意义和目的不只在于抑制我们,向我们指出我们的满身缺点和微不足道,而更在于提高我们。"这些至理名言教会我们如何认知自己、把握自己、改变自己。

列夫·托尔斯泰说:"人只能借着比较才能知道自己。"一个人的认知水平越高,其想法就越高明,心思就越缜密,判断就越准确,人就会表现得越大度;一个人的认知水平越低,其想法就越单一,逻辑就越混乱,判断就越失真,人就会表现得越固执。一个真正优秀的人会保持其独特的个性,因为他认识到,所谓的固执并非独特的个性,从某种程度上说是一种人格缺陷;一个固执的人往往也显得很有个性,很有棱角,可其在掼蛋时很主观,很主动,很外向,很情绪化,既缺少自我反省能力,也缺少及时觉知能力。固执者掼蛋,牌好时风和日丽,牌差时愁云密布,旁观者包括其他参与者一目了然、心知肚明;大度者掼蛋,喜怒不形于色,悲欢不现于形,得失虽关乎心,举止不露痕迹。

你可能会有这样的经历,跟他人掼蛋时,有时你从各个角度给他分析一个牌例,讲解一个套路,分析一个问题,提出中肯建议,但是他怎么都听不进去,怎么都将信将疑、半信半疑,表现得异常固执。等冷静下来之后,人们便想他为什么如此固执,如此偏狭,如此狂傲,很大的原因就在于其认知能力的局限性。起点决定终点,过程影响结果。性格、气质、胆识、胸襟决定了一个牌手在掼蛋的道路中能走多远。当然,也有的掼蛋爱好者会说固执没有什么不好,它表示一个人有坚持、有担当、有思想,不轻易落入俗套,不轻信别人观点,不随便被人同化。但一般意义上的固执就是墨守成规、抱残守缺、因循守旧、食古不化,它与正向的坚信不疑、始终如一、坚定执着、恪守原则是背道而驰、大相径庭、南辕北辙的。固执的牌手在掼蛋过程中,每当面对不同意见,会变得异常敏感,异常自尊,异常封闭,异常排斥,拒绝反省,拒绝倾听,拒绝学习,拒绝真理,甚至会演变成过分的偏执、执拗、狂傲。此时此刻,他想要进步、成长、提升,就是天方夜谭、痴人说梦了。

在掼蛋实践中，也有很多人把固执当作一种个性的张扬，仿佛一旦不固执了，就没有了个性，就缺失了棱角，就消磨了锐气。这是一种误解，固执与个性不能画等号，固执与棱角不是一回事，固执与锐气相隔十万八千里。对于掼蛋爱好者而言；少一些固执，多一些圆融，少一些狂躁，多一些平和；少一些急切，多一些冷静，是成为高手的不二法门，是提升境界的必由之路。无数掼蛋实践证明，恰恰是固执阻碍了一个牌手良好个性的形成，它往往使人越来越偏激，越来越短视，越来越自闭，从而失去了宽容、智慧、耐心和思考以及接受新事物、探索新规律、提升新境界的能力。

美国心理学家乔治·凯利曾经提出过"个人构念论"的观点。个人构念即由个人过往的见识、期望、评价、思维等所形成的观念。当遇到相同或者相似的场景时，一个人的脑海里便会呈现出他以往的经验来对该问题或者场景做出判断。当其认知能力很低时，脑海里的个人构念就会趋向于单一，缺乏弹性。因此遇到问题时，人们的个人构念所提供出来的对策就很狭窄，但却成为他们的全部，人们误认为这就是所有的、最好的对策，没有其他的可能。而当人们认知能力高，见识的多，读到的多，经历的多，有独立思考能力时，就会获得越来越多的知识和经验，他们的个人构念就会越丰富、越饱满，在同样的问题面前便不会只是执着于一种答案，而是接受有几种可能的答案。这一理论对于掼蛋爱好者非常适用。

认知能力高的牌手，往往更乐于提高自己，于是在一段时间后，当他回过头来再看自己的对策或思考时，往往会补充更多的可能性。因为他又进步了，他的认知水平又提升了。这就是为什么当一个人知道得越多，越明白自己的无知。因为，人们的认知水平越高，就越明白外面的世界之大，知识是学不尽的，唯有谦逊地走在学习、领悟的道路上，才能不落伍、不落魄。就像苏格拉底所言："我唯一知道的就是我一无所知。"

总之，掼蛋爱好者务必牢记：想要成为高手，必须远离固执；想要提升境界，必须远离固执。

第三十三章 掼蛋与人文精神

战国大思想家荀况说:"水火有气而无生,草木有生而无知,禽兽有知而无义,人有气有生有知,亦且有义,故最为天下贵也。"人不仅具有生命,而且具有认知能力,具有道德与精神,这是人最为天下贵的根本原因。笔者认为,在掼蛋竞技、掼蛋游戏中,甚至在日常生活与人际交往中,培育人文精神,树立人文情怀,既十分迫切,也非常必要。人文精神的实质是人文关怀与科学理性。那么,什么是人文精神呢?人文精神,是社会理性的灵魂,是人类智慧的精华,是人类社会赖以正常运行的精神核心。它在社会运行中所发挥的作用,也远远高于社会制度层面的法制与社会伦理层面的道德。人文精神是人的理性意识、情感体验、生命追求、理论阐释、评价体系、价值观念和实践规范的综合体现,它以实现人的自由和全面发展为最终目标。掼蛋作为一种文化现象,其宗旨也是实现人的自由和全面发展。人文精神强调人的价值,"一切要以人为本,以人为中心"。遵照人文精神的宗旨,在掼蛋实战中每一个牌手都必须建立自信心、自尊心和自强不息的人生感悟、人生动力、人生追求和人生价值。

一、掼蛋中的人文关怀有四个要素

一是对个人独特价值的尊重。韩瀚的《重量》这样写道:"她/把/带血的头颅/放在生命的天平上/使所有的苟活者/都失去了重量。"28个字的短诗,借颂扬张志新烈士而强烈表达了对生命价值的尊重。刘邦说过:"夫运筹帷幄之中,决胜千里之外,吾不如子房;镇国家,抚百姓,给饷馈,不绝粮道,吾不如萧何;连百万之众,战必胜，攻必取，吾不如韩信。三者皆人杰，吾能用之，此吾所以取天下者也。"刘邦尊重张良、萧何、韩信的个性和价值，并让他们充分发挥出来，这是刘邦赢得楚汉之争的重要因素。在掼蛋游戏与掼蛋竞技中，你必须尊重每一位队友与每一位对手的人格尊严、出牌风格、思维方式和掼蛋理念；切不可以怨报德，而应当以德报怨；切不可刚愎自用，而应当虚怀若谷；切不可自以为是，而应当谦逊为本。掼蛋运动既要强调共性，也要尊重个性；既要严明纪律，也要崇尚自由；既要注重理论教育、技能培训，也要突出创新思维、创新实践。

二是对优秀文化传统的关怀。中国优秀传统文化中的民族精神有两个重要特征，那就是爱国和有骨气。讲到爱国和有骨气，不得不提起我国的明朝，明朝其实是中国历史上最有骨气的王朝。明朝无论是遇到多大压力，既没有屈膝投降，也没有割地赔款。到了明末那种内忧外患中，崇祯皇帝依然兵分两路顽强对付清兵和李自成，对关外的国土自始至终没有放弃"全辽可复"的愿望。在明英宗到崇祯帝的几次北京保卫战中，明朝更是立场坚定，敌人兵临城下仍然宁死不迁都，"天子守国门，君王死社稷亡"，这在中国历史上是罕见的。这与清廷皇帝、太后置京城百姓于不顾仓皇逃离北京有着天壤之别。一讲到中国优秀的传统文化，我们就会不由自主地想起古代的两大盛世，即汉朝初年的"文景之治"、唐代初期的"贞观之治"，这两大盛世的共同特点是经济增长较快，政治比较清明，人文精神也得到较好的发扬。首先来看文景之治，它是西汉文帝、景帝两代40年左右的时间里政治稳定、经济生产得到显著发展的"盛世"。文景之治是中国两千多年皇权专制社会中不多见的亮点之一。如今，中国的主体民族之所以称为汉族，与文景之治的盛世不无关系。文景之治对中国古代文明的贡献，体现在四个方面：一是汉初的统治集团包括学者，面对秦朝二世而亡的前车之鉴，充满了忧患意识和务实求治的精神；二是重视制度建设，特别是法制建设，汉文帝取消了"诽谤罪"，拓宽了言路；三是比较重视吏治即干部队伍的建设，使得官场政风为之一变，开历史之先，在法理与人情两者中，选择了法理；在法治与人治两者中,选择了法治;四是汉文帝、汉景帝非常注意勤俭从政,很注意节约,尤其是汉文帝在这方面得到了史学家和后世政治家更多的推崇与褒奖。再来看贞观之治。是公元627年到649年,唐太宗李世民在位期间,朝廷以隋朝灭亡为鉴,密切地关注民心、民情和民意,重用有才干的文武大臣,虚心听取他们的意见,先后实行了一系列比较开明的政策,减少苛捐杂税,严惩贪官污吏,奖励功臣良将,重视科举取士,努力革除弊政。贞观之治有三大特征:第一个特征是虚心纳谏。唐太宗聆听忠告,乐于接受规劝,求谏时态度诚恳,方法多样。对的,则加以褒奖;错的,也不治罪。平时,魏征对唐太宗的谬误常常能当面批驳,毫不示弱。魏征逝世以后,唐太宗悼念他时说:"以铜为镜,可以正衣冠;以古为镜,可以知兴替;以人为镜,可以明得失……今魏征殂逝,遂亡一镜矣。"这是一句被后世广为传诵的名言。第二个特征是知人善任。知人以心,信人以贤,用人以才,待人以礼,广罗天下各种人才,这是唐太宗被后人界定为贤明君主的重要标志。唐太宗坚决反对以人际关系和血缘亲情为标尺来选拔人才。他注意从新人、疏人甚至敌对营垒中选用杰出的文官武将。重臣魏征就是他从敌对的政治集团中选拔出来以后加以重用的。第三个特征是厉行节约。唐太宗和他统治集团里的重要成员,一般都能节制开销,收敛私欲,精简机构,减少赋役,反对奢侈,杜绝贿赂,减轻百姓负担。贞观之治的这三个特征,实质上也是人文精神的一个缩影。在掼蛋游戏与掼蛋竞技中,每一位牌手都要有骨气而非傲气,都要知进退而非较真,都要认公理而非固执,都要讲平和而非暴躁,都要重谦逊而非骄横。文景时代、贞观时代先贤们的做法值得掼蛋爱好者效仿。

三是对人的整体性的认同。尺有所短,寸有所长。金庸、古龙、梁羽生,号称"武侠小说三大家"。古龙在台湾"武林"更是排名第一。笔者比较欣赏古龙小说的人文情怀。古龙使用大量符合现代读者口味的技巧,如背景切割、画面交错、镜头分摄等蒙太奇的手法,使小说幽远而空灵。"人在江湖,身不由己"就是古龙的名言。古龙笔下的人物、故事,多是欢乐的、明朗的、健康的、使人愉悦的。"小李飞刀"李寻欢与他的传人"边城浪子"叶开、楚留香、花满楼、陆小凤、江小鱼、西门吹雪,一个个有情有义、重情重义。小说《多情剑客无情剑》是古龙最重要的代表作,"小李飞刀"名满天下。典型人物,金庸、古龙、梁羽生三位大师,各有千秋、各领风骚、各有所长。不论是古龙的小李飞刀,还是金庸的降龙十八掌,或者是梁羽生的天山剑法,都名满天下,却各有特点。笔者最佩服的武学大师就是金庸笔下的扫地僧。小说《天龙八部》中武功高卓的扫地僧虽然名不见经传,却以无上佛法化解了萧远山和慕容博的戾气,以至高武学征服了天下武林高手,其不论是武功,还是思想,甚至是境界,都已臻化境。扫地僧常年居于少林寺藏经阁,通晓佛经,精研佛理,具有大智慧;精通医道,深明医理,由现象看到本质,极为高明,能将已"死"的萧远山和慕容博起死回生;气度雍容,宠辱不惊,行事难测,绝非常人,尽显一代宗师风范。扫地僧就是一个具有浩然正气的人,他的浩然正气值得我们称道。大师们传导给我们的不仅有武学哲理,而且有人文精神。做事、做人、做官,何尝不是如此!掼蛋爱好者应以扫地僧为楷模,锤炼大师气质,培育担当精神,养成隐忍习惯,增强综合实力。

四是对不同观念的宽容。思想观念的价值在竞争中才会彰显,在实践中才能检验。法国哲学家伏尔泰说过:"我不同意你的观点,但我誓死捍卫你说话的权利。"这是一种胸怀,更是一种自信。那种扣帽子、抓辫子的辩论方式,"不同即敌对"的思维模式,本质上都是狭隘、虚弱的表现,无助于社会和谐的构建、健康心态的形成。清朝大搞文字狱就是一个典型的例子。清朝入关后 268 年出了 10 位皇帝(顺治、康熙、雍正、乾隆、嘉庆、道光、咸丰、同治、光绪、宣统),康、雍、乾三位皇帝在位 134 年,正好是清朝统治时间的一半。康、雍、乾三朝最大的失误就是大搞文字狱,禁锢思想,闭关锁国,重农轻商,轻视科学,这都是人文精神严重缺失的典型表现。掼蛋门派千姿百态,掼蛋风格千奇百怪,掼蛋理论五花八门,掼蛋秘籍层出不穷,许多观点针锋相对,许多战术大相径庭,许多牌手水火不容,许多思路南辕北辙,我们应当尊重这一环境、包容这一现象、呵护这一氛围,相互碰撞才能求同存异,相互交融才能水涨船高,众人划桨才能开动大船,齐心协力才能共创辉煌。

二、掼蛋中的科学理性有三个要素

一是追求真理与正义的热情。每一位掼蛋爱好者都要坚守社会主义核心价值观,始终怀着对富强、民主、文明、和谐;自由、平等、公正、法治;爱国、敬业、诚信、友善的热烈追求与忠贞维护。15世纪的欧洲文艺复兴时期,涌现出许多巨星,他们可以分成三组。这三组恒星不仅光照当代,而且流芳百世。第一组是文学家,包括把文艺复兴推向最高峰的莎士比亚,文艺复兴的发起者《神曲》的作者但丁,《巨人传》的作者拉伯雷,《堂吉诃德》的作者塞万提斯。第二组是美术家达·芬奇、拉斐尔、米开朗琪罗。第三组是哥白尼、布鲁诺和伽利略。他们都是伟人,都义无反顾地追求真理,奋不顾身地打破枷锁,坚定不移地向往自由,都展现出强烈的科学理性。掼蛋爱好者要像这些伟人一样,孜孜以求地学习掼蛋真谛,义无反顾地追求先进牌理,融会贯通地借鉴科学理念,举一反三地钻研掼蛋技巧,轻松愉快地参与掼蛋游戏,殚精竭虑地发展掼蛋项目。

二是科学论证与怀疑的能力。笛卡尔说过:"即使我的能力不能认识任何真理,我至少将做我力所能及的事情,也就是说,坚决防止认同任何错误,使得欺骗者不管多么强有力和狡猾,他也不能轻微地欺骗我。"科学论证是一种能力,敢于怀疑也是一种能力。对用科学的方法论证掼蛋原理正确与否、掼蛋理念先进与否、掼蛋技巧适用与否、掼蛋战略可行与否,是比较容易理解的;但对用冷静的心态怀疑大师对掼蛋战略战术的论述,就需要一些勇气、胆略和境界了。这里不得不提一下蒙田。蒙田是法国文艺复兴后期、16世纪人文主义思想家、作家、怀疑论者,主要作品有《蒙田随笔全集》《蒙田意大利之旅》《随笔集》《蒙田随笔》《蒙田随笔集》《热爱生命》。在16世纪的作家中,很少有人像蒙田这样受到现代人的崇敬和接受。他是启蒙运动以前法国的一位知识权威和批评家，是一位人类感情的冷峻的观察家，亦是对各民族文化进行冷静研究的学者。怀疑论是一种认识论，是认识问题的一种态度，它拒绝对各类问题做随意的不够严谨的定论，对事物的看法采取一种类于"中立"的立场，既怀疑"是"，也怀疑"不是"。怀疑主义的反面是迷信，或更确切地说是独断论。近代以来的怀疑论关注如何通过表象了解事情本身。这种怀疑论通常被称为笛卡尔式的。这种怀疑论的实质是，如果感官是不可靠的，而对于世界的认识只能通过感官，那么我们对于世界的认识终究是不可靠的。美国作家爱默生形容蒙田是一个标准的怀疑论者。怀疑论者至少是对知识权威的一种怀疑与批判。对于人生来说，知识能否成为知识，能否用来指导我们的思想与行动，有一个前提，那就是你是否能将这些知识融入自己的信仰体系中，先怀疑，再求证；先建立，再怀疑；复建立，复怀疑，从而构成一种认知体系。作为掼蛋爱好者，我们应当用怀疑的眼光看待掼蛋经典，用质疑的态度对待掼蛋秘籍，用探寻的精神求证掼蛋技术，用思辨的作风破解掼蛋难题。

三是自我反思与批判的愿望。学会反思，是从平庸走向优秀的前提。掼蛋爱好者应当明白，学会反思，才能面对成功不骄不躁；学会反思，才能面对失败不卑不亢；学会反思，才能不断从失败或成功之中获取一份宝贵的经验；学会反思，才能在风风雨雨中看清自己已走和将要走的路，才能保持清醒的头脑。学会反思才能让我们少走弯路，快乐地走向幸福的明天。掼蛋爱好者要善于把困惑变成收获，把收获变成反思，在反思中稳步前行。古人云："人非圣贤，孰能无过？"没有一位掼蛋爱好者能保证自己出牌时不犯错误，特别是在与高手对决时，更难免出现过失和错误。既然无法避免犯错，那么就没有必要害怕犯错，关键在于以什么样的态度去对待犯错。最佳的态度是虚心接受他人批评、提醒、帮助与点拨，勇于开展自我批判。我们所熟悉的大师，胡适、蔡元培、陈寅恪、吕思勉、闻一多、朱自清、俞平伯、钱钟书……他们都具有自我反思的强烈愿望、自我批判的高度自觉。东吴大学（今苏州大学）的先贤苏雪林先生，也是一个勇于自我反思与批判的人。她是一位集作家、诗人、画家、学者、教授于一身的奇女子,98岁还能握笔为文,一生出版了65部作品,2 000多万言,获得过亚洲华文作家文艺基金会颁发的资深敬慰奖,是五四新文学以来中国文学艺术领域的大师级人物。苏雪林的笔触轻倩灵动,文字率真、清新、隽丽,代表作《绿天》《扁豆》《秃的梧桐》至今仍是海外华文中学课本的保留篇目。她对中国文化最大的贡献要数她对屈赋研究的成果,这是她倾注了半生精力追求所得,她揭开了屈原《楚辞》的千古之谜。在掼蛋实战中,掼蛋选手一定要有自我反思与批判的愿望,不断检讨自身失误,时刻反思战略战术,虚心接受同伴质疑,才能始终坚持正确导向,屡屡创造良好成绩。

第三十四章　简单与复杂

掼蛋充满着简单与复杂的哲学。在掼蛋实战中，人们会发现，精明的牌手尤其是大师级牌手，往往善于将复杂的问题简单化，将复杂的、不易驾驭的牌局导入简明的、可控的牌局；而愚钝的牌手尤其是初入门的牌手，往往将简单的问题复杂化，将简明的、可控的牌局一步步导向复杂的、不可控的牌局。其实，掼蛋中的简单与复杂，与现实生活中的简单与复杂，原理基本相通、内涵并无二致。简单与复杂，蕴含了许多智慧与哲理。平凡的生命因风险而变得伟大；平淡的生命因乐观向上的态度而变得充实；不容易的事因执着的态度变得简单。其实处理好简单与复杂的关系，也是生活中的一门学问。有时候，把复杂的问题简单化，就能轻而易举地取得突破；有时候，把简单的问题复杂化，绞尽脑汁也不能攻破难关。掼蛋之术，亦同此理。

掼蛋是一门艺术，掼蛋是一种文化，简单中有复杂，复杂中亦有简单。我们儿时都学过 $1+1=2$，但这一问题其实是十分深奥的。因为 $1+1=1$ 是化学；$1+1=3$ 是文学；$1+1=0$ 是哲学。如果我们认真去推敲探索，你会发现 $1+1$ 不仅并不简单，而且十分复杂。同理，一副看似简单的牌局，经过牌手的执着努力，就会变得内涵丰富、境界高远起来；一副复杂的牌局，只要找准目标、认定方向、科学运筹、合理组合，就会变得简单很多。牌手可以选择淡泊的心态与超然的气度，平和地出牌，当然也常常会见到犹豫不断、迟疑不决、狐疑不明的牌手，他们往往会让一手简单的牌变得复杂起来。心之所向、道之所存，往往决定着你的牌局乃至你的人生是复杂还是简单。

掼蛋与生活都崇尚简单。掼蛋如生活,热爱生活应该从点滴开始,从心灵开始;热爱掼蛋亦应从点滴开始,从心灵开始。掼蛋博大精深、看似复杂,其实用心去体会、静心去品味,你就会发现掼蛋其实如此简单,掼蛋其实无比美丽。掼蛋多了,体会也就多了,蓦然回首,你会惊奇地发现路就在脚下,梦想就在眼前。滴水穿石看似复杂,滴水做到了;奔流到海看似复杂,江河做到了;铁杵成针看似复杂,铁杵做到了;聚沙成塔看似复杂,黄沙做到了。因为执着,复杂变得简单;也正因为执着,简单变得不再简单。

掼蛋一简单就快乐,一复杂就痛苦。掼蛋说简单也简单,说复杂也复杂,关键取决于牌手的素质;素质说简单也简单,说复杂也复杂,关键取决于牌手的精神;精神说简单也简单,说复杂也复杂,关键取决于牌手的心态;心态说简单也简单,说复杂也复杂,关键取决于牌手的境界。掼蛋选手的境界从何而来?境界低的牌手往往会混沌不分、反复无常、贻笑大方、文过饰非、以管窥天、执而不化、尔虞我诈、钩心斗角;境界高的牌手则常常高屋建瓴、明察秋毫、视死若生、纳新吐故、游刃有余、洞若观火、举重若轻、删繁就简。掼蛋之简单,宛若山水长卷中的几笔线条,有着疏疏朗朗的风骨;好比生命意境中的一轮薄月,倒映清清凉凉的宁静;犹如夕阳影映下的半江渔火,流淌棋琴书画的韵律。掼蛋之复杂,是泼洒在生活宣纸的浓墨,渲染着城府与世故;是拉响在岁月深处的胡琴,挥不去嘈杂与迷惘。掼蛋有大美、大德、大智慧,于简单处得;人生有不快、不乐、不如意,在复杂处藏。掼蛋常有大情趣,一定是把打牌看得很简单;掼蛋后常得大愉悦,一定是把牌打得很纯净。掼蛋,一简单就快乐,但快乐的牌手寥寥无几;掼蛋,一复杂就痛苦,可痛苦的牌手却熙熙攘攘。由此可见,要掼出简单来不容易,要掼出复杂来却很简单。

简单与复杂需要细细品味。一眼望到尽头的,似乎很简单。一口百年古井,幽深,澄澈,也可以一望到底,但这口古井,本身却并不简单。人也一样。有时候,一个掼蛋选手可以一眼望到底,并不是因为他太过简单、不够深刻,而是他太过纯净、不够丰厚。掼蛋选手,有至纯的、至简的，原本就是一种撼人心魄的深刻。这样的纯、这样的简，让人仰慕，让人钦佩。有的牌手云山雾罩、高深莫测，看起来很复杂、很有深度。其实，这种复杂，是心机的交错，而不是智慧的叠加；这种深度，是城府的深度，而不是灵魂的深度。掼蛋说到底，简单得只有胜负两个字，看透胜负、参透生死，才是彻底的简单；知道浮沉、知道冷暖，才会摆脱内心的复杂。掼蛋爱好者应当体会到，简单，是生命留给这个世界的手势；而复杂，是生命永远无法打捞的梦境。

简单中往往隐藏着复杂。一根木棍子，横着放，便成了"一"。然而在书法家的眼里，这个"一"字奥妙无穷，只此一笔，起、承、转、接尽在其内；只此一笔，喜、怒、哀、乐皆在其中。这个"一"，或许就连贯整篇书法的气势，体现通篇文章的风格。因此李苦禅由衷感叹："一"字最难写。简单与复杂，是相辅相成的。中国水墨画常常以山峦、云气、松柏，来点缀图画中间的大片空白，而画家却正是以此容纳无限的空间，让人们想象那无垠的风光。简单到了极致，也复杂到了极致，这在中国诗词和小说中也屡见不鲜、不胜枚举。诗词中"无声胜有声"的意蕴，武侠小说中"无招胜有招"的境界，都是最佳佐证。同理，掼蛋的简单里往往隐含着令人惊奇的复杂。

简单与复杂是一对矛盾。世间万事万物都是矛盾的统一体。把握住简单与复杂，就把握住了事物的本质，从而也就把握住了成功的要诀。简单与复杂，是掼蛋战略战术的两个方面，当充分认识简单和复杂这两者的联系与区别之后，就可以促使矛盾双方相互转化，从而达到由难而易、深入浅出的境界。一个苹果落到地上，牛顿从这简单的现象中发现了复杂的牛顿定律，成为经典力学的奠基者。瓦特受水壶盖被蒸汽顶起的启发，发明了第一台蒸汽机。这不能不说是充分把握了"简"与"繁"的结果。即使是做一道很寻常的作文题，仔细思考之后，也能提炼出许多正确的观点来加以阐述。因此，只有立足于一定的高度，从整体上对掼蛋的"简单"与"复杂"进行把握，才能不囿于物、不拘于牌、不困于时。这也正是掼蛋大师在牌局上纵横捭阖、气象万千的原因所在。

第三十五章 "十商"与掼蛋

成功是每一个人的梦想,可成功不是从天上掉下来的,而是通过不断的修炼和积累而获得的,只要努力提高智商、情商、逆商、德商、胆商、财商、心商、志商、灵商、健商(即所谓的"十商"),提升智慧和能力,追求全面和均衡发展,您也一定能够构建成功而幸福的大厦。

智商(IQ)与掼蛋。 智商(Intelligence Quotient,简称IQ)是一种表示人的智力高低的数量指标,但也可以表现为一个人对知识的掌握程度,反映人的观察力、记忆力、思维力、想象力、创造力以及分析问题和解决问题的能力。确实,智商不是固定不变的,通过学习和训练是可以开发增长的。我们要走向成功,就必须不断学习,积累智商。作为一名掼蛋爱好者,提高智商的途径主要是:一要有"志"。百学须先立志。要想学有所成,必先树立志向。大志非才不就,大才非学不成,非学无以广才,非志无以成学。二要吃"苦"。宝剑锋从磨砺出,梅花香自苦寒来。颜真卿曾写过一首《劝学》诗:"三更灯火五更鸡,正是男儿读书时。黑发不知勤学早,白首方悔读书迟。"让我们体会到无"苦"不成才、有"苦"成大器的境界。三要守"恒"。贵有恒,何必三更眠五更起?最无益,只怕一日曝十日寒。治学贵有恒,功成在坚持。四要广"博"。《文心雕龙》载:"操千曲而后晓声,观千剑而后识器。"意思是练习很多支乐曲之后才能懂得音乐,观察很多柄古剑之后才知鉴别剑器。《礼记》中说"博学而不穷,笃行而不倦",告诫人们广泛学习永不满足、身体力行永不懈怠，才能成就大智慧、大学问。《红楼梦》中有一段关于林黛玉教香菱写诗的描写，就很有意思。黛玉对香菱说，学作诗，要先多读。她让香菱诵读王维的五言律诗一百首、杜甫的七言律诗一二百首、李白的七言绝句一二百首，如此这般，香菱对诗歌语言的感知能力越来越强，诗自然也就越写越好了。这就是厚积薄发，诚所谓"读书破万卷，下笔如有神"。五要慎"思"。子曰："学而不思则罔，思而不学则殆。"曾国藩说过："不思，故有惑；不求，故无得；不问，故不知。"北宋程颐的一段话非常深刻："为学之道，必本于思。思则得之，不思则不得也。故《书》曰：思曰睿，睿作圣。思所以睿，睿所以圣也。""不深思则不能造于道；不深思而得者，其得易失。然而学者有无思无虑而得者，何也？曰：以无思无虑而得者，乃所以深思而得之也；以无思无虑为不思而自以为得者，未之有也。"只有勤于思考，方能学以致用。瓦特通过对水壶中开水沸腾的思考，发明了蒸汽机，把人类带入了蒸汽时代。牛顿通过对苹果落地进行思考，发现了经典力学三大定律。六要笃"行"。纸上得来终觉浅，绝知此事要躬行。古人讲既要"读万卷书"，又要"行万里路"，在一定程度上揭示了行动的重要性、实践的必要性。进得书山，出得书山，方是纵意书卷。明朝开国元勋刘基《拟连珠》的"无穷受用处"就是注重实学、实效、实功，强调实践的重要性。在"名实之辨"问题上，刘基主张以"形"与"实"来证"声"与"名"，其实学思想的主要观点为"观形于声，未必见形；求实于名，未必得实"，反对"声"与"名"等一般性的描述语言和理论，主张从"形"与"实"中获取关于事物本质性的认识。为此，他提出："盖闻物有甘苦，尝之者识；道有夷险，履之者知。"意思是说，任何事物都有甘苦之分，只有尝试过才会知道；天下道路都有平坦坎坷之分，只有自己走过才会明白。上述六个字代表的六个方面，很值得掼蛋爱好者记取、品味和借鉴。

情商（EQ）与掼蛋。情商（Emotional Intelligence Quotient，简称EQ），就是管理自己的情绪和处理人际关系的能力。情商又称情绪智力,是近年来心理学家们提出的与智力和智商相对应的概念。它主要是指人在情绪、情感、意志、耐受挫折等方面的品质。以往人们认为,一个人能否在一生中取得成就,其智力水平是第一重要的,即智商越高,取得成就的可能性就越大。但现在心理学家们普遍认为,情商水平的高低对一个人能否取得成功也有着重大的影响作用,有时其作用甚至要超过智力水平。如今,人们面对的是快节奏的生活、高负荷的工作和复杂的人际关系,没有较高的情商是难以获得成功的。情商越高的人,就越有亲和力、凝聚力和感染力,就越有支持度、认可度和信任度。同时,人际关系也是人生的重要资源,良好的人际关系往往能让人获得更多的成功机会。权变理论代表人物之一弗雷德·卢森斯对成功的管理者(晋升速度快)与有效的管理者(管理绩效高)做过调查,发现两者的显著不同之处在于:维护人际网络关系对成功的管理者贡献最大,占48%,而对有效的管理者贡献只占11%。可见,在职场中,要获得较快的成长,仅仅埋头工作是不够的,良好的人际关系是获得成功的重要因素。情商是一种能力,可以感觉、了解和有效应用情绪的力量与智能作为人类的能量、信息和影响的来源。心理学家认为,情商水平高的人具有如下的特点:社交能力强,外向而愉快,不易陷入恐惧或伤感,对事业较投入,为人正直,富有同情心,情感生活较丰富但不逾矩,无论是独处还是与许多人在一起时都能怡然自得。掼蛋也是如此,掼蛋爱好者应当努力提高自己的情商,在掼蛋实战中应着重把握好五个方面:一是要清醒地认识自身的情绪,因为只有认识自己的性格,才能管控临场的情绪;二是要妥善管理自己的情绪,在掼蛋进程中有效稳定情绪、控制脾气、把握言行、调控情感;三是要懂得自我激励、自我感召,迅速帮助自己走出低潮、走出逆境,振奋精神、重新出发;四是要准确认知他人的情绪,包括同伴的情绪、对手的情绪、裁判的情绪,这是掼蛋顺利进行、牌局取得主动、沟通正常顺利的感情基础和重要前提;五是要提高人际关系的管理能力和领导能力,适应与不同性格的牌手打交道,适应在不同的竞赛环境中打牌,在服从大局的背景下彰显自我。

逆商（AQ）与掼蛋。 逆商（Adversity Intelligence Quotient，简称AQ），是指面对逆境承受压力的能力，或承受失败和挫折的能力。在当今和平年代，应付逆境的能力更能使人立于不败之地。巴尔扎克说："苦难对于天才是一块垫脚石，对于能干的人是一笔财富，而对于弱者则是一个万丈深渊。"托尔斯泰说："苦难是人生最好的教育。"伟大的人格只有经历熔炼和磨难，潜力才会激发，视野才会开阔，灵魂才会升华，其个体才会走向成功，正所谓吃得苦中苦，方为人上人。对于掼蛋爱好者来说，牌场上既然有得意者，必然就会有失意者，牌局的挫折与游戏过程或竞技过程如影随形、相伴始终，挫折普遍存在，失利难以避免。面对挫折和困难，正确的态度是失利而不失意、输牌而不输理。面对挫折和困难，不同的牌手、不同的态度，会产生不同的结果。胆怯懦弱、谨小慎微的牌手，放弃目标，无疾而终；意志不坚、容易满足的牌手，往往半途而废，不能坚持到底，享受不到成功的喜悦，等待不到胜利的时刻；意志坚强、信念坚定的牌手，逆势而上，终能获得成功。第三种牌手善于把前进道路上的绊脚石变成垫脚石，从而获得成功，实现掼蛋游戏和掼蛋竞技的价值，享受真正的人生。掼蛋，就像一场永无休止的苦役，不要惧怕和拒绝困苦——超越了困苦，就是竞技的强者、生活的强者。掼蛋实战中的任何经历都是一种积累，积累得越多，人就越成熟；经历得越多，生命就越有厚度。细细品味掼蛋，因为有过失利，我们才更会把握成功；因为有过失去，我们才更会主动珍惜；因为有过承诺，我们才不会轻言放弃。

德商（MQ）与掼蛋。 德商（Moral Intelligence Quotient，简称MQ），是指一个人的道德水平或道德人格品质。它是美国学者道格·莱尼克和弗雷德·基尔在2005年出版的《德商：提高业绩，加强领导》一书中提出的。他们把"德商"定义为"一种精神、智力上的能力，它决定我们如何将人类普遍适用的一些原则（正直、责任感、同情心和宽恕）运用到我们个人的价值观、目标和行动中去"。德商的内容包括体贴、尊重、容忍、宽恕、诚实、负责、平和、忠心、礼貌、幽默等各种美德。我们常说的"德、智、体"是把德放在首位的。科尔斯说，品格胜于知识。可见，德是最重要的。一个有高德商的人，一定会受到信任和尊敬，自然会有更多成功的机会。古人所说的"得道多助，失道寡助""道之以德，德者得也"，就是告诉我们要以道德来规范自己的行为，不断修炼自己，才能获得人生的成功。古今中外，棋牌运动中真正的成功者，在道德上大多达到了很高的水平。现实中的大量事实说明，很多牌手的失败，不是能力的失败，而是做人的失败、道德的失败。在掼蛋实战中，一个诚信、包容、正直、负责任的牌手，不仅能表现出良好的精神风貌、高尚的道德情操，而且能发挥出较好的竞技水平，实现牌品与牌技的高度统一、有机融合。

胆商（DQ）与掼蛋。胆商（Daring Intelligence Quotient，简称DQ）是一个人胆量、胆识、胆略的度量，体现了一种冒险精神。泰山崩于前而色不变，麋鹿兴于左而目不瞬。胆商高的人能够把握机会，该出手时就出手。无论是什么时代，没有敢于承担风险的胆略，任何时候都成不了气候。大凡成功的商人、政客，都是具有非凡胆略和魄力的。1940年，美国出现第一家DQ冰激凌店。发展至今，最具噱头的产品是号称"倒杯不洒"的"暴风雪"。在全球任何一家分店，店员将这个产品送到你手上之前，都会将它整个翻转过来。也许世界上几百种冰激凌都可以做到倒杯不洒，却没有第二家有胆量这样做给你看。这个以胆量赢得市场的冰激凌巨头，从另外一个角度可以解读为胆商。胆商当然不是指你敢不敢夜闯坟地，而是讲人际交往或职业发展中的胆识、胆略与行动力。如今，智商、情商、胆商被成功学专家并称为成功三要素，对于许多人来说，胆商往往是最薄弱的环节。人们从小就被教育要谦虚、低调、踏实、靠谱，绝不能天马行空、好高骛远。走出校门才发现，等终于壮大胆子决定去做一件事时，要么自己已经老了，要么就是别人已经捷足先登了。作为一名掼蛋爱好者，在掼蛋实战中，如果你认为情商、智商都不算太差，却总是差了一点运气，其实那一点运气，就是一点胆量而已。

财商（FQ）与掼蛋。财商（Financial Intelligence Quotient，简称FQ），是指理财能力，特别是投资收益能力。财商是一个人在财务方面的智力，是理财的智慧。它包括两方面的能力：一是正确认识金钱及金钱规律的能力；二是正确应用金钱及金钱规律的能力。财商是与智商、情商并列的现代人不可或缺的三大社会能力，智商反映人作为一般生物的生存能力，情商反映人作为社会生物的生存能力，而财商则反映人作为经济人在经济社会中的生存能力。没有理财的本领，多少家底都会败光，正所谓"富不过三代"。财商是一个人最需要提升的能力，也是最容易被人们忽略的能力。会理财的人越来越富有，一个关键的原因就是财商的区别。特别是富人，何以能在一生中积累如此巨大的财富？答案是其具有高超的投资理财的能力。1981年，一位25岁的美国人用75 000美元买下了DOS系统，将它发展成了个人电脑领域的标准。这位年轻人就是比尔·盖茨。今天，作为微软公司总裁的比尔·盖茨是世界上最富有的商人之一。盖茨童年的梦想是"在每张书桌上、在每个人的家里都有一台电脑"。现在，他已创造了一个时代：全世界各地的人在自己的家里就能学习最好的课程、学习任何科目，由世界上最好的老师讲授。掼蛋也是理财，牌力亦是财力，善于聚财，工于计算，机遇意识强，有商业头脑，都是优秀掼蛋选手的重要素质。

心商（MQ）与掼蛋。心商（Mental Intelligence Quotient，简称MQ），就是维持心理健康，调适心理压力，保持良好心理状况和活力的能力。21世纪是"抑郁时代"，人类面临更大的心理压力，提高心商，保持心理健康已成为时代的迫切需要。现代人渴望成功，而成功越来越取决于一个人的心理健康状态。从某种意义上来讲，心商的高低，直接决定了人生苦乐，主宰命运成败。世上有很多人，取得了很大的成功，可因承受着各种压力，郁郁寡欢，闷闷不乐，多愁善感，自我封闭，因不堪重压或经不起挫折患上心理障碍，甚至走上不归路，演绎一幕幕人间悲苦剧。掼蛋如同人生，也需要一颗强大的心脏，也需要一种淡定的心态，也需要一份超凡的执着。在牌手竞技中，在牌场喧嚣中，在人声鼎沸中，真想"静静"，想要"静静"，关键在于增强自身的定力。什么是定力？定力应该如郑板桥的《竹石》所言："咬定青山不放松，立根原在破岩中。千磨万击还坚劲，任尔东西南北风。"只要持心正、定力足，就能不随物流、不为境转，即使大厦将倾，也能稳如磐石；即使风吹浪打，也能岿然不动。心商高，必然有定力。《大学》有言："知止而后有定，定而后能静，静而后能安，安而后能虑，虑而后能得。"这不正是掼蛋爱好者提高心商的必由之路吗？

志商（WQ）与掼蛋。"志商"（Will Intelligence Quotient，简称WQ），指一个人的意志品质水平，包括坚韧性、目的性、果断性、自制力等方面。在学习、工作和掼蛋中，不怕苦、不怕累、不畏难、不服输的顽强拼搏精神，奋勇争先理念，力争上游气质，是高志商的具体表现。墨子说过："志不强者智不达，言不信者行不果。"诸葛亮说过："志当存高远。"华罗庚说过："勤能补拙是良训，一分辛劳一分才。"它们都说明一个道理：志商对一个人的智慧具有重要的影响。掼蛋与人生一样，都是小志小成、大志大成、无志难成。许多人一生平淡、掼蛋平庸，不是因为没有才干，而是缺乏远大志向和清晰目标。要掼出一片天地、掼出江湖地位、掼出辉煌业绩、掼出人生真谛，就得有远大的志向、坚定的意志，就要志存高远、志在必得、矢志不移。

灵商（SQ）与掼蛋。灵商（Spiritual Intelligence Quotient，简称SQ），就是对事物本质的灵感、顿悟能力和直觉思维能力。量子力学之父普朗克认为，富有创造性的科学家必须具有鲜明的直觉想象力。无论是阿基米德从洗澡中获得灵感最终发现了浮力定律，牛顿从掉下的苹果中得到启发发现了万有引力定律，还是凯库勒关于蛇首尾相连的梦而导致苯环结构的发现，都是科学史上灵商飞跃的不朽例证。成功的人生没有定式，单靠成文的理论是解决不了实际问题的，还得需要悟性，需要灵商的闪现。修炼灵商，关键在于不断学习、观察、思考，关键在于敢于大胆假设，敢于突破传统，敢于摒弃陈规。掼蛋作为一项智力游戏,特别需要掼蛋选手有灵感、有灵气,灵机一动,计上心头;灵光一现,茅塞顿开;灵气升腾,战无不胜。灵商高,知进退,明得失,晓轻重。灵商高的掼蛋选手,往往牌感比较好,敏锐性强,执行力强,大局观强,在牌场上游刃有余,得心应手,举重若轻,左右逢源。

健商(HQ)与掼蛋。健商(Health Intelligence Quotient,简称HQ),是指个人所具有的健康意识、健康知识和健康能力的反映。健康是人生最大的财富,健康就好像是 1,事业、爱情、金钱、家庭、友谊、权力等是 1 后面的零,所以光有 1 的人生是远远不够的;但是失去了 1(健康),后面的 0 再多对你也没有任何意义,正所谓平安是福。所以幸福的前提是关爱、珍惜自己的生命,并努力地去创造与分享事业、爱情、财富、权力等人生价值。掼蛋也需要健康的体魄、充沛的体力、旺盛的精力、良好的体能,因为掼蛋作为一项新兴的棋牌运动项目、一项由草根走向殿堂的体育竞技项目,对掼蛋选手的体力、精力、魄力、身体素质都有一定的要求。许多掼蛋比赛往往持续六七轮、长达八九个小时,甚至接连两天、连续作战、夜以继日、不辞辛苦,选手若没有体能的储备、体力的支撑,是难以完成比赛,难以取得佳绩的。

第三十六章 过程比结果更重要

人生就是旅行,重要的不是目的地,而是沿途的风景和看风景的心情;人生就是爬山,重要的不是能否登顶,而是不懈的跋涉和跋涉的感受;人生就是飞翔,重要的不是能飞多远,而是起飞的勇气和坚持的过程。任何一场掼蛋比赛,冠军只有一个,其他没有获得冠军的选手同样经历了旅行的过程、登山的过程、飞翔的过程,他们也是胜利者,因为他们品味到了掼蛋的乐趣、掼蛋的智慧、掼蛋的博大。火柴不会因熄灭而哭泣,因为它曾经燃烧过;雄鹰不会因折翼而沮丧,因为它曾经飞翔过;花朵不会因枯萎而伤感,因为它曾经绽放过。掼蛋,更不应该因为失败了而气馁,因为掼蛋的价值主要在于过程,而不在于结果。所以,享受过程才能领悟掼蛋的意义。

享受过程,才能在掼蛋中看淡得失、获得快乐。居里夫人在获得诺贝尔奖后,把奖章送给了女儿做玩具,她在乎的只是做实验,探索真理过程的快乐远比那枚奖章重要得多!无独有偶,在 2000 年悉尼奥运会上,我国跳水名将熊倪与金牌失之交臂,但他并没有沮丧颓废,反而面带笑容,称自己的每一次起跳都是一种享受,他很快乐。居里夫人成功了,熊倪失败了,为什么他们同样那么快乐呢?原因就在于他们享受的是过程,把得失看得很轻。假如居里夫人因成功而自傲,熊倪因失败而沮丧,他们还会快乐吗?答案显然是否定的。掼蛋之路布满坎坷,只要我们学会享受过程,那么,一切得与失、名与利,都只是过眼云烟,这样我们就能从掼蛋中获得快乐。

享受过程才能明确掼蛋的意义,获得最纯真的满足。英国著名作家品特的父亲是一个普通裁缝,但它不因自己地位与儿子的悬殊而感到自卑。他时常教育儿子:我因给别人做衣服而快乐,我生命的意义就在于做有益于别人的事。古代有一个国王,要他的车夫骑马,马跑过的地方就赐给他,车夫就不停地跑,企图争取得到更多的地方,结果人和马都累死在土地上。品特的父亲完全可以依靠品特生活,但他坚持自给自足的生活,帮助他人,享受做衣服的过程。对他而言,做衣服,是他生命意义的全部。但是那位车夫呢?贪婪的心让他不懂得满足,试问,他在骑马途中享受过周围的风景吗?不懂得享受,不懂得满足,那么,生命的意义何在?同理,不懂得享受掼蛋的过程,不懂得获取掼蛋的乐趣,掼蛋的意义何在?

掼蛋之路是漫长的,掼蛋乐趣是无穷的。不要因为曾经失利甚至一败再败,就在沉沦里不能自拔,就在打击下灰心丧气,就在挫折中一蹶不振。正确的态度是,在哪儿跌倒,就在哪儿站起来,不要因为荆棘丛生就踌躇不前,不要因为风雨如磐就偃旗息鼓,不要因为形势吃紧就萎靡不振。沉湎于负面情绪而不能自拔,最终只会使如火的激情悄然熄灭。因此,在掼蛋的旅途中无论我们遇到什么,收获什么,失去什么,都不要忘记启程,忘记赶路,忘记欣赏。

在掼蛋的旅途中,唯有不断启程、不断赶路、不断超越、不断体会,才不会浪费宝贵的光阴,才不会错过天赐的机缘,才不会失去娱乐的动力,才不会丢失生活的初心。在掼蛋的旅途中,唯有一次次启程、一次次跋涉、一次次攀登,才会向理想的目标更靠近一些,才会有机会和成功拉手,才会发现或创造一个不一样的自我,才会让执着的追求书写无悔的掼蛋人生。道理其实很简单、很浅显,在掼蛋赛场上,鲜花和掌声从来不会赐予那些守株待兔者、因循守旧者、不思进取者、患得患失者,而只馈赠给那些风雨无阻的前行者、风雨无悔的探索者、风雨兼程的开拓者。掼蛋的实践证明,空谈误"牌",实干兴"牌",高谈阔论、豪言壮语不会让你的梦想成真,往往会留下"白了少年头,空悲切"的慨叹;邯郸学步、东施效颦不会让你的水平提升,往往会产生你已是高手的错觉。

在掼蛋的竞技场上，在掼蛋的游戏桌上，只鼓噪而不前行的不是好赛手，只呐喊而不冲锋的不是好士兵，只瞄准而不射击的不是好猎手。眼界宽则舞台广，思路宽则行动远，胸襟宽则境界高。眼界有多宽广，舞台就有多宽广；思路有多长远，行动就有多长远；胸襟有多开阔，境界就有多开阔！启程，就要谋定而后动、虑齐而兵发；启程，就得三思而后行、见贤而思齐。在掼蛋实战中，所谓"情况不明、对子先行""枪必打四""枪打第一顺"，都是缺乏科学根据和理论支撑的伪论断、伪命题。掼蛋如同旅行，都需要你辨别方向、明晰目标。不辨别方向的牌手和旅行者无异于盲人骑瞎马，不但达不到前方的目标，还会离目标越来越远，甚至会迷失方向，南辕北辙，误入歧途。

在掼蛋爱好者的旅程中，必定会有风雨、雷电、霜雪、雾霾，必定会有波涛、激流、暗礁、险阻，必定会有坎坷、泥泞、难关、虎隘，胆怯者止步，心虚者后退，畏难者遁身。掼蛋江湖，放手一搏，需要选手的坚强、自信、无畏。有了坚强，有了自信，有了无畏，什么艰难困苦都不值一提，什么雨雪风霜都抛在身后，什么波涛汹涌都能够征服。在勇敢伟岸、坚韧不拔的掼蛋选手面前，汹涌的波涛挡不住前行的孤舟，肆虐的风暴挡不住铿锵的步伐，世俗的樊篱挡不住万丈的豪情。也许，你在掼蛋的海洋中航行了许久也看不到彼岸，但你自由地航行过；也许，你在掼蛋的山坡上攀登了一世也到不了巅峰，但你勇敢地攀登过。敢为天下先的，未必不是勇士；甘为同伴梯的，未必不是英雄。掼蛋就是浓缩的人生，掼蛋其实就是一个过程，不必太在乎结果，不必太在意比分，不必太惦记成绩。认真地掼了，就问心无愧；智慧地掼了，就收益良多；开心地掼了，就不虚此行。每次掼蛋如同一次播种，播种了不一定都有结果，但不播种却永远不会有结果。只要你潜心于掼蛋、醉心于掼蛋、痴心于掼蛋，你在人生的旅途上就会发现数不胜数的诱人风景。用看风景的心情去掼蛋吧，朋友！

第三十七章 掼蛋的战略与战术

战略与战术，是掼蛋实战中常见的两个名词，也是掼蛋爱好者及掼蛋高手绕不过去的、必须正确对待的重大问题。什么是掼蛋？为何打掼蛋？怎样打掼蛋？归根结底，这是一个战略与战术的理解问题、组合问题、应用问题、贯通问题。有人说，在掼蛋大师眼中，一方面，战略即战略，战术即战术；另一方面，战略即战术，战术即战略。李旦生大师所讲的掼蛋八字诀"定位、沟通、配合、计算"，表面上看，定位侧重于战略层面；沟通、配合、计算侧重于战术领域。但实质上，沟通也有战略思维，配合也有战略意图，计算也有战略方向；而定位也不仅仅是战略层面的事，定位也要以战术思想为基础，以战术路径为依托。因此，弄清楚掼蛋的战略与战术，对于夯实掼蛋文化基础、提高掼蛋竞技水平、抬升掼蛋运动境界，有着十分重要的现实意义。

一、掼蛋战略与掼蛋战术的内涵与区别

战略，有两种含义，一是特指军事战略，筹划和指导战事全局的方略；二是泛指对全局性、高层次的重大问题的筹划与指导，如经济发展战略、国防战略等。战术指进行战斗的具体方法，包括战斗的基本原则、战斗指挥、协同动作、战斗行动的方法和各种保障措施等内容。战略起源于希腊语的"诡计"一词。《孙子兵法》一书，就是从"兵者，诡道也"这一句话开始阐述其战略理论的。对于掼蛋战略，可以这样解释：掼蛋战略指的是筹划和指导掼蛋全局的方略，掼蛋战略是掼蛋实战中带有全局性的指导方针，是关于一副牌如何判断牌力

强弱、如何确定角色定位、如何合理组合资源、如何设定具体战术的宏观构思、战役蓝图和布局理念。掼蛋战略以每副牌的目标选择、方向辨别、路径依赖、战术自信为基础、起点和归宿,掼蛋战略一旦确定,就有一定的严肃性与稳定性,可以随机应变,但不能出尔反尔;可以适时调整,但不能朝三暮四。战略是大的构思、高端布局、整体思路,战略决定胜负走向,影响比赛进程。是否具备战略思维、战略素养、战略思想,是衡量掼蛋选手能力大小、素质高低的试金石。

掼蛋战术是围绕掼蛋的战略目标、作战蓝图、宏观规划,确定的具体作战方法、斗争策略和攻防路径,是掼蛋战略意图的具体化、实践化。掼蛋战术虽是微观的方式方法、技巧技术,但始终折射着战略的影子、始终贯彻着战略的意图。掼蛋战术是掼蛋战略的延伸,战略上有规则、有定向,战术上也有规则、有定向。掼蛋战略不能偏执,掼蛋战术强调灵活。

掼蛋战略是目的、核心和理论;掼蛋战术是方法、手段和技术。掼蛋战略与掼蛋战术相辅相成、一脉相承、融会贯通、珠联璧合。掼蛋战略需要考虑的是未来的趋势、集体的利益和实战的需要;而掼蛋战术需要考虑的是现实的利益和出牌的合理性、规范性、压迫性。掼蛋战略目标是稳定的、坚定的,是着眼于长远利益的实现;而掼蛋战术手段则是灵活、多变的,在实现战略目标的过程中着眼于排除现实的矛盾和障碍。掼蛋战术则反映了竞技过程的曲折性、牌势变化的复杂性,掼蛋战术必须依从于掼蛋战略,掼蛋选手必须根据牌情、牌势、牌力的变化灵活把握、果断调整掼蛋战术。运用之妙,存乎一心。掼蛋战略是动态的,掼蛋战术更是动态的,都应当随着形势的变化而变化,围绕战局的战略目标而实施。未来的趋势、战略的焦点、攻防的重点,是掼蛋战略思考的起点;现实的矛盾、当前的问题、对手的阻力,是掼蛋战术思考的起点。确定掼蛋战略,是为了将可以预见和不可预知的风险降到最低;围绕贯彻掼蛋战略,制定掼蛋战术,是为了有效化解实战中的矛盾、问题和阻力,体现了注重现实、正视矛盾、不惧风险、避实就虚、见可而进、知难而退的掼蛋思想和理念,这些思想和理念是实现掼蛋战略、朝着既定目标前进的战术要求。

瑞士军事学家米尼在《战争艺术概论》(该书和克劳塞维茨的《战争论》是西方所有军事院校必修的两门课)中有一句名言:"一支军队能在失败的环境中挺立不倒,其价值远胜在胜利的环境中奋勇争先。因为向对手进攻只需要血气之勇就够了,而在胜利的强大对手面前实行困难的撤退,那才是真正的英雄。所以一次良好的撤退,应该和一次伟大的胜利一样受到奖赏。"西方也有一句谚语:"逃跑以便来日再战。"这句话和中国的古话"好汉不吃眼前亏""留得青山在,不怕没柴烧"同出一辙。在另一方面,我们也需要指出,在不利的形势下,做出妥协与让步是战术上和策略上所许可的,但是,只有这种退让和妥协潜藏着未来更大的企图时,这种战术才是具有战略眼光的正确之举,而非软弱无能的屈膝投降。正如价格围绕着价值上下波动一样,掼蛋战术的灵活性是围绕掼蛋战略企图的实现不断进行调整的。不讲战略的战术是无前途、缺乏深谋远虑的小聪明;没有灵活战术的战略则是僵死的、难以实现的纯粹理想主义的精神图画。没有掼蛋战略的引导,掼蛋战术就是无源之水、无本之木,就会失去方向和依据;而我们也要看到,没有灵活机动的战术,要完成战略任务也是不可能的。制定战略是需要给战术留下足够的自由空间,在确定战略目标、攻防任务之际,就不能把实现战略的具体行动和手段规定得过分机械、死板。

关于掼蛋战略和掼蛋战术的结合,应遵循下面几个原则:第一,必须把长远的战略目标和当前的战术问题结合在一起,既要考虑当前的实际情况,但又不能忘记,当前的战术是实现最终战略目标的一个阶梯。第二,必须强调原则的坚定性和策略的灵活性相结合,前进的战略目标不能丢,在根本的利益面前不能让步;但又要根据客观的形势变化和实际的情况,使战术行为保持最大的机动性、针对性和灵活度,以保证顺利地实现战略目标。第三,坚持独立自主和整合资源相结合,要把实现掼蛋战略目标的希望放在物质力量基础上,求得自我发展，又不自我封闭，积极整合外部资源，善于借助第三者的力量为我实施战术服务。第四，团结一切可以团结的力量，整合一切可以整合的资源，利用一切可以利用的因素，争取实现最好的结果。

关于掼蛋战略与掼蛋战术的辩证关系，主要体现在以下五个方面：第一，一般来说，掼蛋战略是一种整体架构，通常比较宏观；而掼蛋战术是一种方法、手段，通常比较微观。第二，掼蛋战略是一部指导纲领，像军事作战指导纲领一样，要有一贯性、连续性，一旦战略错了，就会全盘皆输；掼蛋战术要有弹性、灵活性、机动性。第三，掼蛋战略是无可为时知道如何为之，掼蛋战术是有可为时知道如何为之。第四，掼蛋战略是抽象的，以长期目标为基础；掼蛋战术是具体的，以立即发现的最佳战法、最佳时机、最佳路径为出发点。第五，掼蛋战略亦称"掼蛋大战术"，意即指导掼蛋全局的计划和策略；掼蛋战术亦称"掼蛋小战略"，意即准备与实施具体战斗的理论和实践。在理论上，掼蛋战术研究攻防素质和攻防能力；在实践上，掼蛋战术是掼蛋选手准备与实施战斗的具体活动。

归纳起来看，掼蛋战术从属于掼蛋战略，为战略服务；掼蛋战术可以导出掼蛋战略。掼蛋战略作为波及全局的指导思想，支持、保障和引导掼蛋战术的实现；掼蛋战术上的成功往往挽救不了掼蛋战略上的错误。战略与战术之间要圆润、圆融。掼蛋爱好者要记住这样的道理：天圆地方，智圆形方；处乱世外圆内方，处治世内圆外方。圆则通权达变，无常势，无常形；方则志坚心专，不随波，不逐流。

如何避免战略战术的误区？是一个技术难题。笔者认为，应当避免掼蛋战略与掼蛋技术的抽象化、空泛化和表面化。不论是掼蛋战略还是掼蛋战术，都不能太抽象、太模糊、太空泛，太没有针对性，当然，更不能表面化、概念化。掼蛋战略尤其是掼蛋技术应当量化到每一个精确的时间、过程、细节，否则掼蛋战略一旦虚无，就无所适从，一旦空泛，就操作不了。

二、掼蛋战略和掼蛋战术的主要特点

（一）掼蛋战略的主要特点

掼蛋战略有以下四个特点：

一是宏观性。 掼蛋战略事关全局，事关攻防、进退、奇正、点面、破立等掼蛋逻辑关系，并且贯穿于一副牌、一局牌、一场比赛的全过程。宏观性要求牌手立足大局想方案，胸怀大局定策略，把握大局抓攻防。

二是指导性。 掼蛋战略反映牌手与牌手组合所确立的指导思想、根本方向和攻防策略，带有很强的指导性。有了掼蛋战略的指导，牌局才能逐步导向可控范围。掼蛋战略是纲，掼蛋战术是目，纲举目张，提纲挈领，好的掼蛋战略能够有效地指导牌手实现战术目标。

三是稳定性。 掼蛋战略一旦确定，就成为整副牌局的指导纲领，具有较强的稳定性，应当善始善终、从一而终、一以贯之，切忌出尔反尔、朝令夕改、朝秦暮楚。当然，强调掼蛋战略的稳定性，并非反对随机应变、与时俱进、因牌制宜。

四是整体性。 掼蛋战略包含了对牌力强弱的判断、牌手心理的分析、牌场形势的观察、攻防策略的选择，融牌力、牌气、牌感、牌技于一体，具有明显的整体性特征。不能将掼蛋战略与掼蛋战术切割开来，不能把掼蛋战略中的各个环节、各个部分、各个要素割裂开来。

（二）掼蛋战术的主要特点

掼蛋战术也有四个特点：

一是微观性。 掼蛋战术是运用牌力资源实现战略目标的技术、方案、路径和手段，是微观层面的战略。掼蛋战术是掼蛋战略在具体出牌过程中的集中体现，是掼蛋战略思想的细化、深化和具体化。战略大中有小、举重若轻，战术小中见大、四两拨千斤。

二是操作性。 掼蛋战术必须对掼蛋战略的实施负责，必须对每一手牌、每一副牌的目标、定位、走向、路径负责。掼蛋战术一定要有操作性、实战性、针对性,绝不能无中生有、空穴来风、不着边际、好高骛远。出任何一手牌,都要有依据、有道理、有目的、有意图,不要随随便便放空枪、出虚招、用蛮力、撞南墙。

三是具体性。掼蛋战术不是抽象的,而是具体的,具体到每一张牌、每一手牌、每一轮牌、每一圈牌,都有要明确的目标、清晰的动机、可行的预案、实实在在的方法和路径。每一次出牌,都要有明确的目的性,都要对得起同伴的信任,都要经得起同伴的质问。

四是灵活性。灵活性是指具有灵活的能力,它与原则性存在着一种辩证统一的关系。原则是基础,灵活是发展,原则是灵活变化的度,灵活是在原则限制范围内的灵活,又反作用于原则。掼蛋战术不是一成不变、从一而终的,而是灵活机动、因牌制宜的。掼蛋实战中,大局讲原则,细节讲方法,掼蛋选手将出牌的灵活性与原则性处理好,将会更有利于战略的实施。

三、掼蛋战略的选择

1. 强牌之一:手数比较少、炸弹比较多。6~8手牌,3~5个炸弹。在牌力判断和角色定位的基础上,确定主攻者的身份,首攻限制少,小单或长牌均可以出。

2. 强牌之二:手数比较少、大牌比较多。虽然炸弹很少甚至没有炸弹,比如一手牌0~1个炸弹,但许多牌型可控,单牌有大王、小王招呼,对子有级牌JJ、KK侍候,顺子有910JQK作为屏障,三带二有AAA做后盾,仍然有取得较好名次甚至冲击上游的可能。在牌力判断和角色定位的基础上,确定是否担当主攻,首攻限制较少,但小单或长牌慎出。

3. 强牌之三:手数比较少、炸弹比较大。6~8手牌,1~2个炸弹,都是同花顺或者6个头的大炸弹,炸弹容易做主。在牌力判断和角色定位的基础上,确定是否担当主攻。首攻限制虽然较少,小单或长牌也应慎出,先用对子或三同张沟通为宜。

4. 中牌之一:手数比较多、炸弹比较多。10~13手牌,3~4

个炸弹。在牌力判断和角色定位的基础上，确定是担当主攻还是助攻。首攻限制较多，小单或长牌也慎出，先用中单、对子或三同张沟通为宜。

5. 中牌之二：手数比较多、大牌比较多。 10～13 手牌，0～1 个炸弹，但多数牌型可控。在牌力判断和角色定位的基础上，确定一般不具备主攻条件，适宜担任助攻。首攻限制较多，小单或长牌一般慎出，先用中单、对子或三同张沟通为宜。

6. 中牌之三：手数比较少、炸弹比较少。 6～8 手牌，0～1 个炸弹。在牌力判断和角色定位的基础上，确定一般不具备主攻条件，适宜担任助攻。首攻限制较多，小单或长牌一般慎出，先用中单、对子或三同张沟通为宜。

7. 弱牌之一：手数比较多、炸弹比较少。 10 手以上，1 个炸弹。在牌力判断和角色定位的基础上，确定不具备主攻条件，一般担任助攻。首攻限制多，小单或长牌禁出，宜出中单、对子或三同张向同伴示弱。

8. 弱牌之二：手数比较多（10 手以上）、大牌比较少。 级牌以上的牌几乎没有，缺乏大的顺子、对子、三同张。在牌力判断和角色定位的基础上，清醒地意识到自己的牌力比较弱，不具备担任主攻的条件，担任助攻比较合适。在此情况下，首攻限制就比较多，小单或长牌禁出，尤其禁出最小的单牌、最长的长牌（三连对、二连三），宜出中单、对子或三同张向同伴示弱。

9. 弱牌之三：手数比较多、炸弹比较大。 11 手以上，1 个炸弹，一般为同花顺。在牌力判断和角色定位的基础上，清醒地意识到自己的牌力比较弱，不具备担任主攻的条件，只能担任助攻。在此情况下，首攻限制也比较多，小单或长牌禁出，尤其禁出最小的单牌、最长的长牌（三连对、二连三），宜出中单、对子或三同张向同伴示弱。

10. 弱牌之四：手数比较多、无炸弹。 11 手以上，俗称一手烂牌，上游的概率极低。在牌力判断和角色定位的基础上，清醒地意识到自己的牌力很弱，根本不具备担任主攻的条件，按照"人狼不如牌狠"的原则,只能担任助攻。在此情况下,首攻限制就很多,小单或长牌禁出,尤其禁出最小的单牌、最长的长牌(三连对、二连三),宜出中单、对子或三同张向同伴示弱。

四、掼蛋战术的选择

1. 偷袭。 在掼蛋实战中,牌手经常会遇到攻其不备、出其不意的情形。"偷袭"是非对称战争的一种形式,非对称就是以强对弱、以多对少、以先进对落后等。"偷袭"就是以有备对不备,以快速打缓慢。掼蛋实战中,偷天换日者有之,装模作样者有之,煞有介事者有之,化装逃跑者有之……

2. 飞牌。 优秀的掼蛋选手往往会依赖精准的判断、可靠的记忆和超强的大局观,采用"飞牌"的战术和策略,有时起到扶大厦之将倾、挽狂澜于既倒的独特作用。飞牌往往奇兵制胜、出奇制胜,打对手一个措手不及、毫无防备。攻城为下,攻心为上。在掼蛋实战中,适时、及时、果断地飞一手牌,确实能够取得意料之外、情理之中的战果。

3. 忍让。 牌力不够时要学会忍,形势不明时要学会忍,沟通不充分时也要学会忍。两害相权取其轻,两利相权取其重。两种损害放面前,当然是选择伤害较轻的那种;两种利益同时放在面前,当然是选择利益较大的那种。一言以蔽之,利弊权衡,自然选利重而害轻的。退一步海阔天空,让三分心平气和。

4. 掩护。 "掩护"的基本含义是对敌采取警戒、牵制、压制等手段,保障部队或人员行动的安全。掼蛋是团队竞技、集体项目、双人协作,这对牌手与同伴之间的相互掩护提出了很高的要求。不顾同伴生死,甚至牺牲同伴利益的牌手比比皆是;不知道掩护的意义和价值的牌手普遍存在。掼蛋实战中,明修栈道、暗度陈仓的例子很多,牌手要灵活运用以掩护同伴或自己实现战略目标。

5. 强攻。 在掼蛋实战中,强攻就是以水银泻地、风卷残云之势,向对手发起总攻,一举夺取战役的主动权;强攻就是以雷霆万钧、摧枯拉朽的手段，吹响攻坚战、破袭战的号角，瞬间确立优势和胜势；强攻就是集中优势兵力，确立总攻方向，借助有效手段，迅速取得突破。

6. 智取。 掼蛋实战告诉我们，强攻难，智取更难。掼蛋是一门精深、高雅的艺术，需要智慧、果敢、勤奋、拼搏；需要定位、沟通、策略、技巧。智取就得有工匠精神、孔明智谋，否则就不可能设想出绝妙的计策。掼蛋不能光凭蛮干、强攻和硬闯，必须掌握谋略，运用技巧，心思缜密。谈恋爱时，强攻只能征服一个人，智取却可以得到一颗心。掼蛋时，强攻只能奏效一时，智取可以受益全盘。孙子兵法认为攻心为上，攻城次之；战而胜之，可也；不战而胜，上上策也。掼蛋实战中，善于进攻的人，能够迫使对手防不胜防、守无可守；善于防守的人，能够迫使对手攻无所攻、战无处战。善于进攻的牌手，不完全依赖炸弹，而是要用计谋；善于防守之牌手，不完全依靠盾牌，而是要依靠智慧。

第三十八章 三十六计与掼蛋

"三十六计"或称三十六策,是指中国古代三十六个兵法策略,源于南北朝。它是根据中国古代军事思想和丰富的斗争经验总结而成的,是中华民族优秀的文化遗产之一。三十六计按计名排列,共分六套,即胜战计、敌战计、攻战计、混战计、并战计、败战计。前三套是处于优势所用之计,后三套是处于劣势所用之计。每套各包含六计,总共三十六计。其中每计名称后的解说,均系依据《易经》中的阴阳变化之理及古代兵家刚柔、奇正、攻防、彼己、虚实、主客等对立关系相互转化的思想推演而成,含有朴素的军事辩证法的因素。用三十六计指导掼蛋,将刚柔、奇正、攻防、彼己、虚实、主客等对立关系灵动地体现在掼蛋实战中,具有积极的现实意义。

第一套 胜战计

第一计 瞒天过海。 原文:备周而意怠,常见则不疑,阴在阳之内,不在阳之对。太阳,太阴。译文:认为准备万分周到,就容易松劲;平时看惯了的,就往往不再怀疑了,秘计隐藏在暴露的事物之中,而不是和公开的形式相排斥。非常公开的往往蕴藏着非常机密的。含义:形容极大的欺骗和谎言,什么样的欺骗手段都使得出来。在掼蛋实战中,所谓瞒天过海,就是故意一而再、再而三地用伪装的手段迷惑、欺骗对手,使对手放松戒备,然后突然行动,从而达到取胜的目的。589年,隋朝将大举攻打陈国。战前,隋朝将领贺若弼组织沿江守备部队调防,每次调防都令三军大列旗帜,遍支军帐,张扬声势,以迷惑陈国。果真陈国难辨虚实,以为大军将至,尽发国中兵马，准备迎敌决战。可是不久，发现是隋军守备人马调防，并非出击，陈国便撤回集结的迎战部队。如此三番五次，隋军调防频繁，蛛丝马迹一点儿不露，陈国竟然也司空见惯，戒备松懈。直到隋军真正渡江而来，陈国仍未觉察。隋军如同天兵压顶，令陈兵猝不及防。这一典型战例值得掼蛋爱好者研究与借鉴。

第二计　围魏救赵。原文：共敌不如分敌，敌阳不如敌阴。译文：树敌不可过多，对敌要各个击破，对现在还不忙于消灭的，要隐藏我们的意图。围魏救赵本指围攻魏国的都城以解救赵国，现借指用包抄对手的后方来迫使对手撤兵的战术。在掼蛋实战中，围魏救赵，就是指当对手实力强大时，要避免与之正面决战，而应该采取迂回战术，迫使对手分散兵力，然后抓住对手的薄弱环节发动攻击，置对手于死地。公元前354年，赵国进攻卫国，迫使卫国屈服于它，魏惠王派庞涓讨伐赵国，不到一年便攻到了赵都邯郸。赵国一面竭力固守，一面派人向齐国求救。齐威王任命田忌为主将，以孙膑为军师，率军救赵。孙膑出计，要军中最不会打仗的齐城、高唐佯攻魏国军事要地襄陵，以麻痹魏军，而大军却绕道直插大梁。庞涓得到魏惠王命令火速返国救援。此时魏军为疲惫之师，怎能打过齐国以逸待劳的精锐之师？所以大败。这一典型战例也值得掼蛋爱好者研究与借鉴。

第三计　借刀杀人。原文：敌已明，友未定，引友杀敌，不出自力，以《损》推演。译文：作战的对象已经确定，而朋友的态度还不稳定，要诱导朋友去消灭对手，避免消耗自己的力量。借刀杀人，比喻自己不出面，自己不动手，而利用第三者的力量去攻击对手，用以保存自己的实力。再进一步，则巧妙地利用对手的内部矛盾，使其自相残杀，以达到置敌于死地的目的。在掼蛋实战中，牌手可以巧妙地利用对手之间的矛盾冲突和相互埋怨，引诱其相互压牌、顶牌、封牌、让牌，从而达成战略意图。

第四计　以逸待劳。原文：困敌之势，不以战，损刚益柔。译文：控制对手力量发展的命脉来扼杀他，而不采取进攻的形势，这就是"损刚益柔"原理的演用。以逸待劳指作战时不首先出击，而是养精蓄锐,以对付远道而来的疲惫不堪的对手。在掼蛋比赛时,有的牌手长途奔袭、舟车劳顿,有的牌手则养精蓄锐、以逸待劳。三国时,吴国杀了关羽,刘备怒不可遏,亲率大军伐吴。孙权命青年将领陆逊为大都督,率五万人迎战。陆逊深谙兵法,判断形势,战略退却,以观其变。相持半年,蜀军斗志松懈。时机成熟,陆逊下令全面反攻,火烧蜀军七百里连营,创造了战争史上以少胜多、后发制人的著名战例。在掼蛋实战中,更有很多以弱胜强、后发制人的战例。

第五计　趁火打劫。原文:敌之害大,就势取利,刚决柔也。译文:对手的危机很大,就乘机取利,用优势力量攻击软弱的。本指趁人家失火的时候去抢东西。现比喻乘人之危捞取好处。1644年,李自成建立大顺政权,灭了明朝,但随后吴三桂投靠清朝,山海关大战,李自成的大顺军失利,清军实现了多年以来的入关梦想,清朝开始了统一中原的进程。李自成灭掉清朝的大敌明朝,而清朝趁乱又消灭李自成、张献忠、南明等政权,乱中取胜,占领全国。掼蛋实战中的趁火打劫,主要是指在对手出现误判、误算、漏判、漏算之际,毫不犹豫地实施攻击,不留情面地进行压迫,争取团队利益最大化。

第六计　声东击西。原文:乱志乱萃,不虞"坤下兑上"之象;利其不自主而取之。译文:对手乱撞瞎碰,摸不清情况,这是《易经》"萃"卦上所说的"坤下兑上"的混乱之状。必须利用对手失去控制力的时机加以消灭。声东击西,指表面上声言或伪装要攻打东面,其实是攻打西面,军事上使对手产生错觉的一种战术。韩信"木罂渡河"一役堪称战争史上的经典。不仅渡河方式奇特,不是用船,而是用木罂。其战略步骤更为奇特,先是声东击西,然后击西之后还要击东,使对手完全被动挨打。在掼蛋实战中,许多牌手采用声东击西的战术,扰乱对手心智,打乱对手部署,突破对手防线,取得意想不到的战果。当然,牌桌上的声东击西是靠"牌",而不是靠"说"。

第二套　敌战计

第七计　无中生有。原文:诳也,非诳也,实其所诳也。少阴,太阴，太阳。译文：无中生有是运用假象，但不是弄假到底。而是使假象变真象，大小假象，掩护真象。无中生有，原指本来没有却硬说有，现形容凭空捏造。无中生有之计用于掼蛋，倒也比较常见。比如，一手弱牌，打出强牌气势，一手差牌，打出好牌样子，在迷惑对手的同时，有时也能达到乱中取胜的效果。战国末期，七雄并立，秦国兵力最强，楚国地盘最大，齐国地势最好，其余四国不是他们的对手。当时，齐楚结盟，秦国无法取胜。秦国相国张仪建议离间齐楚，再分别击之。秦王觉得有理，遂派张仪出使楚国。张仪带着厚礼拜见楚怀王，说秦国愿意把商於之地六百里送与楚国，只要楚能绝齐之盟。怀王一听，觉得有利可图：一得了地盘，二削弱了齐国，三又可与强秦结盟。于是不顾大臣反对，派逢侯丑与张仪赴秦签订条约。一方面，楚怀王派人到齐国，大骂齐王，刺激齐国绝楚和秦；一方面，逢侯丑找到张仪商谈送商於之地一事，张仪辩称送的是奉邑六里，而不是商於六百里。于是楚怀王发兵攻秦。在秦齐两国夹击之下，楚军大败，秦军尽取汉中之地六百里。楚怀王中了张仪无中生有之计，不但没有得到好处，相反却丧失大片国土。

第八计　暗度陈仓。原文：示之以动，利其静而有主，"益动而巽"。译文：故意暴露行动，利用对手固守的时机，便主动偷袭。暗度陈仓，后多比喻暗中进行某种活动。"明修栈道，暗度陈仓"是古代著名战例。秦朝末年，政治腐败，群雄并起，纷纷反秦。刘邦的部队首先进入关中，攻进咸阳。势力强大的项羽进入关中后，逼迫刘邦退出关中。鸿门宴上，刘邦险些丧命。刘邦此次脱险后，只得率部退驻汉中。为了麻痹项羽，刘邦退走时，将汉中通往关中的栈道全部烧毁，表示不再返回关中。其实刘邦一天也没有忘记一定要击败项羽，争夺天下。公元前206年，已逐步强大起来的刘邦，派大将军韩信出兵东征。出征之前，韩信派了许多士兵去修复已被烧毁的栈道，摆出要从原路杀回的架势。关中守军闻讯，密切注视修复栈道的进展情况，并派主力加紧防范、阻拦汉军。韩信"明修栈道"的行动果然奏效，把敌军主力引诱到了栈道一线，韩信立即派大军绕道陈仓发动突然袭击，一举平定三秦。在掼蛋实战中，常常会出现类似情景，以明修栈道为名，行暗度陈仓之实。有的牌手明明只有助攻的实力，却摆出主攻的架势；有的牌手往往不喜欢某种牌型，却故意显得对该牌型有信心、有兴趣、有偏好。

第九计　隔岸观火。原文：阳乖序乱，阴以待逆，暴戾恣睢，其势自毙。顺以动豫，豫顺以动。译文：对手内部分裂，秩序混乱，我便等待他发生暴乱，那时对手内部力量穷凶极恶，反目成仇，自相成杀，势必自行灭亡。在掼蛋实战中，牌手必须根据对手的变化而变化，做好准备之后，还要根据对手的变动而行动。隔岸观火之计，是指根据对手正在发展着的矛盾冲突，采取静观其变的态度。当对手矛盾突出、相互倾轧，不忙趁火打劫，故意让开一步，坐待对手内部矛盾升级，直至其自相残杀，从而达到削弱对手、壮大自身的目的。《孙子兵法·火攻篇》提出慎动之理，即隔岸观火之意。孙子强调，战争是利益的争夺，如果打了胜仗而无实际利益，这是没有作用的。所以，"非利不动，非得（指取胜）不用，非危不战，主不可以怒而兴师，将不可以愠（指怨愤、恼怒）而致战。合于利而动，不合于利而止"。一定要慎用兵，戒轻战。战必以利为目的。当然，隔岸观火之计，不等于站在旁边看热闹，一旦时机成熟，就要改"坐观"为"出击"，以取胜得利为最终目的。

第十计　笑里藏刀。原文：信而安之，阴以图之，备而后动，勿使有变，刚中柔外也。译文：使对手相信我方，并使其麻痹松懈，我则暗中策划，充分准备，一有机会，立即动手，使对手来不及应变，这是暗中厉害、表面柔和的策略。该计策的最大特点就是运用广泛，而且可以无师自通。笑容本是人类一种美好的表情，俗话说，"拳头不打笑脸人"，笑里藏刀之所以能够成为一个百试不爽的计谋，就是因为他击中了人性中最常见的弱点。宋将曹玮，闻知有人叛变，他非但不惊恐，反而随机应变，谈笑自如，不予追捕，让对手把叛逃者误认为是曹玮派来进攻的，把他们全部杀光。曹玮把笑里藏刀和借刀杀人之计运用得何其自如！古代兵法早就提醒为战者，切不可轻信对方的甜言蜜语、空头支票,要谨防他们暗中隐藏的杀机。总之,此计还多用于军事政治与外交的伪装上。这是一种表面友善而暗藏杀机的计谋。在掼蛋实战中,规则禁止故意露出愉快或痛苦的表情,有的牌手惯于用表情来迷惑对手,笑容可掬,笑里藏刀,以笑面虎的姿态怀揣不轨之心。此时须当心,审慎不可无。

第十一计 李代桃僵。原文:势必有损,损阴以益阳。译文:当局势发展有所损失的时候,要舍得局部的损失,以换取全局的优势。指在敌我双方势均力敌或敌优我劣的情况下,用小的代价,换取大的胜利的谋略,很像象棋中的"舍车保帅"战术。齐威王喜好赌赛马,每次与大将军田忌比赛马,田忌都输给了齐威王,因此也输掉了许多赌金。田忌的客卿孙膑得知情况后,给田忌出了一计策:让田忌的下等马先与齐威王的上等马比赛,先输一局;再让田忌的中、上等马与齐威王的下、中等马分别比赛,田忌就会赢得后两局,因此,他就能赢取整场比赛。当齐威王再次与田忌赌赛马时,田忌采纳了孙膑的计策。果然,田忌最后赢得了这场赌马比赛,得到了丰厚的赌金。齐威王得知是由于孙膑的妙计而使田忌获得了胜利,很赞赏他的才华,后来封孙膑为军师,辅佐田忌作战。孙膑的赌马计谋,先是主动放弃第一局,再充分抓住齐威王后两局的劣势,发挥田忌所保存的后两局的优势,从而取得了最后的胜利。孙膑以第一局较小的代价而赢得全局胜利,充分诠释了"李代桃僵"的内涵。李代桃僵之策,对于掼蛋实战也有借鉴的价值,尤其是在进行团体对抗赛时,按此计谋排兵布阵就大有收获。

第十二计 顺手牵羊。原文:微隙在所必乘;微利在所必得。少阴;少阳。译文:微小的漏洞必须利用,微小的利益也必须获得。变对手小的疏忽,为我方小的胜利。比喻顺便行事,毫不费力。趁势将对手捉住或乘机利用别人,亦比喻乘机拿走别人的东西。作为一种计谋,顺手牵羊常常不是等"羊"自动找上门来,而是着意寻找对手的空子,或诱使对手出现漏洞并进一步利用该漏洞,从而使自己牵羊时很"顺手"。司马懿千里急行军,在孟达工事未固时,平息了叛乱,斩杀了孟达,这算得上是成功的顺手牵羊了。在掼蛋实战中,抓住机遇非常重要,机遇稍纵即逝。对手的疏漏往往是己方的机会,善战者皆明此理。

顺手牵羊与趁火打劫之计,有相同的地方,但是,趁火打劫是趁对手处于十分困难、消极、混乱等情况下,加以攻击取胜;而顺手牵羊则是指抓住对手所暴露出来的微小的战机,将其歼灭。在掼蛋实战中,不要小看那些微妙的战机。敌我双方牌力的对比与涨落,是一个由量变到质变的发展过程,优秀的掼蛋选手善于逐渐地削弱、打击对手的有生力量,不断壮大和扩充自己的实力,善于捕捉战机、乘虚而入。当然,在寻找和利用对手的薄弱环节与微小漏洞时,切不可因"小"失大,必须顾全大局,以免落入对方精心设计的圈套里。

第三套 攻战计

第十三计 打草惊蛇。原文:疑为叩实,察而后动;复者,阴之媒也。译文:有怀疑的就要侦察实情,完全掌握了实情再行动。反复侦察,是发现暗藏对手的因素。作为谋略,打草惊蛇是指对手兵力没有暴露,行踪诡秘,意向不明时,切切不可轻敌冒进,应当查清对手的主力配置、运动状况再说。在掼蛋实战中,牌局形势变化多端,有时己方巧设伏兵,故意"打草惊蛇",让对手中计的战例也层出不穷。打草惊蛇之计,一则指对于隐蔽的对手,己方不得轻举妄动,以免对手发现我方意图而采取主动;二则指用伴攻助攻等方法"打草",引蛇出洞,中我埋伏,聚而歼之。掼蛋高手惯用这一计谋,就能赢得主动。

第十四计 借尸还魂。原文:有用者,不可借;不能用者,求借;借不能用者而用之。匪我求童蒙,童蒙求我。译文:有用的不可以利用,怕的是我不能控制它;不能利用的却要去利用,因为我完全可以控制它;利用不能用的而控制它。这不是我受别人的支配,而是我支配别人。用在军事上,借尸还魂是指利用、支配那些没有作为的势力来达到我方目的的策略。在掼蛋实战中,许多牌手把一副疑似很差的牌打出许多意想不到的变化来，打出令人匪夷所思的效果来，往往采用的就是"借尸还魂"之术，宛若围棋高手李世石九段的"僵尸流"，眼看灰飞烟灭，突然峰回路转。

历史上常有这种情况，在改朝换代的时候，人们往往喜欢推出亡国之君的后代，打着他们的旗号，来号召天下。用这种"借尸还魂"的计谋，达到夺取天下的目的。在军事上，指挥官一定要善于分析战争中各种力量的变化，要善于利用一切可以利用的力量。有时，即使己方受挫，处于被动局面，如果善于利用对手的矛盾，利用一切可以利用的力量，也能够转被动为主动，改变战争形势，达到取胜的目的。东汉末年，天下大乱，群雄逐鹿。曹操胸怀大志，决心改朝换代，统一中原。古代圣贤说过：名不正则言不顺，言不顺则事不成。曹操一度为自己大动干戈的名义问题而烦恼。谋士对曹操说："在历史上，晋文帝接纳了周襄王，各地诸侯便纷纷地投靠于他。汉高祖为义帝孝服东征，天下之人都归心于他。自天子蒙难，您首倡义兵以来，无时无刻不感念汉室。现在，天子已到达洛阳，正是您建功立业的大好时机。您若把天子迎奉到许都，至少有三点好处：一可以顺从民心，得到百姓的拥戴；二可以借辅佐天子之机，使各地诸侯顺服；三可以取义于天下，使英才前来投效。到那时谁能与您相比呢？"曹操闻言大喜，遂亲赴洛阳，将汉献帝奉迎至许都。说是"奉迎"，实际上是"挟持"。自此，曹操挟天子以令诸侯，成为权倾朝野的枭雄。奉迎天子，以令诸侯，确实有利可图。曹操欲借已经衰落的汉朝之"尸"，还自己成为中原霸主之"魂"。这一谋略对于曹操日后的发展起了举足轻重的作用。

第十五计 调虎离山。原文：待天以困之，用人以诱之，"往蹇来返"。译文：等待天时于对手不利时再去围困他，用假象去诱骗他"往前有危险，就返身离开"。目的在于削弱对方的抵抗力，减少自己的危险。在军事上调虎离山指如果对手占据了有利的地势，并且兵力众多，这时我方应把对手引出坚固的据点，或者把对手引入对我方有利的地区，才可以取胜。常言道：龙游浅水遭虾戏，虎落平阳被犬欺。反过来，虾蟹入龙潭斗龙，犬羊入虎穴擒虎，纵使攻得进去，也只是白白送死。在掼蛋实战中，要善于调动对手、诱骗对手，避免与强敌正面碰撞。

战国时，秦国出兵攻打赵国。赵国名将廉颇凭借长平关易守难攻的险要地势，屡次挫败秦军。秦国把坚守长平关的廉颇视为眼中钉、肉中刺，精心策划了反间计，使赵王对廉颇起了疑心，将廉颇撤换下来，派去了无实战经验、只会纸上谈兵的赵括。秦将白起为了引诱赵括离开长平关，故意打了几个败仗后退走。赵括求胜心切，轻易杀出长平关，出城追击秦军，结果进入了秦军的埋伏圈。白起将赵括的40万大军断成两段，分而制之。赵括只好就地筑起营垒，等待援兵。其实援兵早被白起悉数全歼。赵括在营垒里苦等了40余天，急得像热锅上的蚂蚁。这时秦军故意网开一面，引诱赵括强行突围，结果赵括轻易离开营垒，再次进入秦军的埋伏圈。这一次赵括回天无力，全军覆没。在这次战役中，秦军三次使用调虎离山之计。第一次用反间计调走了廉颇这只虎；第二次调赵括离开易守难攻的长平关；第三次诱骗赵括离开临时营垒。值得称奇的是，秦军使用调虎离山之计连连得手，赵括一而再、再而三地落入了秦军的圈套。

第十六计　欲擒故纵。原文：逼则反兵；走则减势。紧随勿迫。累其气力，消其斗志，散而后擒，兵不血刃。需，有孚光。译文：逼得对手无路可走，就会遭到坚决的反扑；让他逃走，就会消灭对手的气势，所以要紧紧地跟踪对手，但不要逼迫他，借以消耗他的体力，瓦解他的士气，等他的兵力分散了，再进行捕捉。这样用兵可以避免流血，不逼迫对手，并让他相信，这对战争是有利的。欲擒故纵中的"擒"和"纵"，是一对矛盾。在掼蛋实战中，"擒"是目的，"纵"是方法。"纵"是为了更好地"擒"，"擒"是"纵"的必然结果。《老子》曰："将欲夺之，必固予之。"《战国策》曰："将欲败之，必姑辅之；将欲取之，必姑与之。"都应当对掼蛋爱好者尤其是掼蛋高手有所启迪。古人有"穷寇莫追"的说法。实际上，不是不追，而是看怎样去追。把对手逼急了，它只得集中全力，拼命反扑。不如暂时放松一步，使对手丧失警惕，斗志松懈，然后再伺机而动，歼灭对手。

打仗，消灭对手，夺取其地盘，是根本目的。如果逼得"穷寇"狗急跳墙，垂死挣扎，而己方也损兵失地，这是不可取的。放他一马，不等于放虎归山，目的在于让对手斗志逐渐懈怠，体力、物力逐渐消耗，最后己方寻找机会，全歼对手。《三国演义》中，诸葛亮七擒七纵孟获，绝非感情用事，他的最终目的是在政治上利用孟获的影响，稳住南方，乘机扩大疆土。在军事谋略上，有"变"与"常"二字。释放对手主帅，不属常例。通常情况下，抓住了对手不可轻易放掉，以免后患。而诸葛亮审时度势，采用攻心之计，对敌帅七擒七纵，将主动权操在自己的手上，最后终于达到目的。这说明诸葛亮深谋远虑，随机应变，巧用兵法，是位难得的军事奇才。

第十七计　抛砖引玉。原文：类以诱之，击蒙也。译文：用类似的东西去迷惑对手，使对手遭懵上当。借以比喻用没有价值的事物引出有价值的事物，泛指用粗浅、不成熟的意见引出别人高明、成熟的意见。也是一种自谦的说法。相传唐代诗人常建，听说赵嘏要去游览苏州的灵岩寺。为了请赵嘏作诗，常建先在庙壁上题写了两句，赵嘏见到后，立刻提笔续写了两句，而且比前两句写得好。后来文人将常建的这种做法称为"抛砖引玉"。此计用于军事，是指用相类似的事物去迷惑、诱骗对手，使其懵懂上当，中我圈套，然后乘机击败对手的计谋。"砖"和"玉"，分别使用了形象的比喻。"砖"，指的是小利，是诱饵；"玉"，指的是作战的目的，即大的胜利。"引玉"才是目的，"抛砖"是达到目的之手段。钓鱼需用钓饵，先让鱼儿尝到一点甜头，它才会上钩；对手占了一点便宜，才会误入圈套、吃了大亏。在掼蛋实战中，抛砖引玉的情形屡见不鲜、司空见惯，比如首攻以一手牌投石问路、试试对手，形势逐渐明朗后就会有更精确的牌型登堂入室、招摇过市。

第十八计　擒贼擒王。原文：摧其坚，夺其魁，以解其体；龙战于野，其道穷也。译文：彻底地摧毁对手的主力，抓住其首领，借以粉碎他的战争机构。即使敌军为强龙,与我军争斗在田野大地之上,也会陷入困顿的绝境。擒贼擒王,语出唐代诗人杜甫《前出塞》:"挽弓当挽强,用箭当用长。射人先射马,擒贼先擒王。"此计用于军事,是指打垮敌军主力,擒拿敌军首领,使敌军彻底瓦解的谋略。在掼蛋实战中,擒贼擒王,就是攻杀两名对手中实力占优、牌力稍强、气势更盛的那个人,从而让对手陷于混乱之中,便于彻底击溃之。优秀的牌手不能满足小胜,而要通观全局、不断扩大战果,以期获得全胜。错失良机,放过对手,就好比放虎归山,后患无穷。

第四套　混战计

第十九计　釜底抽薪。原文:不敌其力,而消其势,兑下乾上之象。译文:力量上不能战胜对手,可以瓦解他的气势,从根本上解决问题。世间很多事物的初始与发展,和水凉水沸形式相似、生生变化之理相同。正面攻击,等于扬汤止沸,可能劳而无功;消除对手生存根源,便是釜底抽薪。粮草为部队生存之根本,兵马未动,粮草先行。官渡之战曹操与袁绍正面交锋,可能永远无法击败袁绍,曹操绕道敌后,烧了袁军粮屯,断了袁军根本,因而大败袁军,这是极为高明的釜底抽薪。在掼蛋实战中,釜底抽薪之计启示我们,掼蛋一定要认清形势、把握趋势、看准大势,注重顶层设计,突出战略定位,从宏观上谋划牌局,从根本上解决问题,不做表面文章,不逞匹夫之勇,不图一时之快,不求一隅之得。掼蛋选手一定要牢记,临渊羡鱼,不如退而结网;扬汤止沸,不如釜底抽薪。

第二十计　浑水摸鱼。原文:乘其阴乱,利其弱而无主,随,以向晦入宴息。译文:乘着对手内部混乱,利用其还弱小而没有主见,让对手随从我,像人随着天时吃饭、休息一样。比喻趁混乱时机捞取利益、获得好处。浑水摸鱼,原意是指在混浊的水中,鱼晕头转向,我方乘机摸鱼,可以得到意外的好处。此计用于掼蛋,是指当对手战略混乱、六神无主时,我方乘机夺取胜利的谋略。在混浊的水中,鱼儿辨不清方向,在复杂的掼蛋中,弱小的一方经常会动摇不定,这时候就有可乘之机。更多的时候，这个可乘之机不能只靠等待，而应主动去制造这种可乘之机。一方主动去把水搅浑，一切情况开始复杂起来，然后可借机行事。在掼蛋实战中，水平高者往往会浑水摸鱼。浑水中摸鱼不仅是一件体力活，而且是一项智力劳动，首先要有敢于蹚浑水的勇气，其次要有善于摸鱼的智慧。

第二十一计　金蝉脱壳。原文：存其形，完其势；友不疑，敌不动；巽而止蛊。译文：保存阵地的原形，造成强大的声势，使友军不怀疑，对手也不敢贸然进犯，而我却可以隐蔽地击破另一支敌军。掼蛋实战中，有的牌手往往善于化装逃跑，好比"金蝉脱壳"。此计用于掼蛋实践，具体是指通过伪装而摆脱对手、麻痹对手，从而完成己方的战略撤退或战术转移，以实现己方的战略目标的谋略。稳住对方，绝不是惊慌失措、消极避战，而是稳住对手、脱离险境，实现己方战略目标。掼蛋中不一定要硬碰硬、硬拼硬，而应柔中带刚、刚柔相济，软中带硬、软硬兼施。在牌力偏弱的情况下，要想方设法尽快脱身，变换牌型、转换牌路实质上也是一种战略转移，是一种金蝉脱壳之计。

第二十二计　关门捉贼。原文：小敌困之，剥，不利有攸往。译文：对弱小的对手，要加以包围歼灭；对垂死挣扎的对手，如果从后面急追远赶，那是很不利的。关门捉贼，是指对弱小的敌军要采取四面包围、聚而歼之的谋略。如果让对手得以脱逃，情况就会十分复杂。穷追不舍，一怕敌人拼命反扑，二怕中敌诱兵之计。这里所说的"贼"，是指那些善于偷袭的小部队，它的特点是行动诡秘，出没不定，行踪难测。这股力量虽然数量不多，破坏性却很大，常会乘对方不备，侵扰敌方。所以，对这种"贼"，不可放其逃跑，而要断其后路，聚而歼之。当然，此计运用得好，绝不只限于"小贼"，甚至可以围歼敌主力部队。在军事实践中，关门捉贼与围歼战、口袋阵大体相当。在古今中外战争史上使用此计的比比皆是。曹操百忙之中还抽出时间对《孙子兵法》进行阐述，主张"十则围之"不能单纯从数字上来理解，而是要从指挥者的角度，对敌我双方统帅的指挥能力、武器装备、战斗能力以及天时地利等各方面的因素进行综合评估。如果优势明显、胜券在握,则用关门捉贼之策围歼敌军主力。在掼蛋实战中,如果掼蛋选手通过战略定位、战术沟通,确定自己与同伴牌力强、牌点高、大牌多、手数少,就应当快马加鞭、乘胜追击、一鼓作气、造成对手双下,势同"关门捉贼"。

第二十三计　远交近攻。是战国时范雎为秦国设计的一种外交策略。原文:形禁势格,利从近取。害以远隔,上火下泽。译文:扭转不利的局面,要考虑阻止它发展的趋势,利于攻取附近的地方,就有利;不利于攻击远隔的地方,就有害。《易经·睽》卦说:"火苗向上冒,池水向下流,志向不同,也可以结交。""远交近攻"之计属于制造和利用矛盾,分化瓦解对手联盟,实行各个击破的谋略。在掼蛋实战中,远交近攻的策略比较常见。桥牌就常常坚持近强远弱理念,采用远交近攻之策,对"近敌"重点打击,对"远敌"严防死守。

商鞅变法后秦国日渐强盛,而秦国的战略目标是吞并六国、统一华夏。就是说,远近六国都是秦国欲加以消灭的对手。在力量对比上,秦强于六国中的每一个国家,而弱于六国的联合。秦国只能"饭要一口口吃,对手要一个个消灭",这才有了范雎献上的"远交近攻"计策,即隐藏自己的战略目标,对远方国家佯装友好,而首先攻占相邻国家。"近攻,得寸,则王之寸;得尺,亦王之尺也。"如果舍近求远,付出的其他代价不说,即使得到土地也不易防守;如果同时树敌,会迫使各怀心计的六国联合起来,那样秦国将失去军事优势。秦王采用了范雎远交近攻的谋略,最终将六国各个击破,统一了中国。

历史上错误运用远交近攻策略而导致亡国的最大教训,莫过于宋朝。先犯错误的是北宋。北宋末年,北邻是占我燕云十六州的辽国,而辽以北是新兴的金国。北宋皇帝采用远交近攻策略,"联金灭辽",想讨回燕云十六州,结果是,灭辽后的金军长驱南下,有了靖康之耻,幸有长江天堑,宋朝总算保住半壁江山。而到了南宋末年,又搞

"远交近攻"，派使者与新兴的蒙古结盟，夹攻金国，金国倒是灭了，蒙古军队也长驱直入，宋朝彻底灭亡。

第二十四计　假途伐虢。原文：两大之间，敌胁以从，我假以势，困，有言不信。译文：对处在两个强大对手中间的国家，对手胁迫它时，我方却去援救它，立即出兵。《易经·困》卦说，对处在困迫状况下的国家，光空谈而没有行动，是不会被他信任的。"假途伐虢"是以借路为名，偷袭敌国，扩展疆土的谋略。假途，是借路的意思。伐，是攻占的意思。虢，是春秋时的一个小国。用于掼蛋实战中，其意在于先利用对手甲做跳板，去消灭对手乙，达到目的后，回过头来连对手甲一起消灭。在掼蛋实战中，向对手借道，就是引诱对手出己方喜欢的牌型，化装逃跑，借力打力，最终达成战略意图。垫枪虽然是一种苦肉计，却也是假途伐虢之策的灵活运用。假借同伴垫枪所开辟的道路，化解了让对手获得上游的风险，达成了己方获胜的结果。

第五套　并战计

第二十五计　偷梁换柱。比喻暗中玩弄手法，以假代真，以劣代优。原文：频更其阵，抽其劲旅，待其自败，而后乘之，曳其轮也。译文：多次变动对手的阵容，将其兵力调开，等他自乱阵脚，然后设计进攻。即所谓"先拖住对手，然后再替换他"。偷梁换柱，指用偷换的办法，暗中改换事物的本质和内容，以达到蒙混欺骗的目的。偷天换日、偷龙换凤、调包计，都是同样的意思。在掼蛋实战中，严禁偷梁换柱，是指严禁偷换牌张以耍赖，严禁偷龙换凤以投机。在掼蛋实战中，有的牌手存在偷牌、藏牌等不良行为，这种典型的偷梁换柱行为是规则所严厉禁止的。比如，一副牌打完（级牌8），地上出现小牌2、3各一张，显然是某位牌手"不小心"落下的。再比如，一副牌打完，由上游的上家洗牌，洗牌者乘人不备，在洗牌前迅速偷取两张红心级牌藏于袖中、手机下或其他不易察觉的地方，这也是偷梁换柱行为。

第二十六计　指桑骂槐。原文：大凌小者，警以诱之。刚中而应，行险而顺。译文：强大的慑服弱小的，要用警告的方法来诱导它。适当的强硬，可以得到拥护；施用险诈，可以得到顺从。该计谋本指间接地训诫部下，以使其敬服的谋略。此计还引申为运用各种政治和外交谋略，"指桑"而"骂槐"，向对手施加心理压力以配合军事行动。对于弱小的对手，可以用警告和利诱的方法，不战而胜；对于比较强大的对手，则可以用旁敲侧击威慑他。在掼蛋实战中，禁止语言交流、大声喧哗，更不允许"指桑"而"骂槐"、扰乱赛场清静。通过"指桑"达到"骂槐"的目的，并不能通过言语体现出来，但此计可以包含在出牌的过程中，即通过压制一个对手，向另一个牌力更强的对手施加压力，强化威慑力和压迫感，从而达到战略意图。

第二十七计　假痴不癫。原文：宁伪作不知不为，不伪作假知妄为。静不露机，云雷屯也。译文：宁可假装不知道，不行动，不可假装知道而轻举妄动。要沉着，不要泄露军机，就像迅猛激烈的云雷，在冬季藏入地下般的平静。把它运用于掼蛋实战中，主要有两种用法：一是愚兵之计，以大智若愚的姿态麻痹对手，暗中积蓄力量，等待攻击时机；二是缓兵之计，放松对手的警惕，转移对手的视线，为力争上游或借机逃跑赢得空间和时间。三国时期，曹操与刘备青梅煮酒论英雄，就是假痴不癫的典型例证。刘备早已有夺取天下的抱负，只是当时力量太小，根本无法与曹操抗衡，而且还处在曹操控制之下。刘备装作每日只是饮酒种菜，不问世事。一日曹操请他喝酒，席上曹操问刘备谁是天下英雄，刘备列了几个名字，都被曹操否定了。忽然，曹操说道："天下的英雄，只有我和你两个人！"一句话说得刘备惊慌失措，生怕曹操了解自己的政治抱负，吓得手中的筷子掉在地下。幸好此时一阵炸雷，刘备急忙遮掩，说自己被雷声吓掉了筷子。曹操见状，大笑不止，认为刘备连打雷都害怕，成不了大事，对刘备放松了警觉。后来刘备摆脱了曹操控制，干出了一番事业。

第二十八计　上屋抽梯。原文：假之以便，唆之使前，断其援应，陷之死地。遇毒，位不当也。译文：故意露出破绽，引诱对手深入我方，然后选择有利时机，断绝对手的前应和后援，将敌人完全置于死地。对于这样的下场，《易经·噬》上说得好：抢吃腊肉的磕掉了牙，怪自己的动作不当。"上屋抽梯"是一种诱逼计。掼蛋实战中的做法是：第一步制造某种使对手觉得有机可乘的局面（置梯与示梯）；第二步引诱对手错误判断形势或者出错牌（上屋）；第三步是截断其退路，使其陷于不利境地（抽梯）；第四步是逼迫对手按我方的意志行动，或给予对手以有效的打击，达成我方战略意图。我方发现对手战略意图、如意算盘或蠢蠢欲动时，可以用上屋抽梯这一计谋来保全自己，更可以用它击垮对手。制造某种假象，让对手觉得大好时机到了，着手行动。假象中掩盖圈套，如果对手果真采取行动，一定会落入圈套，走向失败。为了使对手进入圈套，我方要设法进行引诱。引诱，即投放诱饵；投饵要准确有效，就要知敌性识敌情，有目的地放饵。这和钓鱼一样。

赵匡胤在"陈桥兵变，黄袍加身"后，成功登上皇位，感到众多禁军将领位高名显，严重危及他的皇位。但他又不忍心且也没有理由突然置他们于死地，于是突发"上屋抽梯"之念，设家宴请众臣。大家酒醉饭足之时，赵匡胤忽然说："自从我当上皇帝后，日夜难安。还是你们好，自由自在的。"众将说："如今太平天下，谁让您寝食难安呢？难道是谁还敢威胁您的皇位吗？"赵匡胤说："你们肯定是忠诚于我的，但不能保证，你们的部下要拥立你等为王，那就由不得你们了。"众人忙问："那我们如何是好呢？"赵匡胤接着说："各位要能卸甲归田，我会全力以供财宝让大家颐养天年。否则，大家的安危我就不能保障了。"众将领听罢这一席软中带硬的话语，尽管十分不甘，只得告老还乡。赵匡胤不费一枪一弹，如愿坐稳了皇位。

第二十九计　树上开花。原文：借局布势，力小势大；鸿渐于陆，其羽可用为仪也。译文：借别人的局面布成阵势，兵力弱小的看来阵容也显得强大。《易经·渐》卦说：鸿雁飞向大陆，全凭它的羽毛丰满助长气势。"树上开花"之计，是指树上本来没有花，但可以借用假花点缀在树上面，让人真假难辨。此计用在掼蛋实战中，是指当自己牌力单薄时,可以借助同伴甚至对手的牌型、牌路,显得实力不俗,其实是貌似强大而已,只是通过虚张声势,乘机化装逃跑罢了。当己方牌力处于劣势的时候,通过出牌过程,隐瞒己方真正实力,装作己方很有实力的样子,让对手摸不清真相,以便能出奇制胜。

战国时期,魏将庞涓攻打韩国,韩国太子按兵不动,韩国将士情绪激愤,许多将军以死逼太子出兵,众怒难犯,太子只好出战。韩国军队依照孙膑"树上开花"之计,四方出兵,虚张声势,庞涓错误地以为,韩军主攻方向在韩国太子一路,率主力迎击太子,结果申大夫率韩军主力突破魏军包围,将粮食和援军送进成皋。韩太子不听劝告,违背孙膑之意,被庞涓大军围困在城西。孙膑再用"树上开花"之计,让成皋守城军队东门出,南门进,造成大军进城的假象。庞涓估计孙膑将从成皋西门突袭,于是便调集大军埋伏在城西。谁知孙膑大军从魏军包围圈的另一方向突破,救出韩太子及部众。

第三十计 反客为主。 原文:乘隙插足,扼其主机,渐之进也。译文:有空子就要插脚进去,扼住他的主脑机关。《易经·渐》卦说的"循序而进"就是这个意思。此计在军事战略方面,往往反映在同盟军中,起主导地位的主盟者,反被颇费心思的同盟方支配、戏弄,从而进入从盟者所设计的圈套之中。此计为"渐进之阴谋",既是"阴谋",又必须"渐进",才能奏效。李渊在夺得天下之前,写信恭维李密,后来还是把李密给消灭了。刘邦在兵力不能与项羽抗衡的时候,很尊敬项羽,鸿门宴上,以屈求伸,在项羽面前谦恭到了极点。后来刘邦力量扩大,由弱变强,垓下一战,终于将项羽逼死乌江。所以古人说,主客之势常常会发生变化,有的变客为主,有的变主为客。关键在于要变被动为主动,争取掌握主动权。在掼蛋实战中,反客为主的招法并不鲜见。弱者方法得当、谋略对路、伎俩得逞,往往也能一反常态、喧宾夺主,把弱势牌打出了强气势。

第六套　败战计

　　第三十一计　美人计。原文：兵强者，攻其将；将智者，伐其情。将弱兵颓，其势自萎。利用御寇，顺相保也。译文：面对兵力强大的部队，就要攻打它的将帅；面对将帅明智的部队，就打击它的情绪。将帅斗志衰弱，部队士气消沉，其气势必定自行萎缩。这就是《易经·渐》卦所说的利用对手内部的严重弱点来控制对手，可以有把握地保存自己的实力。意思是，对于用军事行动难以征服的对手，要使用"糖衣炮弹"，先从思想上、意志上、作风上击溃对手的将帅，使其丧失战斗力，然后再行攻取之策。在掼蛋实战中，美人计以其他表现方式呈现出来。比如，在竞技过程中，美人出征，闺蜜配对，举手投足，风韵万千，使一些掼蛋选手目眩神迷、方寸大乱，直接或间接地影响了对手对牌局的专注、对牌势的判断、对战略的构思。

　　第三十二计　空城计。原文：虚者虚之，疑中生疑；刚柔之际，奇而复奇。译文：空虚的就让它空虚，使人更加难以揣测；在进攻和防御中运用空虚的战术来隐蔽自己的空虚，越发显得用兵出奇。意指虚虚实实，兵无常势。虚而示虚的疑兵之计，是一种疑中生疑的心理战，多用于己弱而敌强的情况。《三国演义》中，魏国派司马懿挂帅进攻蜀国街亭，诸葛亮派马谡驻守街亭而遭受失败。司马懿乘胜直逼西城，诸葛亮无兵退敌，但他沉着镇定，大开城门，自己在城楼上弹琴唱曲。司马懿怀疑设有埋伏，引兵退去。等司马懿得知西城是空城回去再战时，赵云赶回解围，最终大胜司马懿。在掼蛋实战中，空城计的场景虽不多见，但空城计的化用倒也有迹可循。比如，牌弱时，坚守不出，守株待兔，一手牌27张分文不少、纹丝不动，仿佛空城一般。再比如，牌强时，有意不设防，将城门大开，引诱对手长驱直入，再围而歼之。

　　第三十三计　反间计。原文：疑中之疑，比之向内，不自失也。译文：在疑阵中再布置一层疑阵。《易经·比》卦说，来自对手内部的援助,自己不会受到损失。指的是识破对方的阴谋诡计,并巧妙地利用它来攻击对方。采用反间计的关键是"以假乱真",造假要造得巧妙、造得逼真,才能使对手上当受骗,信以为真,做出错误的判断,采取错误的行动。《孙子兵法》专门有一篇《用间篇》,指出有五种间谍,利用对手乡里的普通人做间谍,叫因间;收买对手做间谍,叫内间;收买或利用对手派来的间谍为我所用,叫反间;故意制造和泄露假情报给对方间谍,叫死间;派人去侦察对手,再回来报告情况,叫生间。在掼蛋实战中,虽然谈不上、用不上因间、内间、反间、死间、生间,但疑兵之计、诱敌之招的运用还是比较常见的。

第三十四计 苦肉计。原文:人不自害,受害必真。假真真假,间以得行。童蒙之吉,顺以巽也。译文:人不自己迫害自己,受迫害必然是真的;真的变假,间谍便乘机活动。此即《易经·蒙》卦所说的把他骗得乖乖的,顺着他活动。按照常理,人不会伤害自己,要是受到某种伤害,一定是由某种自己无法抗争的力量导致的。用好此理,伤害自己,蒙骗他人,达到目的,这种做法称为苦肉计。郑国武公伐胡,竟先将自己的女儿许配给胡国的君主,并杀掉了主张伐胡的关其思,使胡不防郑,最后郑国举兵攻胡,一举歼灭了胡国。汉高祖刘邦派郦食其劝齐王降汉,使齐王不防备汉军的进攻。韩信果断地乘机伐齐,齐王怒而煮死了郦食其。苦肉计不仅被用于战争之中,还广泛见于社会生活的各个领域,包括掼蛋。在掼蛋实战中,在牌力强、手数少、上游概率大的情况下,为了迷惑对手、麻痹对手、欺骗对手,往往施以苦肉计,将整牌拆散,或故意放小,延缓自身获得上游的进程,引诱对手追逐蝇头小利。高手垫枪也是一种苦肉计,比如,残局阶段,你还剩余8张牌(7777炸弹、一对99、一对JJ),你的同伴还剩12张牌(一个同花顺,一个三连牌,一张小单牌),上家只剩一张单牌大王,下家仅剩4444的炸弹(级牌为8),轮到你的同伴出牌,你的同伴出了一个三连对,上家压不了,轮到你出牌,必须毫不犹豫、干净利落地出7777(即垫枪),迫使下家压不住,你的同伴用同花顺接住,最后出一张小单牌,上游就非你同伴莫属了。

第三十五计　连环计。原文：将多兵众，不可以敌，使其自累，以杀其势。在师中吉，承天宠也。译文：对手兵力强大，不能硬打，应当运用谋略，使对手自相牵制，借以削弱对方的力量。《易经·师》卦说，将帅靠指挥不偏不倚，惯打胜仗的就是用兵如神。庞统使曹操战舰勾连，而后纵火焚之，使其不得脱。用连环计者，其结在使敌自累，而后图之。盖一计累敌，一计攻敌，两计扣用，以摧强势也。掼蛋策略博大精深，牌场形势瞬息万变，两军对垒，斗智斗勇，考验着每一位牌手的战略定力和战术素养。四位牌手都应明白，一计不成，又生一计；计中计、术中术、谍中谍，环环相扣、间不容发；一计套一计，计计连环，会起到意想不到的作用，收到神乎其神的效果。

东汉末年，太师董卓专权，朝野上下敢怒不敢言。正直的大臣们都想除掉他，但又苦于无好计可施。司徒王允找到府中歌女貂蝉，对她说："董卓和吕布都是好色之徒。我收你为义女，先把你许给吕布为妻，然后再献给董卓为妾，你在他们二人之间周旋，见机行事，挑拨离间。设法让吕布杀掉董卓，以保住汉朝江山。"貂蝉听后，满口答应，并发誓："如果我不按大人说的去做，不报大义，死于乱刀之下。"这就是王允和貂蝉共同定下的连环计，最后除掉了董卓。

第三十六计　走为上。原文：全师避敌，左次无咎，未失常也。译文：全军退却，避开对手，以退为进，待机破敌，这是不违背正常法则的。走为上，指的是战争中看到形势对己方极为不利时就主动撤退，避开强敌，寻找战机，以退为进。也谓遇到强敌或陷于困境时，以撤离和回避为最好的策略。这在谋略中是上策。现多用于做事时如果形势不利、没有成功的希望时，就选择退却、逃避的态度。古人云："敌势全胜，我不能战，则必降，必和，必走。降则全败，和则半败，走则未败。未败者，胜之转机也。"在掼蛋实战中，有的牌手秉持"打不过、躲得过""鸡蛋不碰石头""不宜力拼、徐图智取"的理念，保存实力，避开强敌，双剑合璧，攻击弱者，是比较明智的选择。古人尚且知道三十六计中"走"为上计，掼蛋选手更应明白走是保存实力、避开危险的最好方法。在掼蛋实战中，如果我方处于劣势，那么此时硬拼，便是以鸡蛋碰石头，没有生路；屈服，永远受制于他人，更不可能有生路。惹不起，躲着走，方是求生求存求复兴的上策。留得青山在，不怕没柴烧。"三十年河东，三十年河西"，这叫"走着瞧"。在《三国演义》中曹操也可以说是跑得有声有色的了。自从刺杀了董卓之后，他一直是东跑西颠，在濮阳败给了吕布，在宛城又输给了张绣，在赤壁被周瑜火烧，在华容道又差点死在关公刀下，到了潼关胡子也割了，袍子也丢了，在那些地方不跑早就没命了，可曹操却是最后的胜利者。掼蛋选手攻城略地、合纵连横，没有"走"的理念、"走"的决心、"走"的方法，是很难实现"掼蛋梦"的。让我们切记，三十六计，走为上策。

第三十九章　站位·方位·定位·进位

在掼蛋实战中，如何提高站位、把握方位、精准定位、争先进位，在四个"位"上驾轻就熟、举重若轻？这是对每一位掼蛋爱好者尤其是掼蛋高手提出的紧迫课题。提高站位是前提，把握方位是基础，精准定位是关键，争先进位是目标，四个"位"相辅相成、丝丝入扣，检验着掼蛋爱好者尤其是掼蛋高手的精神、境界、素质、能力、作风和底蕴。

一、提高站位是前提

掼蛋爱好者尤其是掼蛋高手一定要提高站位谋全局、提高站位谋长远、提高站位谋同伴。

一要提高站位谋全局。掼蛋爱好者尤其是掼蛋高手要站在全局牌的高度思考问题，要站在整副牌的角度制定战略，破除旧思路，确立新思维，跳出旧框框，探索新路径。在掼蛋实战中，心中要有大局意识，心中要有全局观念，心中要有集体利益，心中要有责任担当。要遵循掼蛋竞技规律、竞赛规则，树立鲜明的大局观、胜负观、得失观、利益观，提高站位，围绕大局，在大局中谋划，在大势中定夺，在大事上作为，始终把握出牌的主动权，有效化解不利的形势，积极争取利益的最大化。《大学》说："知止而后有定，定而后能静，静而后能安，安而后能虑，虑而后能得。"掼蛋爱好者尤其是掼蛋高手要按照高站位、谋全局的要求，谋定而后动、知止而有得。

二要提高站位谋长远。掼蛋爱好者尤其是掼蛋高手要谋长远之策，行固本之举，建久安之势，成长治之业。一副掼蛋牌局，是一个循序渐进的过程，是一个逐渐推演的过程。在牌局推进、形势发展的过程中，有些规律不能违背，有些阶段不可逾越，有些情况客观存在，有些困难无法避免。手气差并不可怕，可怕的是缺乏长远眼光；牌力弱并不可惧，可惧的是缺乏战略思维。要坚持做到以长远的眼光来理思路、谋规划、抓配合。思路决定出路，思路清晰，则目标明确；思路开阔，则路径明朗。既要在掼蛋战略的谋划上有长远眼光，始终坚持整体与局部的统一、个人与集体的统一、当前与长远的统一；也要在掼蛋战术的构思上有长远眼光，组合牌型要立足当前实际，调整牌路要放眼未来趋势。掼蛋选手谋长远，就要做到大处着眼、小处着手，远处着眼、近处着手，宏观处着眼、微观处着手。

三要提高站位谋集体。掼蛋爱好者尤其是掼蛋高手应当意识到，集体利益高于个人利益。在掼蛋竞技中，个人利益可以解释为个人在牌局中的角色定位、作用发挥与活动方式，集体利益可以理解为战略战术的高度统一，自己与搭档不同个性、不同角度、不同诉求的有机契合，团队获胜动力、取胜欲望、配合路径的共同体现。如果从矛盾普遍性与特殊性的辩证关系角度观察，就可以得出这样的结论：其一，集体利益作为团队成员共同遵循的价值取向，寓于个人利益之中，其实现基于个人利益的实现；其二，集体利益是掼蛋团队（搭档双方）个人利益的共同性存在，涵盖了个人利益的多样性和差异性；其三，个人利益与集体利益之间是对立统一的辩证关系，掼蛋团队（搭档双方）必须正确协调处理个人利益与集体利益之间的辩证关系。一个优秀的掼蛋选手，要时刻想着同伴的利益，时刻顾及同伴的感受，时刻考虑同伴的处境，时刻惦记同伴的需求，时刻把握同伴的脉搏，唯有如此，方能实现集体利益最大化、团队利益最优化。

二、把握方位是基础

掼蛋的历史方位，指的是掼蛋运动项目在体育发展历史中所处的位置；掼蛋的实际方位，指的是一副牌、一局牌在一场比赛、一次竞赛中所处的具体位置；掼蛋的个人方位，指的是在掼蛋实战中，综合考量牌力强弱、形势优劣而形成的战略定位、价格取向和路径选择。

认识和把握掼蛋运动所处的历史方位，是事关掼蛋运动健康、快速、可持续发展的重大理论和实践命题。掼蛋爱好者尤其是掼蛋高手唯有把掼蛋历史方位弄明白了、把握准了，才能明白自身所肩负的使命和担当，谋划掼蛋才会更精准，推广掼蛋才会更有效，参与掼蛋才会更积极。认识和把握掼蛋运动所处的历史方位，就要把全面落实党的十九大关于"广泛开展全民健身活动，加快推进体育强国建设"的新要求和掼蛋运动在全民健身活动中所处历史方位的科学研判结合起来，人高一筹，棋高一招，积极发出掼蛋的声音，广泛积聚掼蛋的元素，大胆探寻掼蛋的路径，着力提升掼蛋的份额。从事掼蛋的宣传、推广、组织和竞技，既要横向比，也要纵向看，无论从全国的竞技大局，还是区域的激烈竞争，都处在你追我赶的态势中，"不进则退，慢进也是退"的危机意识应深入人心。

三、精准定位是关键

人们常用"情同手足""义结金兰"来形容人与人之间的情义。其实，掼蛋亦如是。搭档双方是"手足同胞"，有"金兰之义"，大家为了同一个信念、同一项爱好、同一种责任，并肩战斗，同甘共苦，为抢抓胜机而一起努力，为攻坚克难而一块使劲，为争先进位而一道高兴……这种志同道合的战友之情比手足之情要珍贵得多，这种真诚质朴的同伴之谊比金兰之义要高尚得多。这就是精准定位的逻辑基础、哲学基础和思想基础。掼蛋爱好者尤其是掼蛋高手，一定要学会准确定位。在掼蛋实战中，不少选手之间充斥着太多的抱怨，对手气的怨言，对规则的不满，对同伴的牢骚，他们往往在抱怨中丧失了一次胜机、错过了一次升级。但是他们却从未发现，抱怨并没有给牌局带来任何改变，反而使整副牌、整局牌、整场牌变得更加糟糕和消极。这些抱怨都源自缺乏定位，都源自失去自信，都源自对同伴的不信任。美国西点军校流传着这样一句话："如果你适合站在哪儿，你就应该站在哪儿。"确实是这样，我们只有站对了位置，才能避免走弯路，也才能减少挫折和失败的打击。笛福说过："对于盲目的船来说,所有方向的风都是逆风。"在掼蛋实战中,之所以会有很多人屡遭失败,正是因为他们没能判断牌力强弱,没能找准角色定位,没有分清谁是主攻、谁是助攻。掼蛋实战,独尊定位;定位不准,满盘皆输;定位精准,事半功倍。美国女影星霍利·亨特一度竭力避免被定为矮小精悍的女人,结果走了一段弯路。后来,她在经纪人的帮助下,根据自己身材矮小、个性鲜明、演技极富弹性的特点,对自己进行了正确的定位。她在出演了《钢琴课》等影片后,获得好莱坞的"奥斯卡最佳女演员奖"。或许,制约掼蛋水平提升、境界提高的原因很多,但没有比缺乏精准定位造成的后果更严重。如果把掼蛋运动比作一艘航行在大海的航船,唯有按照指南针的方向,才能到达理想的港湾,而对自己的精准定位,就是掼蛋选手们手中握着的指南针。

四、争先进位是目标

掼蛋爱好者尤其是优秀的掼蛋选手,必须始终牢记争先进位的目标,敢于向强者叫板,敢于与高手比拼,敢于同大师竞争,敢于跟权威较劲。只有向强者叫板,才能提高;只有与高手比拼,才能进步;只有同大师竞争,才能知耻;只有跟权威较劲,才能明理。非凡的事业呼唤非凡的精神,超常的发展需要超常的担当。广大掼蛋爱好者尤其是优秀的掼蛋竞技者、推广者、组织者,都要充分认识肩上担负的责任与使命,切实增强使命感、责任感、紧迫感和大局观,铆足敢想敢干、敢为人先的闯劲,铆足过关斩将、星火燎原的狠劲,铆足时不我待、只争朝夕的拼劲,铆足咬定青山、苦干实干的韧劲,为普及掼蛋运动殚精竭虑,为提升掼蛋地位呕心沥血,为扩大掼蛋版图夙夜在公,为拓展掼蛋事业拼搏进取。在掼蛋实战中,争先就是要高点定位、抢占先机、争创佳绩;进位就是要小处着手、筚路蓝缕、埋头苦掼。争先进位,就得按照"博学之,审问之,慎思之,明辨之,笃行之"的古训去做,博采众家之长,细问战略战术,慎思方法路径,明辨态势趋势,笃行制胜法宝。争先进位,就得做到能升三级不升两级,能做上游不落人后,能下下游就要躲过,把"知己知彼,百战不殆"的要诀落到实处。

第四十章　战机·先机·胜机

在掼蛋竞技中，战机攸关全局胜负，先机影响战略主动，胜机决定最终结果。强者创造机会，弱者坐失良机。《孙子兵法》强调，要善于把握"势险而节短"的结合点，以创造取胜的战机和先机。在掼蛋实战中，"先发制人"和"后发制人"是创造战机、寻找战机、捕捉战机、把握战机的双刃剑。战机、先机、胜机的出现、产生与演变，是有条件的，它们是与一定的时间、地点、外部条件、内在因素密切关联的。战机未到，出手过早，将会无功而返；战机降临，行动过缓，则会坐失良机。因此，在掼蛋过程中，当战机来临时，要像《孙子兵法》所说的那样，"始如处女，后如脱兔"，牢牢掌握稍纵即逝的战机、先机甚至胜机。一旦战机、先机、胜机"东风不与周郎便"，那么，就会出现"铜雀春深锁二乔"的结局了。

一、掼蛋竞技中如何创造战机

战机是掼蛋竞技中获得优势、赢得主动的机遇。掼蛋选手捕捉战机、创造战机、把握战机能力的大小，决定了掼蛋实战的进程和结果。《孙子兵法·形篇》曰："昔之善战者，先为不可胜，以待敌之可胜。"孙子这句话说的是，善于指挥作战的人，先要做到不会被敌人所战胜，然后待机战胜敌人。孙子主张要"有备无患"，要"无恃其不来，恃吾有以待也；无恃其不攻，恃吾有所不可攻也"（《孙子兵法·九变篇》）。《淮南子·兵略训》说："善用兵者，必先修诸己而后求诸人，先为不可胜而后求胜。"《盐铁论·险固》说："有备则制人，无备则制于人。"《投笔肤谈》说："凡欲胜人，必先以敌不可胜我之事为之于己，而后乘隙以攻之。"这些论述，都是强调用兵作战应遵循先要做到自己立于不败之地、再寻机破敌、争取胜利的基本原则。

司马懿是三国时期最终统一天下的西晋王朝的奠基人，三国后期杰出的政治家、军事家，一生极富自知之明，特别是在攻守之道上，从来不打无把握之仗，三国后期很少有人能与之匹敌。215 年，曹操攻伐张鲁，平定了汉中。年轻的司马懿向曹操进言，趁刘备刚刚入蜀、人心未稳之机，立即出兵攻打刘备。曹操没有同意。过了几天，蜀国来降的人说，蜀国因为曹军攻破了汉中，人心恐慌，一天骚乱几十次，后来见曹军并未进攻，人心又安定下来。良机稍纵即逝，曹操懊悔不已。曹操一生用兵如神，但在对这件事情的认识上，司马懿则略胜一筹。司马懿深谙兵法要领，对敌打击往往动如脱兔，有迅雷不及掩耳之势。227 年，魏将孟达因为魏文帝去世，唯恐自己失宠，于是私下与诸葛亮联络，打算弃魏降蜀。司马懿得知这一情况，立即去信抚慰孟达，同时不顾千里行程，以日行 75 公里的速度进军，仅用 8 天就抵达上庸，而孟达这时尚在梦中。16 天后，司马懿破城，将孟达处死。等蜀国救兵来到，一切已成定局。司马懿不但擅长进攻，而且精于防守。231 年，诸葛亮兵出祁山伐魏。司马懿知道蜀军远来缺粮，求战心切，加之诸葛亮足智多谋，难以对付，于是司马懿据险扼守。诸葛亮求战不能，果然引兵退回。魏将张郃请求截击蜀军后路，司马懿不允，只是派兵尾随观察。到达祁山后，诸将纷纷请战，司马懿登山修寨，依然不允。众将当面指责他畏蜀如虎，他不加理会。5 月，众将向司马懿施压，伺机进攻蜀军，结果战败，只得退保营寨。司马懿从此更加坚信防守策略的正确性，面对诸葛亮咄咄逼人的进攻，从来不与争锋，甚至在诸葛亮赠送妇人衣物羞辱他时，他也欣然接受，忍辱负重，仍旧按兵不动。无奈的诸葛亮终于在壮志未酬的忧伤中去世。失去诸葛亮的蜀国，再也无法对魏国构成实质性的威胁。司马懿的防守政策取得了重大胜利。即使在同一场战争中，司马懿的攻守策略也不是一成不变的，他宜攻则攻，宜守则守，绝不拘泥于经验。在征讨公孙渊的战役中，他先是主张进攻，并做出100天内攻破敌城的保证，结果带兵到了襄平城下，却围而不攻，任由敌方樵夫出入。军士想要捉拿樵夫，都被司马懿禁止。过了一段时间，城内发生严重混乱，司马懿一举破城。众将问及原因，司马懿这才一语道破天机：我军人少粮多，敌军人多粮少，我放任樵夫出入，好让他们采薪造饭，吃光粮食，闹起饥荒，不战而自乱。司马懿的攻守之道，完全建立在对敌我形势的洞察、分析与判断上，而不是凭个人意志或直觉来决策，所以很少失算。综观司马懿的用兵之道，不难领略其处事不乱、稳扎稳打、游刃有余的大将风度。这种风度源于他知己知彼、能退能进、擅长攻守的修养，非常值得掼蛋选手品味和借鉴。

二、掼蛋竞技中如何把握先机

在掼蛋竞技中，既要压制对手、阻击对手，也要保护自己免受对手压制和阻击，其中的重要战术之一就是先发制人。先发制人，就是把握战机超过对手一筹，创造战机快过对手半拍，攻对手之不备，攻对手之未防，出其不意，抢先动手，突然袭击，一鼓作气，水银泻地，一气呵成。中国兵书，浩如烟海，《兵经百言》堪称独树一帜，其中收入的一百个字条，继承并发展了上下古今的兵家思想精华，并将之贯穿起来，构成一个较为完整的体系。其对"先"的论述是："兵有先天，有先机，有先手，有先声。师之所动能使敌谋阻，先声也；居人己之所并争，而每辄早一筹者，先手也；不倚薄击决利，而能预算必胜者，先机也；于无争止争，以不战弭战，当未然而浸消之，先天也。先为最，先天之用尤最，能用先者，能道全经矣。"《兵经百言》对"机"的论述是："势之维系为机，事之转变为机，物之要害为机，时之凑合为机。有目前为机，转盼即非机者；有乘之则为机，失之即无机者。谋之宜深，藏之宜密。定于识，利于决。"《孙子兵法》也多次提到先发制人的原则，《孙子兵法·形篇》指出，进行攻击时，要"动于九天之上"，如同雷霆万钧、不及掩耳。《孙子兵法·势篇》分别以"激水之疾"和"鸷鸟之击"来形容"势险"

和"节短",提出对战机的把握要"势如弩弩,节如发机"。《孙子兵法·军争篇》指出先机"其疾如风""侵掠如火""动如雷震"。在此基础上,《孙子兵法》总结出"胜兵先胜而后求战"的"先胜"思想,强调一个"快"字,以快打慢,以快制快。在掼蛋竞技中先发制人,一定要遵循"先胜而后战"的指导思想,积蓄相当的物质基础,制定正确的战略战术,进行周密的战前准备,实施有效的火力侦察。把握先机、先发制人的最大的特点是果断决策和快速出击。

据《资治通鉴》记载,秦末会稽守殷通闻陈涉起,欲发兵以应涉,使项梁及桓楚将。是时,桓楚亡在泽中。梁曰:"桓楚亡,人莫知其处,独籍知之耳。"梁乃出,诫籍持剑居外,梁复入,与守坐,曰:"请召籍,使受命召桓楚。"守曰:"诺。"梁召籍入,须臾,梁眴籍曰:"可行矣!"于是籍遂拔剑斩守头。项梁持守头,佩其印绶。门下大惊,扰乱;籍所击杀数十百人,一府中皆慑伏,莫敢起。梁乃召故所知豪吏,谕以所为起大事,遂举吴中兵,使人收下县,得精兵八千人。梁为会稽守,籍为裨将,徇下县。这段记载说的是,会稽郡郡守殷通听到陈胜起兵抗秦的消息后,想要发兵响应陈胜,便令项梁和桓楚指挥所发动的兵马。这时,桓楚正亡命江湖之中。项梁说:"桓楚在逃亡中没有人晓得他在什么地方,只有项羽知道他的行踪。"项梁就嘱咐项羽持剑候在外面,自己又进去与郡守同坐,说:"请您召见项羽,让他接受命令去召回桓楚。"殷通说:"好吧。"项梁唤项羽入内受命。不一会儿,项梁向项羽使了个眼色说:"可以动手了!"项羽随即拔剑斩下了殷通的头。项梁手提郡守的头颅,佩带上郡守的官印。郡守的侍从护卫们见状惊慌失措,混乱不堪,被项羽所击杀的有百十来人,一府之人都吓得趴在地上,没有一个敢于起身的。项梁随后便召集他从前熟悉的有势力的强干官吏,把之所以起事反秦的道理宣告给他们知晓,即征集吴中的兵员,命人收取郡下所属各县丁壮,得精兵八千人。项梁自己做了会稽郡郡守,以项羽为副将,镇抚郡属各县。《资治通鉴》所记载的这段历史,其大背景是,公元前209年9月,陈胜、吴广揭竿而起,会稽(今江苏苏州吴中区)郡守殷通也想乘势起兵响应，便命令他的部下项梁准备好起事的兵马。这时，项梁与他的侄子项羽早有反秦之意，又不甘心为殷通属下。于是项梁与项羽先发制人，二人合谋杀死殷通，夺取了郡守大印，率会稽八千多兵马，扯起了反秦复楚大旗。项梁与项羽以"先发制人"的战法，在会稽"杀殷夺印"之后，率先扯起了反秦复楚的大旗。因此，《汉书·项籍传》记载："方今江西皆反秦，此亦天亡秦时也。先发制人，后发制于人。"所谓"先发制人"，就是抢先一步制服对手。谁掌握了这一招，谁就掌握了主动权。项梁、项羽都懂得，军事斗争是血与火的搏斗，与殷通交手，没有什么斯文客套可言，趁其不备之际，先下手者必能得先机之利。正因为这样，他们叔侄二人牢牢地掌握了反秦复楚战争的主动权。

淝水之战中，前秦苻坚率领百万之众想以大兵压境之势，一举击败东晋王朝，苻坚应用的制胜规则是以大压小，以强凌弱，从气势上压制对手。然而东晋一方依据情报获悉，前秦军虽有百万之众，但人心不稳，且并未完全集结，多数还在进军途中。所以东晋采取了以经过7年严格训练的北府兵猛击苻坚率领的秦军先头部队，瓦解动摇其军心的策略。东晋一方采取的是先发制人、击其节点、瘫痪全局的作战规则，最终实现以弱胜强。

"先发制人"，是掼蛋竞技中较为通用的战法。围绕"先"字，应当掌握种种"制人"的策略：先声、先手、先机、先天。"师之所动能使敌谋阻者，先声也；居人己之所并争，而每辄早一筹者，先手也；不倚薄击决利，而能预算必胜者，先机也；于无争止争，以不战弭战，当未然而浸消之，先天也。先为最，先天之用尤最，能用先者，能道全经矣。"掼蛋实战中的先声、先手、先机、先天是指通过压迫式打法在声势上压倒对手，甫一交战就使对手的战略战术受到抑制，这就是先声；占领双方必争之地，每种牌型、攻防转换都抢在对手前面，此乃先手；不依赖短兵相接的硬拼取胜，而靠事先定下的计谋取胜，运筹帷幄之中，决胜千里之外，则是先机；以不争为争，攻心为上、攻城为下，以暴制暴，以快制快，则为先天。

其实,早在西周时期,人们对"先发制人"与"后发制人"这两种不同的战略指导思想就有了相当深刻的认识。当时的军事著作《军志》说"先人有夺人之心,后人有待其衰",这句话深刻揭示了"先发制人"与"后发制人"两种战略指导思想之间的差异。到了春秋战国时期,争霸兼并,战争频繁,诸子学说,精彩纷呈。面对"先发制人"还是"后发制人"的战略选择,出现了两种持完全不同观点的战略流派。一派以孙子、尉缭子等为代表,强调进攻速胜,主张"先发制人";另一派以老子、范蠡等为代表,强调贵柔守雌,主张"后发制人"。孙子是主张"先发制人"战略指导思想的代表人物,他说:"先处战地而待敌者佚,后处战地而趋战者劳。故善战者,致人而不致于人。"《孙子兵法·虚实篇》主张先于对手进入战场,以逸待劳,争取主动,使敌人陷于被动。尉缭子也主张"兵贵先",他说:"《兵法》曰:千人而成权,万人而成武。权先加人者,敌不力交;武先加人者,敌无威接。故兵贵先,胜于此,则胜彼矣。"应当指出的是,虽然孙子强调"先发制人",但在论述具体军事行动时有时又主张"后发",如《孙子兵法·地形篇》强调:"支形者,敌虽利我,我无出也,引而去之,令敌半出而击之,利。"半出而击,这无疑是"后发制人"的做法。又如《孙子兵法·军争篇》提出:"避其锐气,击其惰归。"遗憾的是,由于孙子过于重视和强调"先发"的地位与作用,对"先发制人"与"后发制人"的关系未进行深入分析,论述上略显片面。但片面的深刻远胜于全面的平庸。这也许正是孙子"先发制人"思想的价值所在。

三、掼蛋竞技中如何赢得胜机

在掼蛋竞技中,赢得胜机的关键因素是夺取和把握战略主动权。夺取和把握战略主动权的思想贯穿于《孙子兵法》全书。《孙子兵法·虚实篇》对此有详解:"故善战者,致人而不致于人。能使敌人自至者,利之也;能使敌人不得至者,害之也。故敌佚能劳之,饱能饥之,安能动之。出其所不趋,趋其所不意。行千里而不劳者,行于无人之地也；攻而必取者，攻其所不守也。守而必固者，守其所不攻也。故善攻者，敌不知其所守；善守者，敌不知其所攻。微乎微乎，至于无形；神乎神乎，至于无声。故能为敌之司命。"意思是：善于指挥作战的人，能调动敌人而不被敌人调动。能使敌人自动进入我预定地域的，是用小利引诱的结果；能使敌人不能到达其预定地域的，是制造困难阻止的结果。在敌人休息时使之疲劳，在敌人粮食充足时使之饥饿，在敌人驻扎安稳时使之移动，关键是要触及他不得不为我所动的地方。行军千里而不劳累，因为走的是敌人没有部署的地方；进攻而必然会得手，因为攻的是敌人没有设防的地方；防御而必然能稳固，因为防守的是敌人必来进攻的地方，所以善于进攻的，使敌人不知道怎么防守；善于防守的，使敌人不知道怎么进攻。微妙啊，微妙到看不出形迹；神奇啊，神奇得听不到声息。所以能成为敌人命运的主宰者。

　　按照《孙子兵法》的精髓，一旦掌握了战略主动权，打起仗来就会得心应手、随心所欲、呼风唤雨、游刃有余。"掌上千秋史，胸中百万兵"，夺取战略主动权需要掼蛋选手具备高瞻远瞩的战略眼光、高屋建瓴的战略思维、运筹帷幄的战略气魄、决胜千里的战略胆识。清王朝拥有排名世界第六、亚洲第一装备的北洋水师，却在自己的海域被动挨打，最后彻底毁灭。其原因何在？原因就在于北洋水师没有掌握战略主动权。掼蛋中的"致人而不致于人"，是指对抗双方以谁的意志为转移。对抗的任何一方，都有着自己战略目标和战略计划，都力求迫使对方按照自己的战略安排出牌；而对方则采取相反的做法以使自己不受控制，并按照自己的意愿出牌。简而言之，"致人而不致于人"就是要求对阵双方不为对手所动，要使对手为我所动。要使对手围着你转，而不是你围着对手转；牵住对手的鼻子，而不是让对手牵住你的鼻子。"致"，是指一方力量如何作用到对方，指力量运用的过程和产生的效果。"致"，不是谈力量的自身，也不是谈力量的外在条件，而是将双方力量综合起来谈，谈对抗双方的作用与反作用、控制与反控制、进攻与防守之道。掼蛋竞技中，"致"与"治"

"制"有近似的意思。就"致"而言,掼蛋与战争虽然都是讲力量的作用,但作用的机制和手段有很大区别。我们应当从掼蛋的竞技规律、竞赛规则与出牌特点出发,探讨掼蛋如何"致人",从而把握住掼蛋作用力与反作用力这一根本性的问题。

  淝水之战是发生在东晋时期北方的前秦与南方的东晋的一场战争。西晋末年,中国历史进入了分裂割据的南北朝时期。北方的前秦苻坚任用汉人王猛为相,国力迅速发展壮大,先后灭掉燕、代、凉等割据国,统一了黄河流域。以后又于 373 年攻占了东晋的梁、益二州,将势力扩展到长江和汉水上游。于是苻坚得意忘形,不顾大臣、皇宗、亲室的一致反对和丞相王猛临终再三告诫不可轻伐东晋的遗言,发动了欲统一南方的战争。383 年,苻坚调集 90 多万兵力进攻东晋。东晋方面以宰相谢石为将,率军 8 万抵抗秦军。两军对峙于淝水,谢玄针对秦军上下离心、各族士兵厌战的情况,及苻坚恃众轻敌又急于决战的心理,遣使要求秦军略向后撤,以便晋军渡河决战。苻坚认为可以趁其军队渡河到一半时半渡而击之,于是同意,指挥兵众后退。然而前秦的军队一退就不可收拾,大军中各部族的士兵皆乱成一团,而此时襄阳被俘的晋将朱序趁机大喊秦兵败了,致秦军大乱。晋军乘机抢渡淝水猛烈进攻,秦军大败。苻坚在逃跑的路上闻风声鹤唳,都以为是追兵,昼夜不停地逃跑。淝水之战是中国战争史上以少胜多的战役之中双方兵力规模最为悬殊的一次战争,其结果对后世有着深远的意义。此战使苻坚统一中国的希望彻底破灭,不仅如此,北方暂时统一的局面也随之解体而再次陷入分裂状态,各部族重新崛起,建立了自己的国家。苻坚本人也在两年后被姚苌俘杀,前秦随之灭亡。淝水之战启示我们:战略判断是否准确,决定了战争的走向与结局,也决定了掼蛋的形势消长与胜负结果。

第四十一章　掼蛋决胜岂止在牌桌

苏轼《念奴娇·赤壁怀古》中写道:"羽扇纶巾,谈笑间,樯橹灰飞烟灭。"这一千古名句所写的是三国时期著名的"火烧赤壁"之战,相传是孙权、刘备联军于建安十三年(208)在长江赤壁(今湖北省赤壁市西北)一带大破80万曹军并由此奠定三国鼎立基础的著名战役。这是中国历史上以弱胜强、以少胜多的著名战争之一,也是三国时期"三大战役"中最为著名的一场。还是中国历史上第一次在长江流域进行的大规模江河作战,标志着中国军事政治中心不再限于黄河流域。孙刘联军以火攻大破曹军,曹操北回,孙、刘各自夺去荆州的一部分。

《三国演义》曾用浓墨重彩描述了诸葛亮和周瑜在战前的"庙算"。周瑜邀诸葛亮入帐同饮,询问破曹妙计:"孔明曰:'都督且休言。各写于手内,看同不同。'瑜大喜,教取笔砚来。自暗写了,却送与孔明;孔明亦写了。两个同近坐榻,各出掌中之字,互相观看,皆大喜。原来周瑜掌中字,乃一'火'字;孔明掌中,亦一'火'字。"孔明将此战略概括为"欲破曹公,宜用火攻;万事俱备,只欠东风"。此后便演出了"七星坛诸葛祭风,三江口周瑜纵火"的火烧赤壁壮举。《资治通鉴·赤壁之战》记载,亮见权于柴桑,说权曰:"海内大乱,将军起兵江东,刘豫州收众汉南,与曹操共争天下。今操芟夷大难,略已平矣,遂破荆州,威震四海。英雄无用武之地,故豫州遁逃至此,愿将军量力而处之!若能以吴、越之众与中国抗衡,不如早与之绝;若不能,何不按兵束甲,北面而事之!今将军外托服从之名而内怀犹豫之计,事急而不断,祸至无日矣!"权曰:"苟如君言,刘豫州何不遂事之乎?"亮曰:"田横,齐之壮士耳,犹守义不辱;况刘豫州王室之胄,英才盖世,众士慕仰,若水之归海。若事之不济,此乃天也,安能复为之下乎!"权勃然曰:"吾不能举全吴之地,十万之众,受制于人,吾计决矣!非刘豫州莫可以当曹操者,然豫州新败之后,安能抗此难乎?"亮曰:"豫州军虽败于长坂,今战士还者及关羽水军精甲万人,刘琦合江夏战士亦不下万人。曹操之众远来疲敝,闻追豫州,轻骑一百一夜行三百余里,此所谓'强弩之末,势不能穿鲁缟'者也,故兵法忌之,曰'必蹶上将军'。且北方之人,不习水战;又,荆州之民附操者,逼兵势耳,非心服也。今将军诚能命猛将统兵数万,与豫州协规同力,破操军必矣。操军破,必北还;如此则荆、吴之势强,鼎足之形成矣。成败之机,在于今日!"权大悦,与其群下谋之。

赤壁之战是中国古代战争史上成功运用《孙子兵法》"未战先算"原则的经典战例。孙子曰:"夫未战而庙算胜者,得算多也,未战而庙算不胜者,得算少也。多算胜,少算不胜,而况于无算乎!吾以此观之,胜负见矣。"(《孙子兵法·计篇》)意思是说,拉开战斗序幕之前,就已"庙算"(古时战前君主在宗庙里举行仪式,商讨作战计划)周密,充分估量了有利条件和不利条件,开战之后就往往会取得胜利;拉开战斗序幕之前,没能进行周密"庙算",很少分析作战双方彼此的有利条件和不利条件,开战之后就往往会失败,更何况开战之前无"庙算"呢?可见,将帅的智慧谋略在战争中是何等的重要。掼蛋也一样,出牌之前的定位至关重要,定位之后的韬略十分关键,不论示强还是示弱,不论进攻还是防守,不论阻击还是放过,不论强夺还是智取,都需要"庙算",都需要谋划,都需要运筹。古人云:凡事应三思而后行。"未战先算"的原则,体现了孙子重战慎战的思想。孙子提出的"胜兵先胜而后求战",是其重战慎战思想的精髓。孙子说:"故善战者,立于不败之地,而不失敌之败也。是故,胜兵先胜而后求战,败兵先战而后求胜。""古之所谓善战者,胜于易胜者也。"善于作战的人，总是使自己立于不败之地，同时又不放过击败敌人的机会。凡是胜利的军队总是先握胜券，而后才寻机与敌交战；而失败的军队则是先贸然与敌交战，而后才企求侥幸取胜，焉有不败之理？"胜兵先胜"启迪我们，不管是部队作战，还是掼蛋竞技，都是一样的道理，都要首先做到有所准备、充分准备，以使己方立于不败之地。就是要做到有备无患、未雨绸缪，运用战略思维，增强大局意识，掌握战术技能，善于判断形势，厚德载物，自强不息。只有这样，才能在机会来临时抓得住、把握住、坚守住，不让机会轻易流失掉、白白浪费掉，从而实现掼蛋会打、能赢的目标。否则，若毫无准备，机会来临时就抓不住。掼蛋取胜的机遇并不多，有些机遇失去了就未必再光顾你。所以，俄罗斯科学家巴甫洛夫说过："在观察的领域里，机遇只垂青有准备的头脑。"因此，让我们深刻理解孙子兵法的思想内涵，为提高自己的掼蛋水平而努力吧。

在掼蛋竞技中，凡成高手者，必庙算而后行，当谋定而后动。出牌前的定位、谋划、判断和计算，影响着牌局进程，决定了牌局结果。无算而战，未谋而动，不计而行，将会导致事倍功半、举步维艰和一招不慎、满盘皆输的不利结果。孔子说过："工欲善其事，必先利其器。"陆游说过："汝果欲学诗，功夫在诗外。"这些千古名言都启示掼蛋选手，上兵伐谋，其次伐交，其次伐兵，其下攻城。如果要决胜于牌桌之上，真功夫必在牌桌之外，因此，掼蛋决胜岂止在牌桌！

第四十二章 搭档是永远的财富

掼蛋是一项集体运动项目,两组选手参与竞技,搭档必不可少,搭档至关重要。搭档可以是师徒,可以是爱人,可以是兄弟,可以是姐妹,可以是父子,可以是母女,可以是熟人……但无论如何,掼蛋的搭档应当是朋友。何谓朋友?朋友就是彼此尊重、彼此信任、彼此依赖、彼此包容的人。搭档之情实质上就是朋友之情,搭档之情应当是一种最纯洁、最高尚、最朴素、最平凡的感情,也应当是一种最默契、最生动、最坚实、最永恒的感情。如果搭档双方没有这样的境界、缺乏这样的视野,那么,想要搞好配合、打好掼蛋是比较困难的。

搭档是一种相遇。 大千世界、滚滚红尘,人海苍茫、芸芸众生,能够在掼蛋时遇见一个好搭档、一位好朋友,实在是不易,实在是缘分。同样坚守着对掼蛋游戏的喜好、对掼蛋竞技的热爱、对掼蛋理念的钻研、对掼蛋文化的兴趣,相互信任、相互理解、相互关心、相互支持、相互放手、相互尊重,从而铸就许多经典案例、打出许多典型牌局,实乃人生幸事。世上不缺陪你掼蛋的人,缺的是真正懂你的人。从这个意义上说,在聚散分离的人生旅途中,在千姿百态的生命轨迹里,在南辕北辙的事业征程上,在蒸蒸日上的掼蛋竞技中,能够相遇、相识、相聚,确实是一种幸运。希望每一位掼蛋爱好者都要珍惜来之不易的缘分。

搭档是一种相知。 相知的含义有两个方面,一是互相了解,知心。《楚辞·九歌·少司命》:"悲莫悲兮生别离,乐莫乐兮新相知。"

晋代陶潜《拟古》诗之八："不见相知人，惟见古时丘。"唐代韩愈《论荐侯喜状》："或接膝而不相知，或异世而相慕，以其遭逢之难，故士为知己者死。"二是互相知心的朋友。唐代马戴《下第再过崔邵池阳居》诗："关内相知少，海边来信稀。"宋代辛弃疾《夜游宫·苦俗客》词："几个相知可喜。才厮见、说山说水。"《初刻拍案惊奇》卷十一："狂蜂浪蝶，夭桃队里觅相知。"掼蛋搭档之间也应当相知，也需要相互认可、相互仰慕、相互欣赏、相互感知，要多从对方角度思考问题、判断形势，多看到搭档的优点、长处、亮点、美感，多做自我批评和自我反思，常修为人之德，常思自私之害，常怀律己之心。搭档的智慧、知识、能力、激情，是吸引你与之密切配合、促使你为之牺牲、驱动你把握机遇的内部动力。德是掼蛋之本、做人之基。为人之德、掼蛋之德，恰如北辰，居其所而众星拱之。知德守正是相知的基础。

搭档是一种相契。相契意即相合、相交深厚。唐代南卓《羯鼓录》："（王皋）命取食榉，自选其极平者，遂置二棬於榉心，以油注之榉中，棬满而油不浸漏，盖相契无际也。"宋代陈灌《满庭芳》："君知我，平生心事，相契古来稀。"《老残游记》第九回："这个人也是个不衫不履的人，与家父最为相契。"在掼蛋实战中，搭档之间需要有心灵感应，需要高度默契，需要步调一致，需要心照不宣。相互默契，并不意味着一颦一笑、一言一行、一个眼神、一个动作都得让同伴心领神会，因为掼蛋竞技规则严禁通过表情、语言、动作来传递出牌信号和形成秘密约定。掼蛋搭档之间的默契不需要解释，不需要言语，不需要表情，不需要动作，任何暗示都是多余的，都是有悖公平竞赛原则与坦诚做人要求的。基于对竞技规则尊重、对诚信原则坚持、向公平竞赛致敬的默契，才是最合理、最惬意、最畅快、最美好的默契。

搭档是一种相助。掼蛋竞技中的搭档应当相互扶持、相互支持、相互帮助，在风雨掼蛋路上，搭档可以为你遮风挡雨，为你分担忧愁，为你化解危险，可以帮你逢凶化吉、转危为安。搭档就是你登高时的一把扶梯,是你受伤时的一剂良药,是你饥渴时的一湾清泉,是你渡河时的一叶扁舟。优秀的搭档、知己的搭档、真诚的搭档,是你骂不走、打不散、拖不垮的铁杆兄弟。"管鲍之交"的典故就说明了相互帮助、相互扶持的重要性。昔时齐国有管仲,字夷吾;鲍叔,字宣子,两个自幼时以贫贱结交。后鲍叔先在齐桓公门下,信用显达,荐管仲为相,位在己上。两人同心辅政,终始如一。管仲曾有几句言语道:吾尝三战三北,鲍叔不以我为怯,知我有老母也;吾尝三仕三见逐,鲍叔不以我为不肖,知我不遇时;吾尝与鲍叔谋事,鲍叔不以我为愚,知时有利不利也;吾尝与鲍叔为贾,分利多,鲍叔不以我为贪,知我贫也。生我者父母,知我者鲍叔。同理,拔刀相助、鼎力相助、解囊相助、守望相助,都是掼蛋搭档相互帮助的题中之意。

搭档是一种相敬。花落才知花期苦短,分开才知相聚珍贵。若没了搭档分开后的那一份无奈,又怎能珍惜相互之间的合作!掼蛋追求的是此时此刻的快乐,不可能是一生一世的愉悦;掼蛋讲究的是天经地义的公平,不可能是天长地久的胜利;掼蛋达到的是自然纯朴的境界,不可能是地老天荒的豁达。因此,珍惜搭档、善待搭档、尊重搭档,其实也是一种生活态度、一种处世哲学。在掼蛋的世界里,胜负没有永恒,输赢不会长久,唯有智慧依然智慧、美丽依旧美丽、辉煌照样辉煌、平静仍会平静,实在没有必要斤斤计较同伴的失误、搭档的长短、竞技的结果。面对相遇、相知、相契、相助的同伴,不苛求永远搭档,而在乎曾经拥有。

第四十三章 掼蛋不应迷茫

掼蛋游戏或掼蛋竞技，是一幅尚未完成的画卷，充满太多迷茫；掼蛋游戏或掼蛋竞技，是一列高速运行的列车，满载太多惊喜。在掼蛋的世界里，掼蛋爱好者应当坚韧不拔、坚强不屈、坚不可摧、坚毅果敢，而不能迷茫、消沉、胆怯、躲避。

迷茫是许多掼蛋选手的常态。掼蛋选手之所以迷茫，是因为站位不高、定位不准，是因为方向不清、目标不明，是因为规则不熟、规程不知，也是因为牌力不强、牌运不佳。掼蛋选手一旦迷茫，如果方法不当、路径不对，再多的言语也难以驱散心中的恐惧、消除思绪的空白、洗刷情感的荒芜。一旦迷茫，他就会自言自语：怎么没有人懂我、知我、理解我？不过，在多数情况下，掼蛋选手往往是一时迷失了自己、模糊了自己，一时忘记了自己身处何地欲往何方。有的掼蛋选手因迷茫而凝结负面的情绪，有的掼蛋选手因迷茫而处于消极的状态，有的掼蛋选手因迷茫而有了遁世的念头。掼蛋选手一旦长期迷茫，就会令自己意志消沉、心灰意冷、不思进取。所以，对于掼蛋选手而言，迷茫是要不得的。

迷茫会降低掼蛋的境界。什么是迷茫？情绪低落、心中虚无、态度消极、精神颓废，就是最典型的迷茫。掼蛋选手为什么会迷茫？大概是由于掼着掼着就找不到感觉了，掼着就掼着迷失方向了，掼着掼着就磨灭意志了。投入与产出不成比例，容易迷茫；现实与目标相距较远，容易迷茫；实战与理想反差较大，容易迷茫。掼蛋迷茫者总是觉得自己的付出得不到应有的回应，自己的意图很难被搭档所理解和领悟;掼蛋迷茫者总是觉得离成功的殿堂十分遥远,虽有随风而逝的梦想,却无过尽千帆的翅膀。许多掼蛋选手因为迷茫而混沌,因为混沌而徘徊,因为徘徊而痛苦。更重要的是,许多牌手因为迷茫,所以苦涩;因为迷茫,所以彷徨;因为迷茫,所以错过。最终当迷茫成了打牌状态嵌入掼蛋的全过程后,就会糟蹋了掼蛋文化,降低了掼蛋境界,蹂躏了掼蛋人生。

坚定信念是消除迷茫的法宝。导致掼蛋选手迷茫的不光是环境、机遇或心态,更重要的是信念,也就是掼蛋选手对于掼蛋目的、掼蛋意义、掼蛋品格的认知与坚守。这不仅会决定掼蛋选手现在的状态,而且决定其未来的状态。一场掼蛋一场梦,一场掼蛋一场戏,一场掼蛋一场风,一场掼蛋一场拼,掼蛋游戏或者掼蛋竞技到底是喜剧收场还是悲剧落幕,是多姿多彩还是无声无息,全在于掼蛋选手本人到底抱着什么样的信念。坚定信念是消除迷茫的法宝,信念是掼蛋人生中追求快乐、避开痛苦的引导力量。很喜欢《钢铁是怎样炼成的》这本书,很喜欢保尔·柯察金,那个用一生去实践自己信念的男人。他的一生太过曲折、坎坷,但他靠着坚定的信念,向我们展示出辉煌而又旖旎的人生。正如他所说:"我在自己的一生里也曾经历过被遗弃和背叛的痛苦。可是有一种东西却救了我:我的生活永远是有目的、有意义的,这就是为社会主义而奋斗。"保尔·柯察金是一个意志坚定的人,用一生去兑现了他的每一个承诺,每一个信念。人,有时可以像蚂蚁般渺小,有时也可以像火焰般燃烧,直到生命的尽头,直到在生命中化为钢铁,无坚不摧。我们在掼蛋中,脑海里常常会浮现出两个问题:我为何掼蛋?——我从掼蛋中获得怎样的快乐、多少快乐?我如何掼蛋?——是轻松地掼、潇洒地掼、空灵地掼,还是沉重地掼、紧张地掼、抑郁地掼?信念不是自然生成的,乃是后天累积的,信念是掼蛋实战的指针、掼蛋人生的动力。坚定信念,就要把握掼蛋的快乐,笼罩智慧的氛围,远离迷茫,崇尚简单,漫漫长路坚定走,心有灵犀一点通,相依相守到永远,似水流年不是梦。迷茫散尽,梦想永存;红尘如醉,信念不变;重情重义,有勇有谋;几许拼搏,几许收获。奏一曲荡气回肠的欢乐颂，写一篇壮志凌云的散文诗。人生难得这般潇洒，生活变得如此多彩，寂寞不再涌上心头，迷茫从此难觅踪影——这才是掼蛋的力量、掼蛋的精神、掼蛋的情怀、掼蛋的担当。掼蛋选手们，不要迷茫，不要惶恐，要坚强地掼下去，要执着地掼下去，要勇敢地掼下去，在掼蛋的天地里守护毕生的信念，实践人生的真谛。

第四十四章 良好的心态是成功的一半

君子泰而不骄。对于掼蛋爱好者而言,良好的心态是成功的一半。这并不意味着,技术、战略、定位或计算不重要,而是说,技术、战略、定位、计算都需要掼蛋爱好者有平和、宁静、安详的心态。孔子说:"君子泰而不骄,小人骄而不泰。"君子因为心态平和、安定和静谧,其安详舒泰是由内而外的自然流露;小人则故作姿态、骄矜傲人,其内心多了一股急躁之气,气度上便少了一份安闲。小人之骄,骄的是外在的气场;君子之骄,骄的是内心的风骨。这句话让我们知晓,在掼蛋竞技中,拥有并保持良好的心态至关重要。笔者非常赞同孔子的这一观点,掼蛋选手应该安静坦然而不应该傲慢无礼。一个牌手要做到安静坦然,首先必须沉着冷静,不浮躁,不胆怯,其次必须有开阔的胸襟,莫为浮云遮望眼,风物长宜放眼量。一个牌手要做到不骄傲,不傲慢,首先必须懂礼貌,其次必须懂得尊重别人,懂得谦虚谨慎。于丹解释过,所谓"君子泰而不骄",就是一个人心有大志,心有定力,有心灵的勇敢,他可以泰然自若,但是他没有一种骄矜之气。那小人是什么?就是态度张扬,表现出骄傲自满、不可一世、颐指气使,少了一种气定神闲。一个牌手,不能无傲骨,但不可有傲气。

心态影响成败。对于掼蛋爱好者而言,乐观、豁达、包容、明智、热情、执着、感恩、平和、自信、好奇、善良、宁静、淡泊、隐忍等,都是其应当具备的积极心态。与良好心态相对应的消极心态则有抑郁、焦虑、恐惧、埋怨、责备、苛刻、暴躁、震怒、悲观、阴暗、失落、懈怠、自卑、懦弱、多疑等。在掼蛋竞技中，良好的心态帮助牌手正确思考、克服困难、充满自信、愈挫愈勇、不屈不挠；良好的心态引导牌手情绪平和、助人为乐、知足惜福、健康安泰；良好的心态促使牌手享受掼蛋的乐趣、生活的静好、岁月的安详、人生的多彩。消极心态则导致牌手一蹶不振、愤世嫉俗、怀疑一切、浑浑噩噩、缺乏恒心、害怕失败、不思进取。掼蛋爱好者要知道，我们把自己想象成什么样子，往往我们就真的会成为什么样子。积极心态是一面诚实的镜子，你对它微笑，它就对你报以微笑；你表现坚强，它就让你变得坚强。牌手没有理由消极悲观，不论牌局多么艰难、牌势多么不利、成绩多么不济，依然应该笑对得失、笑傲人生。因为悲观绝望只能使你情绪低落，精神萎靡，缺乏斗志，放弃努力。有时，抓得一手烂牌，但倘若牌手心态良好、精神集中、情绪饱满，他就会冷静思考、沉着应战、妥善应对，往往会转危为安、化险为夷、柳暗花明、绝处逢生、苦尽甘来、峰回路转。有时，抓得一手好牌，但倘若牌手牌气暴躁、利令智昏、急火攻心，就会剑走偏锋、猛打猛撞、凌乱无章，从而导致马失前蹄、前功尽弃、江山易帜、本末倒置的结局。可见，心态影响成败，情绪决定结果，这并非虚言。

掼蛋需要乐观。 每一位掼蛋爱好者都应当懂得人生真谛：美酒和毒饮相伴，鲜花与荆棘为伍；芳华身后有寂苦，霓虹灯下有罪恶；不经历风雨，就不见彩虹；下不得地狱，就上不了天堂。因此，掼蛋爱好者唯一能做的就是选择良好的心态，摒弃消极的心态。背对太阳你只看见自己的阴影，面向太阳你就把影子抛在身后。良好的心态就是选择光明，消极的心态就是选择阴影。选择良好的心态，就要以乐观的态度对待牌局、搭档和他人，就要欣然接受所有的困难和挫折，在失败中积累智慧，在困境中得到成长，就要在善待自己的同时善待别人。掼蛋选手要始终保持对生活、对事业、对人类的关切、热爱和激情，始终用明媚的微笑、开朗的性格、幽默的语言、和善的沟通赢得人们的喜爱、敬重与支持。掼蛋选手要以仁者、智者、勇者的姿态置身于世，用正确的思考指导掼蛋的实践，不表面化、不情绪化，不狭隘、不偏激。掼蛋选手应当像孩子一样纯真，像青年一样热忱，像老人一样宁静，时刻与他人分享快乐、分担忧愁；掼蛋选手要执着但不奢求，在意却不苛求，即使没有好的结果，至少能积累一些经验。掼蛋选手既要追求不凡，又要保持平凡；既要创造奇迹，又要不贪图回报。掼蛋选手要时刻心存感激、心存感恩、心存感动，让成就感、获得感、幸福感充斥自己的灵魂和思想。掼蛋选手要善于用理性、节制、简朴、宁静的方式打牌，不因急功近利而透支牌运，不因刚愎自用而放纵贪婪。唯有尊重搭档、尊重对手、尊重裁判、尊重规则，方能享受成功、创造幸福、实现愉悦。

心态潜移默化。如果一名掼蛋选手一贯保持良好的心态，那么他的掼蛋之路就会越走越宽广、越走越顺畅，掼蛋之旅沿途的风景就会姹紫嫣红、精彩纷呈。一名掼蛋选手的心态往往会通过其精神、面貌、气度、行为反映出来。心态平和与否，不仅是一名牌手个性是否成熟的标志，更是一个人修养程度的体现。有时候不必在意曾经走过的路有没有留下足迹，只要走过就行。良好的心态实际上也是人的精神支柱，人有精神支柱，宛若大海扬帆；人无精神支柱，犹如无舵之舟。快乐是掼蛋选手的自我感知，幸福是掼蛋选手的自我欣赏。快乐源于掼蛋选手的心态，心境造就掼蛋选手的幸福。掼蛋江湖的许多故事，或远或近，或亲或疏，或苦或乐，或大或小，都是那样具体地存在过、形象地展示过、生动地发生过，只要改变一下自己的心态，掼蛋选手便会拥有一番别样的风景。掼蛋世界的最大法宝、最大王牌就是心态，而心态是潜移默化的，不是与生俱来的、一蹴而就的。有了好的心态，成功、胜利、好运、幸福、财富都会靠近你，成为你看不见的法宝。良好的心态是自己养成的，不要天真地奢望别人赏赐；良好的心态是自己创造的，不要可怜地乞求别人的施舍。一个健康的、良好的、积极的心态，比一百种智慧都更有力量。

培养良好心态。对于掼蛋爱好者而言，难得糊涂是一种境界，心如止水是一种修养，顺其自然是一种超脱，勇于担当是一种品格，贫贱不移是一种情操，笑口常开是身心健康，快乐心态是成功人生。每名牌手就像一只灯笼，在照亮自己的同时，也点亮别人。为别人点亮灯笼，在生命的夜色里才能找到自己的灿烂。好心态就是指心情快乐，无论对待何事总能保持乐观开朗的情感。心理学认为，心理态度主要是指动能心素、复合心素所包括的各种心理品质的修养和能力。这句话很晦涩，其实，心态就是性格和态度的统一，性格和态度是心态的外在表现形成。什么样的心态，决定什么样的性格和态度。人们透过你的态度能够看到你的心态。美国石油大王洛克菲勒告诫自己的儿子："如果你视工作为一种乐趣，人生就是天堂；如果你视工作为一种义务，人生就是地狱。"德国西门子公司有句格言："请愉快地工作，哪怕是假装的。"古人有云："泰山崩于前而色不变，麋鹿起于左而目不瞬。"为了忘却工作的辛劳、生活的寂苦，不如尝试着快乐地掼蛋。同样一件事、同样一手牌，当你换一种心态面对的时候，也许情形就有天壤之别了。威廉·詹姆思说过："人类能够通过改变内在的心态，进而改善其外在的生活。"马斯洛说："心态若改变，态度跟着改变；态度改变，习惯跟着改变；习惯改变，性格跟着改变；性格改变，人生就跟着改变。"心态正，精神就振；心态好，运气就好。精神打起来，好运自然来。进入掼蛋的世界，每一名牌手都要看开点、看远点、看淡点，心胸要豁达些、大度些、包容些、坦荡些。有了好的心态，就没有流不出的水、搬不动的山，更没有钻不出的窟窿、结不成的姻缘。对于掼蛋爱好者而言，越简单越淡泊就越快乐，越复杂越封闭就越苦恼。一旦形成良性循环，就不难拥有良好的心态；一旦拥有良好的心态，就不难获取无上的乐趣。

第四十五章 士与掼蛋

士者,事也。任事之称也。引申之,凡能事其事者称士。"士",上古掌刑狱之官。商、西周、春秋为贵族阶层,多为卿大夫的家臣。春秋末年以后,逐渐成为统治阶级中知识分子的统称。战国时的"士",有著书立说的学士,有赴汤蹈火的勇士,有懂阴阳历算的方士,有为人出谋划策的策士,等等,如荆轲为燕太子丹刺秦王、冯谖客孟尝君、苏秦连横等。"士、农、工、商"即古代所谓四民,分别指读书的、种田的、做工的、经商的。士,先秦时最低级的贵族阶层。春秋时期,士大多为卿大夫的家臣,有的以俸禄为生,有的有食田。士分为国士、学士、勇士、策士、壮士、隐士、豪士、儒士、侠士、居士。掼蛋选手当中,也有不少"士",虽然大国士、大学士、大策士、大隐士、大居士未必有多少,但勇士、壮士、豪士、儒士、侠士还是不胜枚举的。笔者一直期望,掼蛋爱好者中能够涌现出越来越多的"士",抬升掼蛋境界,提高掼蛋品味,升华掼蛋精神,弘扬掼蛋文化。在掼蛋竞技场上,掼蛋决策者中,一定会涌现出越来越多的"士",包括经天纬地的国士、谈天说地的学士、顶天立地的勇士、上天入地的策士、感天动地的壮士、幕天席地的隐士、惊天动地的豪士、悲天悯地的儒士、战天斗地的侠士、萍天苇地的居士。当然,还有许多战士、斗士。这些"士"支撑起中国掼蛋的脊梁。

国士经天纬地。国士是指国中才能最优秀的人物。《左传·成公十六年》载:"皆曰:国士在,且厚,不可当也。"《战国策·赵策一》载:"知伯以国士遇臣,臣故国士报之。"宋黄庭坚《书幽芳亭》

曰："士之才德盖一国则曰国士，女之色盖一国则曰国色，兰之香盖一国则曰国香。"清和邦额《夜谭随录·维扬生》曰："以张良、韩信之才，不识为国士。"张良正是一位无双国士，运筹帷幄谋天下，急流勇退修道术，既有血气之勇，又具深谋远虑，为报亡国之恨，他"弟死不葬，悉以家财求客刺秦王"，博浪沙一击，差一点要了秦始皇的命；为酬知遇之恩，他"运筹帷幄之中，决胜千里之外"，终于辅佐刘邦战胜项羽，登基称帝；为消除刘邦易太子之念，他略施小计，让太子请来商山四皓，刘邦一见而易念顿失。以三寸舌为帝王师，封万户，位列侯，功成身退，乃学道术。张良的传奇经历，怎不让人敬慕？张良确实是一个具有战略眼光的、出色的军事人才，他在刘邦建立和巩固汉朝的过程中，深谋远虑、运筹帷幄，起了很大作用。战争胜利后，他谦虚谨慎，不要三万户侯，而要一万户。他的"学道"也是一种避祸的巧妙方法。终于没被刘邦和吕后杀掉，落了一个善终的结局。掼蛋掼到崇高境界者，亦有国士之风采，张弛有度，收放自如，仰不愧于天，俯不愧于地。

学士谈天说地。孔子正是天下无双的学士，他有着谈天说地的才能与智慧，是我国古代伟大的思想家（创立儒家学派）、教育家（开办私学，广收三千弟子）、伦理学家（探究君臣、父子、兄弟伦常关系）、史学家（编纂《春秋》）、文献整理家（整理《诗》《书》《礼》《易》《乐》）。孔子被联合国教科文组织评为"世界十大文化名人"之首。孔子一生修《诗》《书》，定《礼》《乐》，序《周易》，作《春秋》。孔子政治思想的核心是"礼"与"仁"，在治国的方略上，他主张"为政以德"，认为用道德和礼教来治理国家是最高尚的治国之道。儒家告诉人们要担得起；道家告诉人们要放得下；佛家告诉人们要想得开。孔子教育思想的核心，是强调学校教育必须将道德教育放在首要地位："弟子入则孝，出则悌，谨而信，泛爱众，而亲仁。行有余力，则以学文。"孔子道德教育的主要内容是"礼"和"仁"。其中"礼"为道德规范，"仁"为最高道德准则。掼蛋掼到崇高境界者，应得孔夫子之真传，不亦乐乎、不耻下问、成人之美、处之泰然、成仁取义、持危扶颠、登山小鲁、发愤忘食、当仁不让、博古通今、富贵浮云、故旧不弃、诲人不倦、临危受命、见贤思齐、见义勇为、举一反三、乐在其中、了如指掌、克己复礼、讷言敏行、杀身成仁、舍己为人、死而后已、心悦诚服、是可忍孰不可忍、道不同不相为谋。

勇士顶天立地。 项羽是真的猛士，也是真的勇士。项羽的勇武古今无双，古人对其有"羽之神勇，千古无二"的评价，他是中华数千年历史上最为勇猛的将领，"霸王"一词，专指项羽。起义之初时，项羽曾独自斩杀殷通的卫兵近百人，吓得众人趴在地上不敢动弹，后来的七十余次大战每次都身先士卒杀兵斩将，哪怕是在其临终前的乌江边上，更是步战骑兵独杀数百人。项羽是中国军事思想"兵形势"的代表人物（兵家四势：兵形势、兵权谋、兵阴阳、兵技巧），堪称中国历史上最强的武将。《史记·项羽本纪》载项羽《垓下歌》云："力拔山兮气盖世，时不利兮骓不逝。骓不逝兮可奈何，虞兮虞兮奈若何。""力拔山兮气盖世"，有气壮山河，势吞万里之气象。作为反秦义军的领袖，项羽可谓卓绝超群、英雄盖世。《史记·项羽本纪》称其"力能扛鼎，才气过人"。在他的履历中，不乏所向披靡、勇冠三军的神奇故事。掼蛋需要真的勇士、真的猛士、真的斗士，他们也要像西楚霸王那样卓绝超群、英雄盖世，他们不畏艰险、不怕牺牲、不惧威胁，他们义无反顾、大义凛然、勇往直前。掼蛋竞技无懦夫，牌场纵横有猛将。

策士上天入地。 策士，本指战国时代游说诸侯的纵横之士，后泛指出计策、献谋略的人。语出《史记·樗里子甘茂列传》："虽非笃行之君子，然亦战国之策士也。"在春秋战国这一社会大动荡、大变革的时期，士阶层日益壮大，他们为了所依附的阶级与统治集团的利益，四处奔走争鸣，以辩力为雄。各诸侯国在争霸过程中认识到，国力、军队固然重要，政治攻势与外交斗争也是争霸所不可缺少的重要条件。正是在这种社会形势下，士阶层中一批又一批的游说策士应运而生了。尤其在商鞅变法之后，西部的秦国崛起，日益成为其他六国的威胁。六国企图联合抗秦，而秦国则利用六国间的矛盾，"远交近攻"，从而分化瓦解他们，这便形成了长达百年的"合纵""连横"斗争。谋臣策士在这种错综复杂的政治、军事、外交斗争中大显身手。策士们深谙纵横之术，凭借机谋智慧、口才辞令，四处奔走游说，周旋于各政治集团之间，为诸侯征城、掠地、杀人、灭国出奇谋划妙策。张仪、苏秦、陈轸等人就是他们中的典型代表。真正的掼蛋大师的身上，往往能够寻觅到策士的影子。

壮士感天动地。屈原是诗歌王国中绝无仅有的一位壮士。他以自沉的激烈方式结束了肉体的生命，却在精神上获得了永生。"路漫漫其修远兮，吾将上下而求索"出自屈原《离骚》第 97 句。可理解为：道路又窄又长无边无际，我要上天下地寻找心中的太阳。表达了屈原"趁天未全黑而探路前行"的积极求进心态。《离骚》是一首宏伟壮丽的抒情诗，它在中国文学史上享有崇高的地位。屈原痛感自己的治国之道不能为楚王所接受，他只好悲愤地离开了，去寻求理想中的人生之道。《离骚》中还有一句名诗："长太息以掩涕兮，哀民生之多艰。"这句话可翻译为：我长叹一声啊，眼泪止不住流了下来，我是在哀叹人民的生活是多么艰难。屈原虽是楚国贵族、士大夫，可他在流放期间与劳动人民深入接触，深感人民的痛苦处境，所以，在他的诗歌里常有忧国忧民的诗句。屈原在《楚辞·九歌·大司命》中写道："悲莫悲兮生别离，乐莫乐兮新相知。"意思是说，没有比别离更悲伤的事情了，也没有比新相识更高兴的事情了。屈原《渔父》有句千古诗句："举世皆浊我独清，众人皆醉我独醒。"意思是说，世界上的人都是污浊的，唯独我一人干净；众人都已醉倒，唯独我一人清醒。屈原的诗句、屈原的思想，对于广大掼蛋爱好者来说，是重要的精神食粮。

隐士幕天席地。陶渊明是诗歌王国中最著名的隐士。他证明了朴素乃至贫困的日常生活可以具有浓郁的诗意。让我们来读一下陶渊明的《归园田居（其一）》："少无适俗韵，性本爱丘山。误落尘网中，一去三十年。羁鸟恋旧林，池鱼思故渊。开荒南野际，守拙归园田。

方宅十余亩,草屋八九间。榆柳荫后园,桃李罗堂前。暧暧远人村,依依墟里烟。狗吠深巷中,鸡鸣桑树巅。户庭无尘杂,虚室有余闲。久在樊笼里,复得返自然。"诗人告诉我们,自然才是心中的至爱,每个人都会为自己的自然留下一缕情丝。桃李桑树,茅檐鸡犬,诗人在恬静闲适的生活中让自己的心灵安宁祥和下来。冲破樊篱,找回自我,优哉、悠哉。我们再看陶渊明的《饮酒》:"结庐在人境,而无车马喧。问君何能尔?心远地自偏。采菊东篱下,悠然见南山。山气日夕嘉,飞鸟相与还。此中有真意,欲辨已忘言。""采菊东篱下,悠然见南山",这是千年以来脍炙人口的名句。正是因为有了"心远地自偏"的精神境界,诗人才会悠闲地在篱下采菊,抬头见山,才会那样地怡然自得,那样地超凡脱俗!诗人从大自然的飞鸟、南山、夕阳、秋菊中,悟出了万物运转、各得其所的自然法则。掼蛋爱好者也应该从牌局中悟出顺其自然、知足常乐的人生哲理,悟出直率真挚、豁达包容的品格操守。陶渊明的诗句赋予掼蛋爱好者隐士一样的真爱、真心、真性情,对于提升掼蛋的境界大有裨益。

豪士惊天动地。李白是诗歌王国中独往独来的一位豪士。他用行为与诗歌鼓舞我们在人生境界上追求崇高,拒绝庸俗;在思想上追求自由解放,拒绝作茧自缚。让我们看看李白的几首代表作吧。《静夜思》曰:"床前明月光,疑是地上霜。举头望明月,低头思故乡。"《望庐山瀑布》曰:"日照香炉生紫烟,遥看瀑布挂前川。飞流直下三千尺,疑是银河落九天。"《赠汪伦》曰:"李白乘舟将欲行,忽闻岸上踏歌声。桃花潭水深千尺,不及汪伦送我情。"《黄鹤楼送孟浩然之广陵》曰:"故人西辞黄鹤楼,烟花三月下扬州。孤帆远影碧空尽,唯见长江天际流。"《早发白帝城》曰:"朝辞白帝彩云间,千里江陵一日还。两岸猿声啼不住,轻舟已过万重山。"李白的诗,既豪迈奔放,又清新飘逸,而且想象丰富,意境奇妙,语言轻快,人们称他为"诗仙"。李白的诗歌不仅具有典型的浪漫主义精神,而且从形象塑造、素材摄取,到体裁选择和各种艺术手法的运用,无不具有典型的浪漫主义艺术特征。在李白《静夜思》的境界里,让我们举头望明月、低头打掼蛋吧！借助《赠汪伦》的情怀，笔者稍做改编："兄弟乘舟将欲行，忽闻岸上掼蛋声。桃花潭水深千尺，不及牌场陪我情。"再看看掼蛋版的《早发白帝城》：朝辞白帝去掼蛋，千里金陵一日还。两岸猿声啼不住，高铁已过万重山。

儒士悲天悯地。 杜甫是中国诗歌史上最典型的儒士。他是儒家"人皆可以为尧舜"这个命题的真正践行者，是我们提升人格境界的精神导师。让我们看看杜甫的几首代表作吧。杜甫的《绝句》曰："两个黄鹂鸣翠柳，一行白鹭上青天。窗含西岭千秋雪，门泊东吴万里船。"《望岳》曰："岱宗夫如何，齐鲁青未了。造化钟神秀，阴阳割昏晓。荡胸生层云，决眦入归鸟。会当凌绝顶，一览众山小。"《春夜喜雨》曰："好雨知时节，当春乃发生。随风潜入夜，润物细无声。"《江南逢李龟年》曰："岐王宅里寻常见，崔九堂前几度闻。正是江南好风景，落花时节又逢君。"《登高》曰："风急天高猿啸哀，渚清沙白鸟飞回。无边落木萧萧下，不尽长江滚滚来。万里悲秋常作客，百年多病独登台。艰难苦恨繁霜鬓，潦倒新停浊酒杯。"这些名诗、佳句浑然天成、字字珠玑，蕴含了诗人最朴素的情怀、最真实的情感，激励着广大掼蛋爱好者提升人格境界、强化心理调适、增进自身修养，在掼蛋中渐渐成长为一名儒士。

侠士战天斗地。 辛弃疾是诗歌王国中少见的英武侠士，他用英风豪气鼓舞人们追求刚健而杜绝委靡。让我们看看辛弃疾最为著名的三首词吧。《永遇乐·京口北固亭怀古》曰："千古江山，英雄无觅，孙仲谋处。舞榭歌台，风流总被，雨打风吹去。斜阳草树，寻常巷陌，人道寄奴曾住。想当年、金戈铁马，气吞万里如虎。元嘉草草，封狼居胥，赢得仓皇北顾。四十三年，望中犹记，烽火扬州路。可堪回首，佛狸祠下，一片神鸦社鼓！凭谁问、廉颇老矣，尚能饭否？"《破阵子·为陈同父赋壮语以寄》曰："醉里挑灯看剑，梦回吹角连营。八百里分麾下炙，五十弦翻塞外声，沙场点秋兵。马作的卢飞快，弓如霹雳弦惊。了却君王天下事，赢得生前身后名。可怜白发生！"《青玉案·元夕》曰："东风夜放花千树，更吹落、星如雨。宝马雕车香满路。凤箫声动,玉壶光转,一夜鱼龙舞。蛾儿雪柳黄金缕,笑语盈盈暗香去。众里寻他千百度。蓦然回首,那人却在,灯火阑珊处。"对于掼蛋选手而言,"金戈铁马,气吞万里如虎"的精神风貌,"醉里挑灯看剑,梦回吹角连营"的战斗豪情,"蓦然回首,那人却在,灯火阑珊处"的崇高境界,难道不能诠释掼蛋的本质、精髓和风骨吗?掼蛋爱好者要像辛弃疾一样去战斗。

居士萍天苇地。苏轼是诗歌史上最为名实相符的居士。他以宽广的胸怀和审美情趣去拥抱生活,还以坚韧旷达的人生态度引导我们在风雨人生中实现诗意生存。让我们看看苏轼的几首代表作吧。《题西林壁》曰:"横看成岭侧成峰,远近高低各不同。不识庐山真面目,只缘身在此山中。"《饮湖上初晴后雨二首·其二》曰:"水光潋滟晴方好,山色空蒙雨亦奇。欲把西湖比西子,淡妆浓抹总相宜。"《水调歌头·明月几时有》曰:"明月几时有?把酒问青天。不知天上宫阙,今夕是何年。我欲乘风归去,又恐琼楼玉宇,高处不胜寒。起舞弄清影,何似在人间。转朱阁,低绮户,照无眠。不应有恨,何事长向别时圆?人有悲欢离合,月有阴晴圆缺,此事古难全。但愿人长久,千里共婵娟。"《念奴娇·赤壁怀古》曰:"大江东去,浪淘尽,千古风流人物。故垒西边,人道是,三国周郎赤壁。乱石穿空,惊涛拍岸,卷起千堆雪。江山如画,一时多少豪杰。遥想公瑾当年,小乔初嫁了,雄姿英发。羽扇纶巾,谈笑间,樯橹灰飞烟灭。故国神游,多情应笑我,早生华发。人生如梦,一樽还酹江月。"掼蛋爱好者应当跳出牌局看牌局,那样就会"横看成岭侧成峰,远近高低各不同"了。掼蛋爱好者要像苏轼那样看淡胜负:月有阴晴圆缺,牌有胜负得失,此事古难全。掼蛋爱好者更要具备苏轼词作中周瑜那样的气度——羽扇纶巾,谈笑间,樯橹灰飞烟灭。

第四十六章　掼蛋俗语和楹联

一、掼蛋俗语

以牌会友，天长地久。
智慧掼蛋，欢乐无限。
掼蛋算得精，表明思路清。
掼蛋不吱声，表明城府深。
掼蛋不怕炸，表明胆子大。
掼蛋记性好，表明有头脑。
掼蛋打得稳，表明计算准。
掼蛋不失误，表明有高度。
掼蛋善用枪，表明敢担当。
掼蛋敢冲刺，表明有斗志。
掼蛋不投降，表明有梦想。
掼蛋不顾己，表明识大体。
掼蛋往前冲，定有基本功。
掼蛋不服输，绝非是懦夫。
掼蛋敢做主，不会太受苦。
掼蛋功夫深，铁杵磨成针。
掼蛋不出手，平时定保守。
掼蛋胡搅蛮，天生不怕烦。
掼蛋瞎胡闹，不如睡大觉。
掼蛋太计较，交友不牢靠。

掼蛋太顶真，枯木难逢春。
掼蛋乱做主，说明不靠谱。
掼蛋逗英雄，出牌拼得猛。
掼蛋易发火，为人太自我。
掼蛋常发飙，平时人太骄。
掼蛋不耐烦，出牌步步难。
掼蛋闹情绪，上游离你去。
掼蛋闹别扭，好运不长久。
掼蛋糟蹋牌，从此霉运来。
掼蛋开小差，同伴说你呆。
掼蛋私心重，同伴把命送。
掼蛋不记牌，胜利难到来。
掼蛋不思考，出牌多烦恼。
掼蛋不定位，出牌很吃亏。
掼蛋不沟通，都是无用功。
掼蛋不讲理，出手专利己。
掼蛋丢了魂，进步便无门。
掼蛋失了神，很难成高人。

二、掼蛋楹联

坐片刻无分南北；
掼一局各自东西。

一轮明月照亮掼蛋江湖；
四壁清风拂动牌局经纬。

壁立千仞，掼蛋掼就磐石精神；
海纳百川，打牌打出飞瀑气度。

人中龙凤尽显云水风度；
牌坛精英深藏松柏气节。

五车诗胆，不攻他短，掼蛋时难掩人文情怀；
八斗才雄，莫矜己长，牌桌上常见科学理性。

牌坛风雷论道，人比人，人上人；
掼手豪气干云，强对强，强中强。

行仁义事，读圣贤书；
会诚挚友，打高雅牌。

松风煮茗，江山入牌局，意气凌云；
竹雨淡诗，天地上掼桌，豪情冲天。

倚剑天外，喜看高人摸牌便是胜利客；
射雕云中，惊闻强手开弓没有脱靶箭。

室雅何须大，能放一桌即能掼蛋；
花香不在多，梅开三朵便可知春。

疾风知劲草，掼蛋高手格超梅以上；
烈火见真金，牌坛儒生品在竹之间。

人无信不立，牌桌勇战一二局，无言先立意；
天有日方明，尺幅智斗七八回，未啸已生风。

上下求索，推陈出新谋掼蛋，三思方举步；
左右逢源，破釜沉舟掠城池，百折不回头。

云山起翰墨,脑中狂飙,牌术大师舍我其谁;
星斗焕文章,手底风雷,掼坛高手非汝莫属。

云卷千峰集,牌中自有大乾坤;
风驰万壑开,桌上铺就宽天地。

诗意牌间得,掼蛋欲求真学问大学问;
道心尘外逢,玩牌莫做假文章虚文章。

公生明偏生暗,少言无闲气,低调出牌;
智乐水仁乐山,静修得永年,埋头掼蛋。

以教人者教己,贡牌还牌岂能尽如人意;
在劳力上劳心,领出跟出但求无愧我心。

争上游防下家,攻有道守有理,行止无愧天地;
敦规则近人情,尊所闻行所知,褒贬自有春秋。

竹雨松风牌韵,弃燕雀之小志;
茶烟梧月掼声,慕鸿鹄而高翔。

养心莫如寡欲,掼蛋真乃吾所欲也;
温故乃能知新,玩牌莫非汝之愿乎。

静坐常思己过,毕生自修牌艺无尽期;
闲谈莫论人非,一人知己搭档亦已足。

疏影摇曳,一桌尽揽牌中趣;
暗香浮沉,幽室能观世外天。

掼技人间极品，大贤自合为九列；
牌艺世上珍宝，清风可以流万年。

立身以至诚作本，牌山有路勤为径；
读书以明理为先，掼海无涯苦作舟。

真理学从五伦做起，掼蛋亦是理学；
大文章自六艺分来，牌论也属心经。

三分牌二分运一分技，定位方能平天下；
前凭谋后凭算里凭记，沟通就可拔头筹。

蛾眉上阵掼一回，忍泪觅残红柔情似水；
佳丽披挂甩两局，起舞弄清影瘦骨临风。

天下无易境天下无难境，掼者有心亦有境；
桌上有乐处桌上有忧处，高人无虞也无险。

无烦事无费事无小事，张张牌皆是大事；
不徇情不矫情不煽情，天天掼都须真情。

克己最严须从难处去克，随心随手随意最须克；
为善必果勿以小而不为，怨人怨牌怨天勿要为。

精义测神奥，清机发妙理，掼蛋宿命尽在大师掌握；
远想出宏域，高步超常伦，牌局是非任凭泰斗运筹。

心有三爱品茗掼蛋佳山水；
园栽四物青松翠柏白梅兰。

玉宇无尘时见疏星渡河汉，牌仙唯我独尊；
惠心如歌暗随流云到天涯，掼神非你莫属。

若有恒何必三更眠五更起；
最无益莫过一日掼十日闲。

得失不惊看庭前花开花落，再来两局；
胜负无意望天上云卷云舒，复掼一回。

万里秋风吹锦水，雅室掼蛋，千般忧乐齐聚心头；
九重春色醉仙桃，小楼论剑，四面江山尽收眼底。

使巧劲，出智慧牌，精神到处品格在，登高望远圣人境界；
用梵心，设明白局，学问深时意气平，舍己从友大贤雅量。

清气若兰虚怀当竹，贤人驾到，心收茶桌寻真乐；
闲情在牌静气同山，掼神莅临，眼放长空得大观。

荆门掩梨花，掼到率真，千载春秋方寸内；
宝斋藏松叶，算得深邃，万里乾坤掌握中。

绿杨堤外晚风细，掼一局无妨，掼到知足即可；
红杏枝头晓露浓，打两把再说，打得无求便好。

无极原有极，倚剑天外，一场牌局一壶酒；
欲仁存至仁，射雕云中，两行秋雁两场戏。

博古通今志未衰，每日必拥书早起读牌经；
经天纬地心又生，无夕不品茗掼蛋谋玄学。

掼神荟萃，掼无止境，大海有真能容之度；
牌仙聚首，牌有所悟，明月以不常满为心。

牌坛大本领人，当时不见有奇异处；
掼界高学问者，终生无所为满足时。

掼有所思，春发其华秋结其实，行不舍若骥千里；
牌入其道，业精于勤行成于思，纳无穷如海百川。

小楼昨夜东风吹皱一池春水，掼者无疆行者无疆；
梧桐更兼细雨能消几个黄昏，牌仙有品神仙有品。

发上等愿结中等缘享下等福，掼中世界小；
择高处立就平处坐向宽处行，牌里乾坤大。

牌手切记：好学近乎知力行近乎仁知耻近乎勇；
掼者须知：富贵不能淫贫贱不能移威武不能屈。

冷照西斜　正极目空寒喜忧出掼蛋牌局；
大江东去　问苍波无语爱恨入秦淮茶楼。

呼酒登琴台　把吴钩看了阑干拍遍；
茗茶上牌桌　正海棠开后燕子来时。

江山入画　掼者握笔写兰要识得凤眼鼠尾螳螂肚；
意气凌云　高手出门行李无非是紫砂龙井上达牌。

罗衣特地春寒　细雨梦回　牌室犹自听鹦鹉；
殊乡又逢秋晚　江上望极　掼蛋休去采芙蓉。

临溪可奈清癯　乌鹊桥边呼棹过碧环；
此意平生飞动　海棠影下掼蛋到天明。

听鸟说甚　说掼蛋大师云水风度雷霆论道；
问花笑谁　笑竞技高人松柏气节笔墨通天。

海静日尤高　有容乃大　静观世事如棋招招变；
山深春自永　无欲则刚　细品人生似牌局局新。

不矜威益重；
无私功自高。
（掼蛋裁判联）

于公于私皆有分寸　有容德乃大；
执法执纪都无偏颇　无欺心自安。
（掼蛋裁判联）

牌到万难须放胆；
事当两可要平心。

无运且从闲处乐；
有牌宜向静中观。

云淡风轻　无牌常教心似水；
雨香竹翠　有运自觉气如霜。

谈笑间　剑影刀光天上下；
切磋时　松涛竹韵水中央。

背运走运常见　欲将淡泊教子弟；
强牌弱牌皆有　莫以成败论英雄。

日月两轮天地眼　掼就一片天地；
诗书万卷圣贤心　打遍九州圣贤。

掼蛋事业成于志所向；
牌坛生机得在气之先。

牌能知足心常惬；
掼到无求品自高。

遇有缘人，不枉我望穿眼帘掼一局；
得无上道，只要汝立定脚跟甩两副。

第四十七章　掼蛋组诗

欢乐掼蛋

今天，不期而遇的友情、乡情、爱情

汇聚翠绿、淡紫、瓦蓝

走到一起，品味进退荣辱

切磋兴衰得失切磋欢乐

漆黑的夜、辽远的天、冰凉的河

都在身后定格为一声慨叹

今夜属于掼蛋

方寸之间，早已参透

生与死、情与爱、灵与肉

同伴，请你坚信

我不会默默放飞你的期盼

牌道牌品重于青山

心手相连的地方

杏花像深秋一样烂漫

我们欢乐掼蛋

智慧掼蛋

仅仅一瞬，智慧便发散出夺目光芒

侥幸、戾气、暴虐荡然无存

每一声珍重、每一句叮咛

都透过理性的窗户
照亮季节
掼蛋世界里有爱、有痛、有喜、有忧
生命璀璨得像芍药和杜鹃
你的清纯、你的绢秀、你的稚嫩
凝结成永不沉没的双桅船
日夜泊于梦中港湾
在我们博大、广袤、慈爱的视野里
牌手的路与牌手的梦一样宽
路不会消失,梦不会消失
温情与挚爱刷新每一个夜晚
不屈不挠的旋律阻断胆怯和流言
勇敢地拉扯起跌落的村庄、炊烟与船帆

浪漫掼蛋

你属于晚风、属于夕照
总是与团聚同时来到
你走过长满李白和唐诗的草地
伴着婚纱妆、情侣照、三叶草
你的眼里闪烁着江南
举手投足间,散发着荷塘月色和爱
透过一次构思、一回布局、一场战役
就能读懂你的深邃、包容与睿智
苍山绿水,碧海蓝天,粉墙黛瓦
在牌桌上浓缩为海星星
幻化成三角帆
一步一步从草根走向圣殿
没有我的岁月里
你的气节长留

文化掼蛋

今晚,坐上开往冬天的列车

在风中呼啸而过

为了一次小聚小酌

省略了所有繁文缛节

把牌打出地老天荒的效果

以战略家、权谋家的名义点亮篝火

召唤执着的望眼、张开的伞

回到紫丁香与夏季的怀抱

只为挽留文明、理性、率真

要学会铭记,要记住家的方向

要记住天上有双隐形的翅膀

能将你带回百年银杏百年天赐庄

真真切切地掼一回

美人掼蛋

当柳浪纷扬花港鱼汛

漫过江枫渔火、漫过青春

浣纱女从水边楚楚站起

升华成一轮姑苏明月

抛洒令所有牌手炫目的意象

一颦一笑穿过十九曲回廊

呼唤大师的背影

挥一挥衣袖,钗头凤抖落一地

婀娜多姿的履历铭刻着

善与恶、爱与憎

牌与日子在你纤纤玉手中

渐渐丰满起来

丰满得就像杨贵妃

轻松掼蛋

那行白鹭早已从大成殿一飞冲天

融入无边无际的斜阳

两只黄鹂却始终飞不出

你的乌衣巷

桑女款款走过南朝

款款走过四百八十寺

倚着雕栏玉砌轻揉指尖打掼蛋

春花秋月随风四散

十二钗在牌桌上挥挥手

王公贵胄便心花怒放

春风绿遍了江南岸

桌面上依旧会有刀光剑影

一波未平,一波又起

诗意掼蛋

多少次想靠近你思想的深度

近距离感受不同凡响

风靡了大半个中国

却始终走不出《论语》和《孙子兵法》

血统如此高贵

却放低身段

走过朱雀桥、户部街、风月秦淮

在茶余饭后依稀听见

孔夫子延续千年的谆谆教诲

依稀看见豪情壮志

瞬间摧毁文人墨客的矜持

面对生生不息的桨声、灯影、画舫

再掼一局也无妨

玄妙掼蛋

参透了世上玄机
才有了一份皈依佛法的空寂
看破了人间红尘
才多了几许秦时明月汉时风的古朴
狼烟起处,高人韵士纷纷指点江山
汉船唐柱和宋斧元囊青春了
东神俊、西灵翳、北婉蜓、南缟素
深思熟虑智慧了你的庄严
总想透过珠帘画栋一睹伟烈丰功
却只能在断戟残碑上
猜测移山心力
但愿每天都有苍烟落照、暮雨朝云
陪伴四个人的快意恩仇
茶室外面,若隐若现半江渔火

沧桑掼蛋

不知从什么时候起
一百零八张牌牢牢拴住视线
像红日喷薄不可阻挡
自从萌发去远方的欲望
风就再也洗刷不掉第一行足印
兵法在鼓角声里游历良久
驼铃渐渐消失于天际
没有喧嚣没有言语
历史在牌桌上长成仙人掌
青铜镜对上一次梳妆记忆犹新
记功碑前刀枪林立
彩陶罐散落在黄土高坡

每一座驿站上空

都交叉传送狼烟和唐乐

使掼蛋者激动不已

豪放掼蛋

盘门被九月斑驳成冰冷的雨

看着你宫女还鸾

仙一样飘逸于相王弄

你的容颜就此烙上西施模样

醉倒了我、醉倒了晚秋

牌桌上没有怨偶没有离人

只有慈眉善目撑起的宽宏大量

跋扈失天下

妩媚却得到江山

你和我出牌的那一刻

大好河川欲走还留

秘闻躲藏在屏风后暗自窃喜

婉约掼蛋

黄叶褪尽了十月

东吴学堂枯槁成青铜器

蓦然回首,梦想从钟楼扶摇直上

凝结在有规律的钟声里

此时围坐一桌,边掼蛋边听雨

南风搅乱一圈涟漪

诗与黄昏一起长大成人

深不可测的情与深不可测的爱

敷在敦厚的石壁里露出笑脸

沉鱼落雁诉说往日波澜

你我宠辱不惊

雨中掼蛋

秋雨南来,湿透银杏叶

小桥流水定格于你的灵魂

江南最美风光

在挥手间成为经典牌局

漫漫铺陈,不惊醒杨柳岸

构思宏大而又精巧

宛若尘封千年的秘籍

写满美人心计

重见天日之际,便惊艳了晨钟暮鼓

还是选择一叶扁舟

渡江而去,义无反顾地靠近你

守候你的皎洁泪光

潇洒掼蛋

一缕炊烟、一壶茶、一局牌

浪漫着狂放不羁的心

夕阳一丝丝渗进水中央

婉约或者雄浑

唤醒沉默良久的斗志

冬季不约而至

你也一样不期而遇

潇洒得就像天空、北风、白雪

不必言语什么

风花雪月在你掌心整齐排列

那袭黑衣那抹红使你

得道成仙

忠贞掼蛋

凌晨,大师与车前子同时醒来
不世才华随雨丝落满胡同
风情穿越百年
从向西敞开的门一路疾进
沿途汇集所有赞叹
刹那间惊艳了整排梧桐
四分五裂的风吹不散
紫丁香一般的芳菲
和万千粉丝苦苦守候的忠贞
兰草传送着掼蛋的讯息
和高贵的信仰

朦胧掼蛋

白天是一些过于散漫的忠告
劝你在睡前给掼蛋定时
新人身披白嫁衣出战
雪和紫色同时到达
到达时的姿态令人陶醉
杜仲激动地构思着一场私奔
众目睽睽之下,有人化装逃跑
蓄谋已久的忐忑
沿着张开的伞轻轻滑落
唯有睿智无边无际
无声无息

田园掼蛋

田园从雪中苏醒
没有人争论发源地

路标鲜活了驼队的目光
牧歌嘹亮青青河边草
天尽头，一群人给牌史作证
荣光招摇于闹市、街巷、枯井
省略成几颗惊叹号
融进淮河两岸
此刻，你谜一样地再生
穿越劫后余生的炊烟
演绎出亘古不灭的光辉
让训诂学家一片迷茫
思想和梦都随古老黄钟
隆重敲响

激情掼蛋

初夏飘在秦淮河里
冰雪的泪滴已化作鲈鱼早餐
雁阵飞起又落下
未了心事渐渐老化
一些语汇缓缓走上牌桌
狼烟、号角、征衣、柳叶刀
切割时空，使人热血沸腾
瞬间，废墟便在炮火中坍塌
流言蜚语动摇冷酷的心
和我走向你的脚步
战斗终于打响
漫天花火推开九门
无所顾忌地向北敞开

情侣掼蛋

当七月沾染柳絮

飘忽着云和月

怯怯走进吴侬软语

透过红唇、纤腰、玉足

合成蝶恋花与菩萨蛮

渗入淅淅沥沥的雨

南来的风、西去的云都挽留

商旅切磋一回

水草下暗流涌动、暗香浮动

意识披星戴月、风雨兼程

在你大局里、在你柔美里

我与你珠联璧合

雄浑掼蛋

夕阳被人拨动方向

磨盘诡异着岁月

梦一点点撕破子夜

命运粗犷地笑猥琐地笑

河流像浅浮雕一样耸起脊背

牧马人附身捡起故乡

然后铿锵去远方

蔷薇湖畔，风景画暧昧地舒展

打开所有野性

修女与祈祷声没于林莽

雪杖卷入风中，成为钝角

航海日志与珊瑚礁一同雄起

指引你在牌桌上运筹帷幄

与李白掼蛋

依稀间见你背一壶酒

挥别白帝城的彩云

踏着那叶轻舟

赶赴向往已久的江陵

烟花三月在远方向你招手

瓜州风送来故人情

于是,你摇一柄折扇

悄悄靠近孟浩然和二十四桥

一想起床前明月光

你就情不自禁

纵然走过所有名山大川

也没有一处风景胜过

掼蛋、掼蛋、掼蛋

李白(701—762),字太白,号青莲居士。唐代杰出诗人,有"诗仙"之称。存世诗文千余篇,代表作有《蜀道难》《行路难》《将进酒》等。

与杜甫掼蛋

又逢落花时节

不知君在何方掼蛋

此刻长江不尽落日不尽

枫叶早已不见踪影

迢迢千里路抛在身后

始终看不到魂牵梦绕的

边关与朝廷

唯有牌局依旧山河依旧

全部烦恼都可以抛却

心中自有号角连营

烽火中一封家书抵得上半世光阴

蜀道洒满忧郁

草堂里升腾起雄心

面对绝顶

你开始指点河山

杜甫（712—770），字子美，自号少陵野老。唐代伟大的现实主义诗人，诗圣，与李白合称"李杜"。为了与另两位诗人李商隐和杜牧（即"小李杜"）区别，杜甫与李白又合称"大李杜"，杜甫也常被称为"老杜"。

与王维掼蛋

一杯、两杯、三杯

二十年不这样豪饮了

是男人，就把离愁别绪全都饮下

然后昂起头，向天边

不用言语什么，话都在酒中

掼蛋吧！召唤你的

不只是阳关，不只是大漠

还有你追随的风花、雪月、胡女

别说你超凡脱俗

我就不信，翻过那道梁

你就不是你了

渭城。客舍。山寺。云

与你一起淋着雨

一路上，陆续会有高僧

敲着木鱼，为你壮行

哪天你回家，别忘了我会在

同一家茶馆等你掼蛋

王维（701—761），唐代著名诗人、画家，与孟浩然合称"王孟"，有"诗佛"之称。代表诗《渭城曲》：渭城朝雨浥轻尘，客舍青青柳色新。劝君更尽一杯酒，西出阳关无故人。

与王之涣掼蛋

前边没有道路,真的没有

一条大河直通天边

祁连山脉绕过了三十六道弯

阻隔了征人久戍不归的

哀啊,愁啊,怨啊

心早已不在玉门关,心系掼蛋

守着孤城唯一的牌桌

守着风姿绰约的诺言等待春风

这么做我习以为常

不见春风,却更加平常

一声紧似一声的羌笛

将我带到沙漠边缘

久久驻足

今生注定要托付给胡杨

托付给边关、托付给掼蛋

托付给黄河岸边那双迷蒙的眼

王之涣(688—742),盛唐著名诗人,善于描写边塞风光。代表作《凉州词》:黄河远上白云间,一片孤城万仞山。羌笛何须怨杨柳,春风不度玉门关。

与刘禹锡掼蛋

荒原　枯枝　荆棘草

撑起一片晴天

日子出奇地静寂

掼蛋的决心下了又下

才没有在出门的一刹那

收住诗情。做一只鹤吧

她能穿过秋天的风

将你的志向从巴山楚水

带到你所有的目的地

她飞过的地方，红叶舞动

然后落了一地

你豪情万丈地转过身

高声吟诵初恋

明天我就把手伸向你

抬头看新一轮日出日落

刘禹锡（772—842），唐代文学家、哲学家，有"诗豪"之称。代表作《秋词》：自古逢秋悲寂寥，我言秋日胜春朝。晴空一鹤排云上，便引诗情到碧霄。

与张继掼蛋

毕生浪迹天涯

今夜泊进姑苏人家

寺钟在头顶响起，一声紧似一声

掸去我仆仆风尘

渔火星星点点、忽明忽暗

敲打漫天秋霜

此刻，在这艘客船上

你我率两位红颜

踏着惊涛骇浪较量一番

乌鸦在枫林成双

隐藏关键细节

别道破月落的秘闻

张继（约715—779），唐代著名诗人，代表作《枫桥夜泊》：月落乌啼霜满天，江枫渔火对愁眠。姑苏城外寒山寺，夜半钟声到客船。

与元稹掼蛋

这注定是封发不出去的信

信笺暂放一旁。真的写不下去

但就是再想问问你

是选择孤独还是掼蛋

你不在的日子

我把刻骨思念雕成盆景陪伴我

目光在七夕迷离成桑叶

咫尺间,看不清彼此面庞

失去定力前,魂已随你而飞

但就是最后一次出牌

使我得道成仙

在你生生世世的注视中

忠贞着你的忠贞

元稹(779—831),唐代著名诗人。代表作《离思》:曾经沧海难为水,除却巫山不是云。取次花丛懒回顾,半缘修道半缘君。

与杜牧掼蛋

天上没有一丝云彩,没有

空寂得令人心寒

把季节调成绛紫色

擦亮渐渐老花的双眼

这样就能看清九月的天空

看清二十四桥

冲着曾经的箫声

走两千里路才到扬州

执拗地想象她是否被光线

破坏了仅有的自尊

随手摸出酒囊摸出纸牌

瘦西湖灯影里自饮、自娱、自乐

文昌阁敷满你的孤寂

而我，沉湎于箫声难以自拔

期盼着你的模样

此刻，唯有你送的判官笔

伴我度过漆黑的夜

杜牧（803—852），唐代杰出诗人、散文家，人称"小杜"，以别于杜甫，与李商隐并称"小李杜"。代表作《寄扬州韩绰判官》：青山隐隐水迢迢，秋尽江南草未凋。二十四桥明月夜，玉人何处教吹箫？

与徐凝掼蛋

今晚我将月光沏成一壶铁观音

慢慢咀嚼忽浓忽淡的苦

桃花般的你化作风

从我面前飘过

放眼望去　四周已没有路

大概此生再也追不上你的梦了

那夜别后，就一直守着归期

而你和归期遥不可及

你的情调都献给了掼蛋

你的情调从不为自己预留

玉人吹箫之时，瓜州藏于月影

楚楚动人

徐凝，约公元813年、唐宪宗元和中前后在世，唐代诗人。代表作《忆扬州》：萧娘脸薄难胜泪，桃叶眉长易觉愁。天下三分明月夜，二分无赖是扬州。

与韦庄掼蛋

不是怀念失落的南朝吗

那就和我温一壶米酒

在台城，在茶社里穷尽

所有才华
一次不能掼个够
也要喝个痛快
这才配得上这风月垂柳
心颠沛流离,没有片刻安宁
六朝在白鹭洲颐养天年
很久才回到宋齐梁陈
饮一口秦淮水
孤单、酸涩、怨恨都饱经风霜
凝结为雨花石
招摇过市

韦庄(约836—910),晚唐诗人、词人,五代时前蜀宰相。代表作《金陵图》:江雨霏霏江草齐,六朝如梦鸟空啼。无情最是台城柳,依旧烟笼十里堤。

与刘长卿掼蛋

最后送你一程
回头我就去随州
一壶老白干与三个铁杆等我掼蛋
这竹林、这古寺、这斜阳
静静淹没我的思想
乘着翡翠色夜晚尚未降临
再听一听无中生有的风
空灵,透彻
爬满青苔的铜钟在你头顶响起
一声,二声,三声
你的斗笠开始颤动
离别是花做的
诗情画意都在挥手间
凝固了最终的嘱托

带不走南方

但能带走一本牌经

就足以使我不虚此行

刘长卿（约726—786），唐代诗人。代表作《送灵澈》：苍苍竹林寺，杳杳钟声晚。荷笠带斜阳，青山独归远。

与郎士元掼蛋

没有僧人敲我家门，没有

忙里偷闲，你坐在风中掼蛋

许多梦魇飘散在眼前

心和梦一起担当

你的童年、你的青年、你的中年

此刻聚到斗室迎着风

你手握念珠和创伤，数一片一片落叶

飘过绣楼、天宫、石牌坊

每个音节一定代表了什么

打乱了时间，我无法掩盖痴情

——痴情都丢失在河里或者床上

冬至属于你，芳华属于你

一局终了，你宠辱不惊

观众却宛若桂花、宛若夏花

郎士元（727年—780），唐代诗人，代表作《听邻家吹笙》：凤吹声如隔彩霞，不知墙外是谁家。重门深锁无寻处，疑有碧桃千树花。

与崔护掼蛋

我脚步匆匆，是为了

见你一面，掼上一局

槐树、落日、北风、千里马

随我日夜兼程
唯恐错过一年一次的掼期
妹妹，你最不经意的回眸
竟然吹落一地梨花雨
换得十年功名不要
我也愿意留下来陪你掼蛋
春风因为你笑弯了腰
春风笑得花枝颤动
春风依然，而至此难觅你的踪影
关于你嫁人的传说甚嚣尘上
唯独我不信最脱俗的悲伤
会凋谢满园桃花
园子里全是你的娇柔气息
再饮你当年清茶一杯
在山雨到来之前
封好给你的信，却投寄无门
揣于胸口，等候又一度春风
偕你重返日以继夜的痴情

崔护（生卒年不详），唐代诗人，诗风精练婉丽，语极清新。《全唐诗》存诗六首，皆是佳作。代表作《题都城南庄》：去年今日此门中，人面桃花相映红。人面不知何处去，桃花依旧笑春风。

与柳宗元掼蛋

举手投足流露一种美、一种苦
抑或是一种寄托，掼着掼着
半部《论语》从指尖滑落
想起一千座山在你身边消失
它们不施粉黛，还有深秋
日子憔悴而又安宁

花、鸟、虫、草不是你的最爱
你选择在寒风中交流牌艺
不理会六百里加急传唤你返程
偌大江面上坚守着
一顶斗笠、一只鱼篓、一壶酒
它们属于男人
长安以东三千里的地方
你有冬天就够了
冬天的茶室里可以掼蛋
前朝陶罐整齐排列
昨晚你还催促我仔细保存
锦衣玉食的大唐
可一万棵树都是那样弱不禁风
浓烈的方言与浓烈的酒代替了《楚辞》
从你的衣袖你的眉头一点点渗透出来
融入被你紧握的雪花
我久久无语

柳宗元（773—819），唐宋八大家之一，唐代文学家、哲学家、散文家和思想家。柳宗元与韩愈并称为"韩柳"，与刘禹锡并称"刘柳"，与王维、孟浩然、韦应物并称"王孟韦柳"。代表作《江雪》：千山鸟飞绝，万径人踪灭。孤舟蓑笠翁，独钓寒江雪。

与李煜掼蛋

这一天月黑风高
南朝已经消逝得无影无踪
但你的楼台依然
在烟雨中尽显庄重
四百八十座寺庙日夜妖娆你的梦
不如掼上一局

暂且放下离愁、放下春花秋月
让她们在后宫抑郁吧
寂寞梧桐剪不断
雕栏玉砌与八百里江东
都随着一江春水来去匆匆
战场上丢掉的故国
此刻在牌桌之上
深深眷念着你

李煜（937—978），宋建隆二年（961）在金陵即位，在位15年，世称李后主，后期词作凄凉悲壮、意境深远，为苏辛所谓的"豪放"派埋下了伏笔，为词史上承前启后的大宗师。代表作《虞美人》：春花秋月何时了？往事知多少。小楼昨夜又东风，故国不堪回首月明中。雕栏玉砌应犹在，只是朱颜改。问君能有几多愁？恰似一江春水向东流。

与李清照掼蛋

不知那一天是否乍暖还寒
也不知卷帘人是否海棠依旧
只知道在冷冷清清中
寻寻觅觅绿肥红瘦
雁阵在晚风里向你轻轻挥手
还在猜想谁寄锦书
用点滴暗香憔悴着衣袖
细雨早已打湿满地黄花
黄昏洒满西楼
你专注于掼蛋，丝毫没有觉察
月光已经阔别了很久
愁绪渐渐浓烈了起来
一眼望不到头

李清照（1084—1155），宋代女词人，婉约词派代表人物，有"千古第一才女"之称。代表作《武陵春·春晚》：风住尘香花已尽，日晚倦梳头。物是人非事事休，欲语泪先流。闻说双溪春尚好，也拟泛轻舟。只恐双溪舴艋舟，载不动许多愁。

与辛弃疾掼蛋

雨中，江山已然憔悴

你与江山一样，一袭白衫一脸忧郁

扶着北固楼

遥望烽火中的扬州

可怜无数山峦悄然塌陷

隔断了你梦中的长安

神州在风雨中沉浮

你没有心情掼蛋

你连抓牌的兴致都没有

离人倚歌台远眺你的呼吸

多想重新抖擞精神

军号声中，沙场秋点兵

毕竟青山遮不住

你最看不惯红巾翠袖

擦拭你的英雄泪

你最想握一把吴钩金戈铁马

在牌场上气吞万里如虎

辛弃疾（1140—1207），南宋豪放派词人、将领，有"词中之龙"之称。与苏轼合称"苏辛"，与李清照并称"济南二安"。代表作《永遇乐·京口北固亭怀古》：千古江山，英雄无觅孙仲谋处。舞榭歌台，风流总被雨打风吹去。斜阳草树，寻常巷陌，人道寄奴曾住。想当年，金戈铁马，气吞万里如虎。元嘉草草，封狼居胥，赢得仓皇北顾。四十三年，望中犹记，烽火扬州路。可堪回首，佛狸祠下，一片神鸦社鼓。凭谁问，廉颇老矣，尚能饭否？

与苏东坡掼蛋

风从空中狠狠砸下

一眼望去,爱与恨交织在一起

矛与盾、弓与箭、刀与戟此起彼伏

卷起参天浪花

乱石中站起周公瑾

羽扇轻挥,便击退大段历史

隐约绘就一幅木版画

挽小乔入洞房的手

不经意间三分了天下

饮了这杯酒,咱们掼两局如何

然后送你无限风光地

回归故里读诵牌经

继续你经天纬地的生涯

苏轼(1037—1101),北宋著名文学家、书法家、画家。代表作《念奴娇·赤壁怀古》:大江东去,浪淘尽,千古风流人物。故垒西边,人道是,三国周郎赤壁。乱石穿空,惊涛拍岸,卷起千堆雪。江山如画,一时多少豪杰。遥想公瑾当年,小乔初嫁了,雄姿英发。羽扇纶巾,谈笑间,樯橹灰飞烟灭。故国神游,多情应笑我,早生华发。人生如梦,一樽还酹江月。

与王安石掼蛋

你温一壶酒,站在山巅

望穿大半个北宋

春风不经意间绿透了江南

久久不愿收起高挂的帆

为了赴金陵掼一回

才依依不舍抛下焦山金山

但你注定不会走远

瓜州在每一个月圆之夜

向你抛来媚眼

非常之观依次排开

红颜深度融入你的视线

和你的感叹

王安石（1021—1086），北宋著名思想家、政治家、文学家、改革家。代表作《泊船瓜洲》：京口瓜洲一水间，钟山只隔数重山。春风又绿江南岸，明月何时照我还？

与柳永掼蛋

蝉深藏不露

悄悄将夏天咀嚼成少女

西风如酒、如歌、如新嫁衣

凄美了长亭落日

面对晴沙、疏钟、归雁，掼上一局如何

河、兰舟、红丝巾烘托大好时光

垄上，僧侣陆续归来

玄机在你怀里化作一枕清霜

将红唇、粉腮、离愁统统装入酒杯

干了这杯我便走

在一泓秋水中出完手中牌

柳永（约984—1053），北宋著名词人，婉约派代表人物。代表作《雨霖铃》：寒蝉凄切。对长亭晚，骤雨初歇。都门帐饮无绪，留恋处、兰舟催发。执手相看泪眼，竟无语凝噎。念去去、千里烟波，暮霭沉沉楚天阔。多情自古伤离别，更那堪冷落清秋节！今宵酒醒何处？杨柳岸、晓风残月。此去经年，应是良辰好景虚设。便纵有千种风情，更与何人说！

跋

功成不必在我，建功一定有我。 在许多师长、挚友的鼓励下，我想写一本掼蛋专著的愿望终于得以实现。掼蛋是扑克牌游戏、扑克牌竞技项目的一种，它除了具有所有牌类游戏、牌类竞技项目的共性以外，还蕴含了浓厚的哲学思想、文化价值、人文情怀、科学理性、辩证思维、大局观念、协作意识和担当精神，把这些文化符号描绘出来，把这些文化底蕴挖掘出来，是一项富有现实意义的事情。经过多年的探索和思考，今天终于破题、立卷、成册，但也只是将掼蛋所蕴含的思想、价值、情怀、理性、思维、观念、意识和精神做了比较粗浅、比较宏观的论述，力求能帮助广大掼蛋爱好者提高牌艺、陶冶情操、完善性格、锤炼作风，力求让大家能从掼蛋中获取更多的快乐、得到更好的享受。其实，许多体育决策人、掼蛋爱好者都对掼蛋文化有所研究，所以，在写作书稿的过程中，我始终抱着一种学习的态度、求教的心态。我深知，掼蛋文化博大精深，因此，我期待更多的鸿篇巨制早日问世，以进一步丰富掼蛋技术与文化。

岂能尽合人意，但求无愧我心。 我常与一些师长和朋友讨论掼蛋竞技的特质、掼蛋文化的内涵，从他们的论点中得到深刻启示。在写作本书的过程中，我从战略战术、规则规范、牌风牌品等角度，与北京、南京、苏州、无锡、徐州、扬州、淮安、加拿大等地掼蛋界朋友切磋过、交流过、研讨过，修正了一些观念，丰富了一些看法，完善了一些论据。在此一并谢过。我也深知，受思维方式、知识结构、研究方法的局限，本书还存在一些值得商榷、有待完善、需要探究的地方，疏漏在所难免，瑕疵不一而足。但有一点问心无愧，那就是：我尽心了、尽力了。我国台湾地区作家罗兰说过：在努力耕耘的过程中，不必去关心别人的冷眼或喝彩，而只要自己尽力而为。

常怀感恩之心，不坠青云之志。掼蛋运动方兴未艾，全民健身如火如荼。探寻健康的掼蛋规律、研究先进的掼蛋理论、传播高雅的掼蛋文化、推广智慧的掼蛋运动，永远在路上，没有休止符。捉笔之初，有一种使命担当；操刀之中，有一种责任意识；杀青之后，有一种未了情结。作为掼蛋文化的推崇者，我认为，常怀感恩之心、不坠青云之志，是我应当具备、应当坚守的价值取向与人生态度。感恩伟大时代，感恩良好氛围，感恩有识之士，感恩生逢其时，不能失去凌云的志气，不能埋没冲天的豪情，不能动摇朴素的信念，不能熄灭最初的理想，这才是掼蛋爱好者、掼蛋推广者、掼蛋参与者的本分。我也是其中一分子，努力思索着，也努力实践着。